BASTEI
LÜBBE
TASCHENBUCH

Weitere Titel der Herausgeberin:

Zimmerservice inklusive

Rachel Kramer Bussel

In Ekstase

Erotische Storys

Aus dem Amerikanischen von
Jacqueline Arnold

BASTEI
LÜBBE
TASCHENBUCH

BASTEI LÜBBE TASCHENBUCH
Band 17 413

Vollständige Taschenbuchausgabe

Deutsche Erstausgabe

Titel der amerikanischen Originalausgabe:
»Orgasmic: Erotica for Women«
Originalverlag: Cleis Press

Umschlaggestaltung: Thomas Krämer
Unter Verwendung eines Motives von © shutterstock/Mayer George
Satz: Urban SatzKonzept, Düsseldorf
Gesetzt aus der Palatino
Druck und Verarbeitung: CPI books GmbH, Leck – Germany
ISBN 978-3-404-17413-3

2 4 5 3 1

Inhalt

Vorwort

Es gibt so viele Möglichkeiten …

Orgasmus: Wie Sex ist es eines der Wörter, das für verschiedene Menschen verschiedene Dinge bedeutet. Für viele Frauen steht er im Mittelpunkt ihres Sexuallebens und ist ein tägliches Ereignis. Etwas, auf das man sich freut, mit dem man experimentieren kann. Für einige ist es wie ein heftiger Sturm, für andere eine sanfte Welle, die sie eher an der Oberfläche genießen.

Jede Frau, die Orgasmen hat, mag sie anders beschreiben.

Und es gibt viele Frauen, mich selbst eingeschlossen, die es häufig nicht so einfach finden, zum Orgasmus zu kommen (ja, es stimmt – ich liebe Sex, und er macht mich an, doch zu kommen ist recht komplex für mich). In »Über die Hürde« beschreibt Rowan Elizabeth einen solchen Charakter: »Ich habe keine Chance, dieses Spiel zu gewinnen. Und ich habe auch schon einen Komplex deswegen. Es fühlt sich an, als ob da etwas wäre, was ich einfach nicht richtig mache. Vielleicht schaffen wir es ja zusammen, wenn ich meine Beine etwas mehr anspanne oder meine Augen fester zusammenkneife.«

In *Merriam-Webster's Wörterbuch* wird Orgasmus wie folgt definiert: »intensive oder anfallartige Erregung; insbesondere eine explosionsartige Entladung neuromuskulärer Spannungen auf dem Höhepunkt der sexuellen Erregung, die normalerweise durch die Ejakulation von Sperma beim Mann und von Vaginalkontraktionen bei der Frau begleitet wird«. Das Wort kommt aus dem Lateinischen und Griechischen (*orgasmus/orgasmos*), von *organ* »reifen, lüstern sein«. Ich mag diese Beschreibung, auch wenn sie außen vor lässt, dass für Frauen ein Orgasmus jenseits der Begrenzungen durch eine Ejakulation immer weiter anhalten und so sehr in die Länge gezogen werden kann, wie die Frau (oder ihr Partner) das Erlebnis genießen wollen.

In Lolita Lopez' verrückter Geschichte »Der Stuhl« gehen Sexspielzeug und Unterwerfung für die Protagonistin mit dem Orgasmus Hand in Hand. »Lilys Orgasmen veränderten sich – von voneinander getrennten Empfindungen hin zu einer unendlich langen, strahlenden Erleuchtung.« Ihre »Bestrafung« durch Cals Hand ist eine, die sie überglücklich annimmt.

Es gibt zahllose Artikel und Bücher darüber, wie man einen größeren und besseren Orgasmus haben kann. Ich möchte mich nicht in die Stimmen einreihen, die einem suggerieren, dass man jetzt und sofort zum Orgasmus kommen muss. Stattdessen sehe ich *In Ekstase* als einen fiktiven Schaukasten, der einige der Gründe, Methoden und Freuden aufzeigt, die Frauen zum Orgasmus bringen. Ich möchte, dass diese brandheißen Geschichten Ihnen helfen, warm zu werden, vorbereitet und erregt zu sein. Ich will, dass sie Sie dazu bringen, sich vor Verlangen und Neugier zu winden, und Sie sich darin wiedererkennen. Ich will, dass Sie Ihrem Liebhaber diese Geschichten laut vorlesen ... oder jemandem, von dem Sie sich wünschen, dass er Ihr Liebhaber wäre.

Ich habe mein Bestes getan, einen Reigen der großen (und kleinen) Os einzufangen, von Momenten, in denen die ganze

Welt in Ihrem Körper zu explodieren scheint, und von Orgasmen, die mehr als nur Ihre Welt erschüttern. Diese Geschichten feiern das Wilde, die Intensität und die Kraft weiblicher Orgasmen, wie auch immer diese erreicht werden. Ich konnte in diesem Buch nicht alle Wege aufzeigen, durch die eine Frau zum Höhepunkt kommen kann, doch ich möchte eine Vorstellung von der Bandbreite der Möglichkeiten geben, die Frauen abheben lassen. Dabei müssen es nicht immer ein Mann oder eine andere Frau oder auch ein Gerät sein, die für den richtigen Kick sorgen. Vanessa Vaughn schlägt mit »Die Zügel in der Hand« einen klassischen Pfad ein: »Wenn ich mich breitbeinig hinaufschwinge und langsam in den Sattel sinke, fühle ich einen vertrauten, aufregenden Kitzel tief in mir. Ich spüre den enormen Körper zwischen meinen Schenkeln und wie sich die große Brust mit jedem Atemzug ausdehnt und wieder zusammenzieht. Der Geruch von frischem, unbehandeltem Leder streichelt meine Sinne – genauso wie der Duft von leicht würzigem Schweiß. Es ist ein rauer, urwüchsiger Geruch, der sich mit dem des Erdreichs vermischt.«

Wo wir gerade von Anleitungen zu besserem Sex sprechen: In »Das große O« spielt Donna George Storey einerseits mit den allgegenwärtigen Sextipps in Frauenzeitschriften und fügt andererseits eine heiße Wendung hinzu, als ihre Heldin *»Das Sexercise-Rezept: Ein stärkeres geheimes Du in sechs Wochen«* tatsächlich in die Tat umsetzt.

Die Frauen in *In Ekstase* gelangen durch tantrischen Sex, Rollenspiele und Piercing, G-Punkt-Spiele, Sexspielzeug und sogar durch rein wissenschaftliche Chemie zum Höhepunkt. Sie haben Spaß am Essen, an Gott und an Handwerkern. Sie schaffen sich ihre eigenen Objekte der Begierde: Sie spionieren, reizen, gehorchen, befehlen, streiten, unterwerfen sich.

Einige sind schüchtern, was ihre Orgasmen betrifft, andere unglaublich kühn.

Sie kommen, wieder und wieder, und sie tun es auf einige der heißesten und kreativsten Weisen, die man sich vorstellen kann. Wenn Sie nicht genug davon bekommen können, besuchen Sie mich auf orgasmicbook.wordpress.com.

Rachel Kramer Bussel
New York City

Das Hinhalte-Spiel

Elizabeth Coldwell

Es beginnt mit einem einfachen Kartenspiel, um einen weiteren Tag dieses verregneten Urlaubs herumzubringen. Danny und ich hatten das Cottage gemietet, um dem Druck der Arbeit für eine Woche zu entfliehen, und wir hatten dabei an lange Strandspaziergänge und Abendessen in gemütlichen Pubs auf dem Land gedacht. Stattdessen liegen nun bereits drei Tage mit hundsmiserablem Wetter hinter uns. Es ist zu nass, um irgendwo hinzugehen oder sich irgendetwas anzusehen. Bisher haben wir nur vor dem offenen Kamin gelegen und uns durch ein Regal mit alten Taschenbüchern gearbeitet, das der umsichtige Besitzer im Wohnzimmer angebracht hat. Und dann hat Danny auf der Suche nach Streichhölzern in einer Schublade die Karten gefunden.

Ich hatte schon fast erwartet, dass er vorschlagen würde, Strip-Poker zu spielen, doch so vorhersehbar ist er nicht. Abgesehen davon, dass keiner von uns die genauen Regeln kennt. Auf der Suche nach einem Spiel, das ein wenig anspruchsvoller als Snap ist, einigen wir uns auf Cheat. Während wir eine Flasche Chardonnay und eine große Tüte Tortilla-Chips vertilgen, brüllen wir schon bald laut vor lachen und beschuldigen uns bei jeder Gelegenheit gegenseitig, falsch zu spielen. Um die Sache interessanter zu machen, schlägt Danny vor, dass derjenige, der vorgibt, eine Karte zu haben, ohne es zu tun, oder falsch reizt, eine Strafe bekommt. Ich frage ihn, woran er dabei denkt, doch er lächelt nur. Ich mache mir nicht allzu viele Gedanken darüber. Normalerweise weiß ich, wann er blufft, weil man es ihm fast immer ansehen kann. Würden wir Strip-Poker spielen, hätte er längst nichts mehr an als seine Boxershorts.

Als Danny also ankündigt, dass er ein Ass hat, will ich sehen: Drei Asse liegen bereits auf dem Tisch, und das verbleibende habe ich auf der Hand und wollte es gerade ausspielen. »*Cheat* – geschummelt!«, rufe ich, und er dreht die Karte um. Unglücklich sehe ich auf ein Pikass.

»Das ist unmöglich«, sage ich. »Dann müssen fünf Asse im Stapel sein.«

Danny schnaubt verächtlich. »Du bist nur eine schlechte Verliererin, Jade. Sieht so aus, als müsstest du eine Strafe leisten.«

Ich könnte mich jetzt mit ihm herumstreiten, doch ich frage mich bereits, ob ich mir das Ass auf meiner Hand nicht nur eingebildet habe. »Okay, was soll ich tun?«

Noch bevor er antworten kann, bin ich mir ziemlich sicher, dass es etwas mit Sex zu tun hat und höchstwahrscheinlich etwas mit Unterwerfung. Danny ist keineswegs grausam, aber er reibt mir gerne unter die Nase, dass er der Boss in unserer Beziehung ist. Und ich muss zugeben, dass es mir manchmal gefällt, wenn er die Sache in die Hand nimmt. Es gibt da diesen kleinen verdorbenen Teil in mir, den der Gedanke unglaublich erregt, dass mein sonst so entspannter Ehemann plötzlich seine Dominanz über mich auslebt. Vielleicht befiehlt er mir, mich auszuziehen und draußen, im kalten Oktoberregen, nackt herumzurennen. Oder er holt seinen Schwanz hervor und fordert einen Blowjob.

Ja, es wird der Blowjob sein. Ich bereite mich innerlich schon darauf vor, vor ihm auf die Knie zu gehen, als seine Antwort mich innehalten lässt. »Es geht mehr darum, was du nicht tun sollst«, sagt er. »Deine Strafe besteht darin, dass du nicht kommen darfst, bevor ich es dir erlaube.«

Es geht also doch um Kontrolle. Und ich glaube, ich weiß, warum er diese besondere Spielart gewählt hat.

Ich gehöre nicht zu den Frauen, die einen Orgasmus nach dem anderen wollen oder brauchen. Tatsächlich ist es so: Wenn ich häufiger komme, erscheinen mir die Höhepunkte mit jedem Mal schwächer, weniger lustvoll und schwerer zu erreichen. Doch bin ich einige Tage lang nicht gekommen, ist das erlösende Gefühl umso stärker und überwältigender, sodass ich am Ende erschöpft und rundum befriedigt bin. Ich habe Danny zu Beginn unserer Beziehung davon erzählt, mit dem Ergebnis, dass er niemals versucht, mich in einer Nacht zweimal zum Orgasmus zu bringen, weil er weiß, dass ich mit dem ersten rundum zufrieden bin. Doch jetzt nutzt er diese Information, um unser Sexspiel auf ein neues Niveau zu heben.

»Und hast du vor, mir zu verraten, wie lange ich warten muss?«, frage ich.

Er schüttelt den Kopf, und ein teuflisches Lächeln liegt auf seinem attraktiven Gesicht. »Kann sein, dass es vor dem Ende des Urlaubs ist – vielleicht aber auch nicht. Ich kann dir nur sagen, dass du es dir mehr wünschen wirst als jemals zuvor, wenn es endlich so weit ist.«

Ich denke schon, dass die Sache damit erledigt ist, als er hinzufügt: »Und nun will ich, dass du ins Schlafzimmer gehst und diesen kleinen Vibrator von dir holst. Ich weiß, dass du ihn mitgebracht hast, also tu nicht so, als wüsstest du nicht, wovon ich spreche. Hol ihn her, sei ein braves Mädchen.«

Die Art, wie er die Worte »braves Mädchen« betont, lässt mich erbeben, und ich frage mich, wie lange Danny schon über ein Szenario wie dieses hier nachgedacht hat.

Mein Vibrator steckt in der Seitentasche meines Koffers, eingewickelt in ein harmlos aussehendes pinkfarbenes Seidentuch. Er ist klein, aber oho und hat mich noch nie hängen lassen – was allerdings gar nicht so gut ist, angesichts der Spielregeln, die Danny gerade aufgestellt hat. Ich lege zwei Batterien ein und kehre ins Wohnzimmer zurück, wo Danny ein Handtuch über die Sofakissen gelegt hat. Außerdem hat er eine Flasche Olivenöl aus der Küche geholt. *Extra vergine*, wie ich bemerke, als ich die grünliche Flüssigkeit betrachte und versuche, nicht an das zu denken, was gleich passieren wird.

»Ich vermute, du ahnst schon, was ich von dir will«, sagt er. »Zieh deinen Slip aus, mach es dir bequem, und verwöhn dich mit deinem Vibrator. Ich habe dir etwas mitgebracht, damit es feucht genug ist, nur für den Fall, dass du es brauchst.«

Mit einem süffisanten Grinsen reicht er mir die Flasche. Ich winde mich innerlich, doch die Art und Weise wie er mich behandelt – mit einem Hauch von Arroganz und Herablassung, die ihm normalerweise völlig abgehen –, macht mich unglaublich an.

Danny hat auf dem Schaukelstuhl am Kamin Platz genommen. Er hat sein Weinglas nachgefüllt und sieht so aus, als würde er der Show freudig entgegenblicken. Ich trage meine Lieblingsschlafanzugshose, marineblau mit rosa und weißen Punkten. Sie mag perfekt sein, um mit ihr im Haus herumzulungern, aber ich weiß, dass ich sie ausziehen muss, genau wie meinen Slip.

Mein Mann lässt mich nicht aus den Augen, als ich beides abstreife. Es ist warm im Cottage, doch plötzlich habe ich eine

Gänsehaut, als ich so vor ihm stehe, von der Hüfte abwärts nackt. Wortlos starrt er auf das beharrte Dreieck zwischen meinen frisch enthaarten Beinen. Obwohl er sich alle Mühe gibt, passiv zu bleiben, lässt die Beule, die sich vorn unter seiner Jogginghose abzeichnet, keinen Zweifel daran, was in ihm vorgeht.

Die Ölflasche liegt schwer in meiner Hand, als ich den Verschluss aufdrehe. Obwohl mich Danny schon oft mehr oder weniger nackt gesehen hat, bin ich mir meiner Blöße überdeutlich bewusst, als ich mich auf den Rücken lege und die Beine spreize. Der Unterschied ist, dass ich mich gewöhnlich nicht so vor ihm präsentiere oder Öl auf meine Pussy tropfe, bis ich spüre, wie es über meine feste, kleine Rosenknospe rinnt. Dieses zusätzliche Gleitmittel wäre wirklich nicht nötig, doch es lässt das, was ich tun soll, noch anstößiger erscheinen. Als ich den Vibrator einschalte, der überraschend laut summt, rutscht Danny auf seinem Sitz hin und her. Er kann der Versuchung nicht länger widerstehen, die Hand auf seinen Schwanz zu legen und darüber zu streicheln, während er mir zusieht.

Ich weiß, dass ihn die Szene fast genau so erregt wie mich, und so beginne ich, mich mit dem Dildo zu verwöhnen. Ich vermute, dass Danny mir Anweisungen geben wird, wo und mit wie viel Druck ich mich berühren soll. Doch abgesehen von dem Geräusch seiner Handfläche an seinem Schwanz und einem gelegentlichen tiefen Stöhnen könnte ich fast vergessen, das er überhaupt anwesend ist. Ich beginne, mich im Augenblick zu verlieren, schiebe den Vibrator ein Stückchen in mich hinein, um ihn dann wieder herauszuziehen und mich auf die Stelle rund um meine Klit zu konzentrieren, was mich normalerweise sicher kommen lässt.

Ich hebe meine Hüften an und fühle dieses kleine Prickeln, das mir sagt, dass mein Orgasmus nicht mehr allzu weit entfernt ist, als Danny mir befiehlt, aufzuhören und stattdessen mit dem Vibrator an meinen Nippeln zu spielen. Ich schiebe mein T-Shirt hoch und befolge mit leichtem Zögern seine Anweisung. Spielschulden sind Spielschulden, denke ich, während ich spüre, wie die köstlichen Zuckungen in meinem Schoß abebben.

Dann sagt mir Danny, dass ich meine Aufmerksamkeit wieder auf meine Pussy richten soll. Erneut sieht er mir dabei zu, bis ich kurz davor bin zu kommen, und dann lässt er mich wieder aufhören. Als er dieses Spiel zum dritten Mal mit mir spielt, bin ich mir sicher, dass er mich diesmal kommen lassen wird. Doch ich irre mich. Ich bin immer noch unbefriedigt, und meine Schenkel sind klebrig von meinen Säften und vom Olivenöl, als ich aufgefordert werde, den Vibrator in die Nachttischschublade zu legen. Sein Gesichtsausdruck verrät mir, dass Danny es viel zu sehr genießt, das Sagen zu haben, um das Spiel jetzt schon zu beenden.

Die nächsten Tage verbringe ich in einem Dauerzustand süßer Erregung. Auf Dannys Anweisung hin trage ich einen Rock ohne Höschen darunter. Das gibt ihm die Möglichkeit, einen Finger unter den Saum zu schieben, wann immer ihm danach ist, und mich halb verrückt damit zu machen, dass er mit meiner Klit spielt und sich dann, kurz bevor ich komme, wieder zurückzieht. Eines Abends, als ich gerade das Geschirr spüle, stellt er sich hinter mich, presst seinen harten Schwanz in die Spalte zwischen meinen Pobacken und greift durch das Top nach meinen Brüsten. Er reibt sich an mir und zeigt mir, wie erregt er ist, und ich vermute schon, dass er mich hier und jetzt ficken wird. Doch seine Selbstbeherrschung ist größer als gedacht. Er macht gerade genug, damit ich an nichts anderes mehr denken kann als daran, wann er mich endlich kommen lässt und wie sich das anfühlen wird.

Fast wünschte ich, er hätte mir eine Art Keuschheitsgürtel umgelegt. Auf diese Weise wäre ich wenigstens völlig außer Gefecht gesetzt und müsste geduldig warten, bis er mich wieder befreit. Doch seine Methode ist subtiler, frustrierender. Mein ganzes Sein scheint sich auf die Stelle zwischen meinen Beinen zu konzentrieren, und ich bin mir ununterbrochen des sehnsüchtigen Pochens bewusst, das mich fast verrückt macht und nicht nachlassen wird, bis Danny den Moment für gekommen hält. Er könnte alles von mir haben, ich würde zustimmen, könnte ich nur endlich diesen wundervollen Moment erleben, wenn der Orgasmus über mir zusammenschlägt.

Am letzten Morgen unseres Urlaubs klart es endlich auf. Als wir aufwachen, scheint die Sonne durch die dünnen Vorhänge, und es verspricht, ein wundervoller Tag zu werden. Danny schlägt vor, dass wir irgendwo frühstücken gehen und dann endlich den so oft verschobenen Strandspaziergang machen. Ich will mich gerade aus dem Bett rollen, um zu duschen, als er nach mir greift.

»Nicht so schnell. Zuerst will ich, dass du dich darum kümmerst.« Er deutet auf seine Erektion, seinen stolz geschwollenen Ständer.

Danny legt sich zurück. Er hat die Hände unter den Kopf geschoben und ein breites Grinsen auf dem Gesicht, und ich mache mich an die Arbeit. Ich werfe ihm einen unterwürfigen Blick zu, als ich an ihm sauge. Mein Mund ist voll von seinem heißen, salzigen Fleisch, und ich frage mich, ob das der letzte Tag ist, an dem er die Rolle des Meisters spielt, und ob unser Sexleben wieder so harmlos und nett wie vorher sein wird, sobald uns der Alltag wiederhat. Sicherlich werden wir so schnell keinen Sex mehr an einem Morgen mitten in der Woche haben, so früh wie wir beide aufstehen müssen, und so gebe ich mich dem Augenblick hin und nehme den Schwanz meines Mannes noch ein Stück tiefer in den Mund.

Als Danny beschließt, dass ich ihm genug Vergnügen bereitet habe, drängt er mich auf alle viere. Ich spüre sein Gesicht an meinem Hintern und seine Zunge, die sich in meine Möse drängt, mich leckt und für ihn öffnet.

Ich winde mich voller Vorfreude, als er endlich in mich eindringt. Während der letzten Tage hat er mich hingehalten, und selbst jetzt weiß ich nicht, ob er uns beide kommen lassen wird – oder ob nur Danny allein das Vergnügen hat. Angespannt und ungeduldig dränge ich mich seinem Schwanz in mir entgegen. Es ist lange her, dass ich so heiß auf einen Fick gewesen bin. Meine Brüste baumeln und die Bettfedern quietschen, als Danny und ich in einen schnellen, animalischen Rhythmus finden. Ich spüre, wie mir der Schweiß über den Rücken rinnt. Dannys Finger schieben sich auf meine Klit, reiben fest über sie, und schon spüre ich, wie meine Erregung ins Unerträgliche wächst. Mein Mann weiß genau, wie nahe ich daran bin zu kommen, als er sich schließlich zurückzieht, wie er es schon so oft während unseres Urlaubs gemacht hat, und die Intensität des Gefühls verschwindet.

»Nicht vergessen, Jade«, murmelt er, »erst wenn ich es sage.«

Dann stößt er härter in mich hinein als jemals zuvor. Sein Atem geht rau an meinem Ohr, und seine Finger zerquetschen förmlich meine Nippel, als er mit ihnen spielt. Ich hatte fast vergessen, dass Sex so hart sein kann, so rauschhaft, und ich genieße jeden Augenblick. Wieder richtet er seine Aufmerksamkeit auf meine Klitoris, doch als er diesmal beginnt, sie zu reiben, hört er nicht auf. Ich warte darauf, dass er sich wieder zurückzieht, und deshalb bin ich überrascht, als er stattdessen sagt: »Komm für mich.«

Die Lust, die sich in so vielen Tagen immer mehr aufgebaut hat, bricht sich nun Bahn. Das prickelnde, hämmernde, pochende Gefühl, das von meinem Schoß ausstrahlt und in meine gesamte untere Körperhälfte flutet, ist so intensiv, dass ich laut aufschreie. Ich rufe Dannys Namen, bettele ihn an, nicht aufzuhören, und sage all die schmutzigen Wörter, die sonst nie über meine Lippen kommen würden. Ich hatte wirklich noch keinen Orgasmus wie diesen, und als das Gefühl langsam abebbt, lässt es mich schwach und zitterig zurück.

Danny zieht sich aus mir zurück, und während ich auf dem Rücken liege, kniet er über mir, schwenkt seinen Schwanz über mir, bis er kommt, sein perlmuttfarbenes Sperma auf meinen Bauch schleudert und mich so als die Seine markiert.

»Und, hat es sich gelohnt zu warten?«, fragt er mich, während ich ihn anlächele.

Ich kann nur nicken. Selbst wenn ich Worte gefunden hätte, hätte ich wohl keine Kraft mehr gefunden, sie auszusprechen.

Als wir an diesem Tag noch einmal durch das Cottage gehen, damit wir auch nichts vergessen, bevor wir nach Hause aufbrechen, finde ich die Spielkarten halb versteckt unter dem Sofa im Wohnzimmer. Ich muss an unsere Partie Cheat denken, hebe ich sie auf und blättere sie durch. Ungläubig stelle ich fest, dass sich tatsächlich fünf Asse in dem Stapel befinden, zusammen mit einigen zusätzlichen Siebenen und zwei Herzdamen. Ohne zu zögern, stecke ich die Karten in meine Tasche. Wer würde schon Verwendung für ein falsches Blatt wie dieses haben – außer jemand, dem plötzlich bewusst wird, welche unerschöpflichen Möglichkeiten sich aus einem weiteren Schummel-Spiel ergeben könnten?

Ein ganz besonderer Name

Jacqueline Applebee

Eric stieß in mich hinein. An seinem blassen Hals traten die Adern hervor, als mein Liebhaber ächzte und sich schneller in mir bewegte. Ich öffnete meine Beine noch ein Stück weiter und drängte nach vorne, um seinen Stößen entgegenzukommen. Mein Orgasmus rollte heran und ließ mich heftig erbeben. Meine Lippen, geschwollen und feucht, öffneten sich. Ich schrie auf, als ich kam.

»Hassan!« Ein Wort voll seliger Wonne entschlüpfte mir. »Hassan«, seufzte ich. Meine Hüften hoben sich von der Matratze, und dann sank ich zusammen, erschöpft und glücklich.

Eric sah mich mit großen Augen an. Sein Mund stand offen. »Hassan?«

»Was?« Panik ließ mich erstarren.

»Du hast den Namen eines anderen gerufen.« Eric sah mich an, als ob er die Erklärung dafür auf meinem schweißnassen Körper finden könnte. »Wer ist Hassan?«

»Mist. Es tut mir leid.« Ich biss mir auf die Lippen, so peinlich war mir mein Fehler. Das ist eine ungeschriebene Regel beim Sex: Bring niemals die Namen deiner Lover durcheinander. Eric und ich waren seit sechs Monaten zusammen, deshalb gab es erst recht keine Entschuldigung für mich. »Vergiss es einfach«, sagte ich nur kläglich.

Eric zog eine Grimasse, als er nach unten auf seinen schlapp werdenden Schwanz sah. »Ich glaube nicht, dass ich das kann.« Er warf sich neben mich aufs Bett.

Die sinnliche Erinnerung wurde schwächer und verschwand schließlich ganz, als mein Lover laut neben mir seufzte. Ich sah zur Decke hoch und dann auf die bunten Laken, die in einem Haufen auf dem Boden lagen, doch auch ihr Paisleymuster konnte mich nicht ablenken. Ich wusste nicht, was ich sagen sollte. Es war einer dieser Momente, in denen ich mir wünschte, die Erde würde sich auftun und mich einfach nur verschlingen.

»Also dieser Hassan …«, begann Eric.

»Ich habe gesagt, vergiss es.«

»Er muss ja was ganz Besonderes gewesen sein.« Eric strich sich eine Strähne seines dunklen Haars aus den blauen Augen.

»Ich dachte, du wärst nicht eifersüchtig.«

Eric griff nach meiner Nase und zog spielerisch an ihr. »Schätzchen, ich weiß, dass du viele Männer hattest, bevor wir uns getroffen haben.«

»Willst du damit sagen, dass ich leicht zu haben bin?«, schnappte ich.

Für einen Moment war Eric still. »Ich würde dich erfahren nennen, das ist alles.« Er küsste mich. Ich leckte über seine Zähne und fuhr mit den Lippen über seinen Mund. Ich spürte, wie Lust in mir aufstieg und die Scham verdrängte. »Erzähl mir von diesem mysteriösen Mann.« Eric strich mit der Zunge über meine Kehle und küsste wieder und wieder die Kuhle an meinem Schlüsselbein. Ich lächelte. Vielleicht konnte sich aus meinem Versprecher doch noch etwas Positives entwickeln. Ich schloss die Augen und beschwor Hassans Bild herauf, wie ich ihn als jungen Mann gekannt hatte. Ich dachte an den angeberischen Kerl, bei dem alle Mädchen und die meisten Jungs in Ohnmacht fielen, sobald er vorüberging. In dem Ort, in dem ich aufgewachsen war, war Hassan immer aufgefallen. Er hatte dieser Ecke des ländlichen Englands, in der es kaum Veränderungen gab, bevor er auftauchte, einen Schuss attraktiver Exotik hinzugefügt. Ich habe nie herausgefunden, was seine Familie dorthin verschlagen hatte, aber ich war froh, dass es so war.

»Hassan war so etwas wie eine Legende an unserer Schule«, begann ich.

»Schule! Du hattest was mit diesem Kerl, als du noch zur Schule gegangen bist?«

»Nein, aber ich habe Hassan in meinem letzten Jahr dort kennengelernt. Jeder sagte, dass er außergewöhnlich gut küssen konnte, aber es dauerte noch eine ganze Weile, bis etwas zwischen uns war.« Eric seufzte erleichtert auf. Er küsste meine Schulter und machte dabei leise Geräusche. An meinem Oberschenkel spürte ich seinen Schwanz, der mit jeder Sekunde wuchs. Ich war froh, dass er diese Reise in meine Erinnerung offenbar genauso genoss, wie ich es tat.

»Und als du endlich mit diesem Casanova zusammengekommen bist, was habt ihr da gemacht?«

»Oh, nicht viel.« Ich sah Eric mit meinem unschuldigsten Blick an.

»Lügst du mich etwa an?« Erics Tonfall hatte sich verändert und klang nun leicht drohend. Mein Lover fuhr mit seinen Händen über meine Handgelenke, die zu meinen erogenen Zonen gehören, so ungewöhnlich sich das auch anhört. Doch bevor ich die Berührung genießen konnte, hatte er mich bereits an ihnen gepackt und drückte mich aufs Bett. Lust und Angst schossen gleichzeitig durch meinen Körper. Ich war mir nicht sicher, ob er wirklich sauer war oder nur so tat als ob. »Erzähl mir, was Hassan gemacht hat.« Eric starrte mich an. Mein Atem ging stoßweise. Ich versuchte, mich aus seinem Griff zu befreien, doch es gelang mir nicht.

»Zuerst haben wir uns nur auf einer Party geküsst.« Ich schluckte. »Er hatte so eine Art, mich mit seinen Küssen fast zu verschlingen. Es war, als würden mich seine Lippen und sein Mund gefangen nehmen, wenn wir rumknutschten.«

»So wie jetzt?« Eric zog mir die Handgelenke über den Kopf. Ich nickte und war mir bewusst, dass meine Nippel sich sehnsüchtig aufgerichtet hatten. »Was habt ihr sonst noch getan?«

»Er hat schmutzige Worte benutzt, er war der erste Mann, der je so mit mir gesprochen hat.«

»Was hat er gesagt?« Eric drängte sich mit seinem Knie zwischen meine. Er sah auf meine Pussy hinunter. Ich wusste, dass ich feucht war – und hungrig nach seinem Schwanz.

»Er nannte mich eine Schlampe.« Noch während ich das Wort aussprach, durchfuhr mich ein wundervolles Beben. »Er sagte, dass er meine Möse riechen könne und dass es das beste Parfum der Welt sei.«

»Da gebe ich ihm recht«, sagte Eric lächelnd. Ich bog mich ihm entgegen, wollte ihn in mir spüren, doch Eric verstärkte nur seinen Griff. Der köstliche Druck ließ mich aufseufzen. Ich hatte ein himmlisches Gefühl in meinen empfindlichen Handgelenken. Ich war verrückt nach diesem Mann.

»Bitte«, flüsterte ich.

»Hat Hassan dich gevögelt?« Eric ignorierte meine Bitte. »Ich kann mir gut vorstellen, wie er hart in dich hineingestoßen hat, bis du seinen Namen gerufen hast.«

»Hassan musste nicht mit mir vögeln, um mir die unglaublichsten Orgasmen zu verschaffen.«

»Lügnerin.« Eric bewegte sich so, dass er nun meine beiden Handgelenke mit nur einer seiner großen Hände hielt. Mit der freien Hand griff er nach meinem Bein und legte es sich über die Schulter, sodass ich weit geöffnet war. Er ließ mir kaum eine Sekunde Zeit, bevor er in mich eindrang. »Erzähl mir, was ihr gemacht habt.« Erics Stimme klang gepresst und hart. Ich wollte ihm antworten, doch seine kraftvollen Stöße raubten mir den Atem. Meine Möse zog sich um Erics Schwanz zusammen, sodass das Gefühl noch intensiver wurde. Mein Lover kniff die Augen zu, und als er kam, hätte ich schwören können, dass ich ihn etwas sagen hörte. Und es klang tatsächlich ganz genau wie Hassans Name.

Eric hielt inne und ließ sich dann auf mich fallen. Einen Augenblick später spürte ich, wie er neben mir nach meinem Vibrator suchte, den ich neben dem Bett aufbewahre. Ich schob ihn von mir, als ich das Summen des Geräts hörte.

»Willst du nicht noch einmal kommen?«, fragte er mich und winkte mit dem Vibrator.

»Sicher.« Ich verstummte, als ich Eric schüchtern ansah. »Natürlich ...«

Eric sah mich verwirrt an, bevor es ihm dämmerte. »Aber du willst auf die Art und Weise kommen wie mit Hassan.« Die ruhige Stimme meines Lovers war mehr, als ich verdiente. »Dann musst du mir sagen, was er gemacht hat.«

Ich hielt ihm meine Hände hin. »Hassan würde an meinen Fingern saugen.« Meine Stimme war nicht mehr als ein leises Flüstern.

Eric sah mich mit großen Augen an. »Du machst Witze!«

»Das ist die Wahrheit. Ich hatte schon immer sensible Hände.« Ich blickte zur Seite, weil ich mich plötzlich dafür schämte, so ein Freak zu sein.

»Lass mich das klarstellen«, sagte Eric langsam. »Du kannst kommen, wenn man deine Hände stimuliert?«

»Ja.«

Eric hob eine Augenbraue, doch er sagte nichts weiter. Er zog mich auf seinen Schoß, und dann nahm er meinen Daumen in seinen heißen, feuchten Mund. Er fuhr mit der Zunge über meinen Fingernagel und am Daumen hinunter bis zu dem Stückchen Haut zwischen Daumen und Zeigefinger. Mein Atem ging stockend, meine Klit pulsierte, und meine Augenlider flatterten. Eric knipste den Vibrator an, und dann nahm er zwei weitere Finger in seinen Mund und sog heftig und in einem gleichmäßigen Rhythmus an ihnen. Verzückt sah ich, wie meine Finger zwischen seinen Lippen verschwanden, um von seiner talentierten Zunge verwöhnt zu werden. Noch nie hatte ich mir vorgestellt, dass Eric mit einem anderen Mann zusammen sein könnte, doch nun war ich mir sicher, dass er ein begabter Schwanzlutscher wäre, falls es so weit kommen sollte. Immer schneller stieß ich meine Finger in seinen Mund.

»Hassan«, keuchte ich. »Es ist Hassan, an dem du saugst.« Ich hoffte, mich kurz vorher nicht verhört zu haben. Und ich hoffte auch, dass Eric mich nicht dafür hassen würde, dass ich die Dinge in die Hand nahm, doch ich konnte der Gelegenheit einfach nicht widerstehen.

Mein Mut wurde belohnt, als Eric um meine Finger herum aufstöhnte. »Hassan«, flüsterte er. Seine Augen waren fest geschlossen. Ich stellte mir die beiden Männer eng umschlungen vor, zwei Liebende, die sich leckten, lockten und liebkosten, bis sie beide kamen.

Ich drückte meine Hüften gegen seine und rieb mich dann am Vibrator, während meine Finger Erics Mund erforschten. Jede Berührung seiner Lippen ließ die Lust von meiner Hand hinunter in meinen Schoß wandern. Nie zuvor hatte ich etwas Vergleichbares erlebt. Ich erbebte, als der Orgasmus durch mich hindurchschoss und mich wild aufzucken ließ. Danach ließ ich mich neben meinen Lover fallen, atemlos glücklich.

»Also ...«, begann Eric, nachdem einige Augenblicke vergangen waren. »Was wir da gerade gemacht haben.« Er hielt inne und sah mich zögernd an. »Heißt das, dass ich schwul werde?«

Ich gab ihm einen leichten Klaps, obwohl ich kaum die Kraft hatte, mich überhaupt zu bewegen.

»Ich würde sagen, dass du bi-neugierig bist, das ist alles.«

»Wie wär's mit neugierig auf Neues?«, fragte er mit einem Grinsen.

»Willst du es noch mal probieren?« Mühsam setzte ich mich im Bett auf. Ich strich mit einem Finger über Erics Gesicht und seine Lippen entlang. Er knabberte an ihm und biss zärtlich in die Spitze.

»Vielleicht ein andermal.« Wieder zog er meinen Finger in seinen Mund. Ein leichtes Nachbeben ging durch meinen Schoß. »Bist du mit Hassan in Kontakt geblieben?«, fragte er.

»Wir haben uns aus den Augen verloren, als ich an die Uni ging.«

»Was für eine Schande.« Eric seufzte. »Hört sich nach einem interessanten Kerl an.«

»Das war er. Doch nach ihm habe ich dann einen wirklich besonderen Mann kennengelernt.«

»Wen?« Eric klang überrascht.

»Ich spreche von dir, du Dummkopf.«

»Natürlich.« Eric zog mich in eine schläfrige Umarmung. Meine Finger glitten aus seinem Mund, als ich mich eng an ihn schmiegte. »Natürlich hast du das.«

Chemische Reaktion

Velvet Moore

Naturwissenschaften und alles, was mit ihnen zu tun hat, machen mich geil.

Nur mit Mühe kann ich mich selbst beim Projekttag Wissenschaft meiner Nichte zurückhalten, sonst würde ich mir die Hand in die Hose schieben und mich bis zur Besinnungslosigkeit reiben. Auch zieht sich mein Bauch jedes Mal vor Lust zusammen, wenn irgendwer ein Streichholz anzündet. Jedes Jahr am 4. Juli erregt mich der Dunst der donnernden Feuerwerkskörper, die man »Snapper« nennt. Sobald sie vor meinen Füßen auf dem Boden krachen, zittere ich vor Erregung.

Von allen Sinnen ist der Geruchssinn am engsten mit dem menschlichen Erinnerungsvermögen verbunden. Wenn ich also irgendwo Kaliumchlorid rieche – eine weiße, kristalline Verbindung, die in jedem Labor zu finden ist und oft als Zünder benutzt wird –, erinnert mich das daran, wie das Feuer des Orgasmus durch meinen Körper tobt und einen flüssigen Pfad entlang meiner Beine brennt. Der Geruch der Chemikalie versengt mir die Nasenlöcher und bringt die Erinnerung an eine kühle Tischplatte aus Marmor an meinem Rücken zurück und an Finger, die sich in meine weichen Schenkel graben, und an den Druck von rundem Glas, das in mich hinein- und wieder aus mir herausgleitet.

Das ist es, woran ich mich bei ihm am besten erinnere.

Die meisten Wissenschaftler, die ich getroffen habe, erfüllen das Klischee perfekt. Sie würden dich eher einem Gentest unter- als dir die Jeans ausziehen. Dennoch vermutete ich, dass Michael Harrison noch zu viel mehr in der Lage wäre, als mir nur die Hose abzustreifen. Mit seinen welligen, schwarzen Haaren, seinen breiten Schultern und der Clark-Kent-Brille schien er unter seiner bescheidenen Kleidung etwas Überraschendes und sich machtvoll Wölbendes bereitzuhalten.

Das wurde mir klar, als ich zum ersten Mal seine Hand schüttelte und mir der Geruch der Chemikalien, die an seiner Kleidung und seiner Haut hafteten, in die Nase stieg. Es war ein schwacher und doch scharfer Geruch, der viel zu interessant war, um von einem Rasierwasser zu stammen, und erinnerte vielmehr vage an ein langes Bad in einem Becken mit frischem Chlorwasser. Ich stellte mir vor, dass meine Zungenspitze wie bei der Berührung mit einer Batterie prickeln würde, wenn ich mit ihr über seine kecken Brustwarzen fuhr.

Wir brauchten einen Wissenschaftler, um unsere Sponsoren auf einem Rundgang durch das Krankenhauslabor zu beeindrucken. Deshalb war ich fest entschlossen, ihn für diesen Zweck einzuspannen.

Die folgende Woche verbrachte ich in seinem Labor, um ein Gefühl für seine Arbeit zu bekommen. Sein Fachgebiet war Biochemie, und ich war zweifellos an *seiner* Chemie interessiert. Mir fiel auf, wie seine Hände mit dem Latexhandschuh zu kämpfen schienen, wenn er nach einem Becherglas mit Flüssigkeit griff. Dann sah ich ihm dabei zu, wie er langsam die Spitze einer länglichen Pipette in das klebrige Gel schob und den Inhalt aufsog. Heimlich strich ich mit der Hand über meine Brust, während er das glockenförmige Gefäß bei seiner länglichen, nippelförmigen Öffnung nahm und schließlich ein Vakuum in ihm herstellte.

Dann war es so weit, und er stand neben mir als Redner, während seine Laboranten das Experiment vor den wohlwollenden Sponsoren durchführten. »Flüssiges Kaliumchlorat ist stark oxidierend und reagiert extrem auf Zucker«, erklärte er.

Einer der Laborstudenten fügte der weißen, schäumenden Flüssigkeit in dem Teströhrchen über der offenen Flamme ein rotes Gummibärchen hinzu. Nur einen Augenblick später entzündete sich die Süßigkeit, sprühte Funken und qualmte mit der Kraft eines elektrischen Feuers und machte dabei Geräusche wie ein pfeifender Zug. Der plötzliche Ausbruch von Energie überraschte mich, und ich fuhr unwillkürlich in die Höhe, als ob ich heftig mit einem Lineal auf den Hintern geschlagen worden wäre. Sofort legte Michael seine Hand auf meinen unteren Rücken, um mich zu beruhigen. Die Berührung besänftigte meine Nerven tatsächlich – und ließ mein Höschen nass werden.

Schneller als der Rauch nach der süßen Verbrennung zog er sich wieder von mir zurück und widmete seine ganze Aufmerksamkeit den potenziellen Sponsoren. Er hätte wie ein Bettler unter Prinzen wirken müssen in seinem zerknitterten, fleckigen weißen Laborkittel und seinen alten Tennisschuhen inmitten von Designeranzügen und teuren Lederpumps. Dennoch hingen sie an seinen Lippen, verzaubert von der geheimnisvollen Sprache der Wissenschaft. Als er die Gruppe weiter durch das Labor führte, hörte ich, wie er die neueste Micro-Datenfeld-Technologie der Einrichtung pries. Brav, dachte ich. Er folgte meinem Coaching und erwähnte alle wichtigen Aspekte.

Nach seinem Auftritt gratulierte ich ihm und erwähnte, dass wir seine Präsentation nachbereiten könnten, wenn er das Bedürfnis dazu hätte. Er sagte mir, dass er bis spät in die Nacht arbeiten würde, und falls ich vorbeischauen wollte, könnten wir die Dinge noch einmal durchsprechen.

Ich stimmte zu.

An diesem Abend fand ich ihn über ein Polarisationsmikroskop gebeugt, sein knackiger kleiner Hintern unter dem weißen Laborkittel verborgen. Er unterbrach seine Arbeit, als er mich bemerkte.

»Ich untersuche nur etwas Kaliumchlorat«, sagte er. »Möchten Sie einen Blick darauf werfen?«

Ich ging auf das Mikroskop zu, blieb vor dem hüfthohen Tisch stehen und beugte mich vor, um einen Blick durch die Linse zu werfen. Das kristalline Pulver darunter verwandelte sich in gezackte, durchsichtige Würfel in allen Farben. Es sah aus wie Miniatur-Eiskristalle in Technicolor. Auch ohne wissenschaftliches Hintergrundwissen konnte ich angesichts dieser Schönheit nicht anders, als die verborgene Komplexität der scheinbar einfachen Formen bewundern.

»Das ist wunderschön«, sagte ich.

»Ja, das ist es«, stimmte er zu und strich dann mit einer Hand über meinen unteren Rücken und weiter über meinen kurvigen Po.

Ich bewegte mich nicht, und er fuhr fort. »Ich muss Ihnen noch sagen, wie sehr ich kurze Röcke zu schätzen weiß.« Seine Finger schoben sich weiter nach unten und glitten dann durch meinen Rockschlitz. Zwei Fingerspitzen bewegten sich vor, um an der Innenseite meines Schenkels langsam über den Gummi meines Höschens zu streichen. Ich spürte, wie sich das Material ganz plötzlich noch mehr mit meiner Feuchte vollsog. Nervös, weil alles so schnell ging, streckte ich mich und trat einen Schritt zur Seite. Seine Hände waren nun außer Reichweite.

»Glauben Sie, ich hätte nicht bemerkt, dass Sie sich für mich so angezogen haben?«, fragte er, während er näher kam und mich zwischen seinem Körper und einem brusthohen Aufsatz auf dem Labortisch einquetschte, der sich in meine Wirbelsäule drückte. »Sicherheit ist wichtig in einem Labor, deshalb müssen hier alle lange Hosen und flache Schuhe tragen. Ich bin froh, dass Sie sich dafür entschieden haben, ein wenig gefährlich zu leben.«

Ich wurde rot und ließ meinen Blick sinken, als er mich wieder freigab.

»Kennen Sie sich mit Kaliumchlorat aus?«, fragte er.

Ich sah hoch, um seinem Blick zu begegnen, und schüttelte verneinend den Kopf, wobei ich zweifellos meine Verwirrung verriet, wenn nicht gar meine Enttäuschung über den plötzlichen Themenwechsel.

»Es ist eine recht häufige Verbindung und dabei unglaublich kraftvoll. Faszinierend ist, dass es so harmlos aussieht, doch wenn man es mit etwas Süßem kombiniert, setzt es überraschend viel Energie frei.« Mit diesen Worten kam er ganz nah an mich heran und strich mir sanft mit dem Daumen über die Unterlippe. Die Berührung ließ die Lippen über und unterhalb meiner Taille kribbeln.

Ich sah, wie er die Hand zu seinem Mund führte und seinen Daumen kostete, der gerade noch auf meinem Mund gelegen hatte. »Ich habe etwas Süßes gefunden … Ich finde, wir sollten das Experiment wagen.«

Sein heißer Mund stürzte sich auf meinen, und schon ließ ich meine Zunge über seine glatten Lippen gleiten, damit er sie öffnete. Als seine Zunge mich mit gleicher Kraft eroberte, stockte mir der Atem, und ich spürte, wie meine Spalte anschwoll. Verrückt nach seiner Berührung schob ich die Hüften vor und rieb mein Becken an seinem starken Körper. Er griff nach meinen Händen, die sich in seinem Haar vergraben hatten, löste meinen Griff und schob sie nach unten, damit sie auf der Kante des Labortisches ruhten. Wie ein gefallener Engel stand ich nun mit ausgebreiteten Armen da und erwartete seinen Befehl. Mit flinken Fingern machte er sich an den Knöpfen meiner Bluse und an meinem BH zu schaffen, und schon kreiste sein glatter Mund um meine rechte Brust.

Während er mich rechts auf diese Weise verwöhnte, kniff er mir in den linken Nippel und rollte ihn dann wie eine edle Zigarre zwischen den Fingern. Sein ersticktes Stöhnen an meiner Brust machte mich verrückt vor Verlangen. Dann zog er sich plötzlich zurück. Ich streckte die Hand aus, um ihn zurückzuholen, doch wieder drückte er sie nach unten. Ich war heiß darauf, seinen länglichen Muskel zu sehen, mit dem er sich so eifrig an meine sehnende Mitte gepresst hatte, doch er ging auf die Knie, ohne sich auszuziehen. Er griff nach meinen Schenkeln unter dem Rock und spreizte meine Beine. Er schob mir den Rock hoch bis zur Hüfte und stopfte den Saum in den Bund, damit der Stoff oben blieb. Schon glitt mein nasses Höschen hinab, als er es mir über die Beine nach unten zog und dann zur Seite warf. Besitzergreifend legte sich eine Hand auf meine geschwollene Scham. Seine Handfläche öffnete meine intimen Lippen und drückte sich gegen meine pochende Klit, während er mit den Fingern der anderen Hand spielerisch über die Spalte meines Pos fuhr. Er suchte meinen Blick und schenkte mir ein verschmitztes Lächeln.

Dann nahm er die Hand von meinem Körper, griff in die

Tasche seines weißen Laborkittels und zog ein gläsernes Teströhrchen heraus. Mein Griff um die Tischkante wurde fester. Der schlanke Zylinder glitt problemlos über seinen Mittelfinger. Sein gerissenes Lächeln verschwand und wich einem Ausdruck höchster Konzentration, als er sich vorbeugte und gemächlich mit der Zungenspitze über meine nasse Spalte bis hin zu meiner pulsierenden Perle fuhr, wobei er den Druck stetig erhöhte.

Ich spürte, wie seine Zunge kraftvoll über meine Klit strich, während er seinen in Glas gehüllten Finger in mich schob. Das Röhrchen glitt leicht über meine glatten Falten, und seine gerundete Spitze berührte all die richtigen Stellen. Die Kombination aus Zunge und Röhrchen schickte heftige elektrische Schwingungen zwischen meine Beine. Ich musste mich winden, meine Knie wurden weich, mein Herz raste, mein Atem wurde flach, ich stöhnte und ließ den Kopf in den Nacken fallen. Während sich meine Finger noch immer festkrallten, war mein Verstand benebelt von dem unglaublichen Kribbeln sexueller Erregung. Mit den Fingern seiner freien Hand griff er dann nach meinem Hintern, als ich gerade mit aller Macht kam, sodass ich nur noch »Oh Gott« stöhnen konnte. Die Worte hallten im Labor wider, und ich schob seinen Mund von mir weg, um die überwältigende Intensität der Empfindungen abzuschwächen.

Er glitt aus mir heraus, richtete sich auf und stand schweigend da, während er mir zusah, wie ich mich langsam beruhigte. Als sich mein Atem normalisiert hatte, hob ich den Kopf und musste gegen eine plötzliche Mattigkeit ankämpfen.

Um ihm Freude zu machen und bereit für mehr, griff ich dann nach dem Bund seiner Hose, öffnete Knopf und Reißverschluss und schob sie über seine kräftigen Beine nach unten.

Als Nächstes widmete ich mich den Knöpfen seines Oberhemds und öffnete sie der Reihe nach.

Er spürte meine leichte Müdigkeit und half mir dabei, bevor er schließlich seine Boxershorts auszog, sodass sein großer Schaft hervorsprang. Schließlich stand er in seinem Laborkittel, jedoch ansonsten so gut wie nackt vor mir – wie ein Exhibitionist mit Doktortitel.

Ich nahm seinen Schwanz in die Hand, und er stöhnte heftig, als ich mit festem Griff daran zog. Mit gleicher Kraft umklammerte er mein Handgelenk und zog es weg. Er nutzte meine Überraschung und die Tatsache, dass er mich bereits festhielt, um mich umzudrehen und mich mit dem Bauch gegen den Labortisch zu pressen. Wie ein Yogi, der sich in einer Geste der Unterwerfung verbeugt, streckte ich die Arme nach vorn, um mich mit ihnen abzustützen, wobei ich rücksichtslos Flaschen, Waagschalen und andere Laborutensilien beiseiteschob. Ich war auf sexuelle Befriedigung aus, nicht auf wissenschaftliche Experimente.

Er zog an meinen Hüften, sodass ich die Beine noch weiter öffnete. Seine eine Hand fuhr über meinen Po, während er mit der anderen seinen mächtigen Schwanz zu meiner Spalte führte. Dann drang er tief in mich ein und füllte mich aus, wie es ein Mann tun sollte und es ein Glaszylinder niemals fertigbringen würde. »Oh verdammt, du bist so eng.« Er stöhnte. Ich zog mich um ihn zusammen, um das Gefühl noch zu verstärken.

Zuerst pumpte er sich nur leicht in mich, mit langen und gleichmäßigen Stößen, mit denen er meine Erregung wieder blubbernd an die Oberfläche treten ließ, wie es Flüssigkeit in einem Becherglas bei niedriger Temperatur macht. In diesem gemächlichen Tempo konnte ich mein Becken nach vorn schieben, sodass meine Klit gegen den Schubladenknauf vor mir stieß. Seine Hüftstöße, mit denen er seinen Schwanz in mich trieb, und der Knauf an meinem Lustzentrum ließen meine Lust weiter wachsen.

Während meine Klit auf diese Weise stimuliert wurde, fühlte ich, wie ich immer feuchter wurde. Sein genüssliches Stöhnen wirkte dabei wie ein Katalysator für meine Erregung. Ich war jetzt richtig heiß und sehnte mich nach einem schnelleren Tempo, und so drängte ich ihm meinen Hintern entgegen, um ihn noch tiefer in mich aufzunehmen. Er wurde schneller und trommelte kraftvoll auf meine tropfende Pussy. Das schmatzende Geräusch, das mein Hintern an seiner Haut machte, und das Klatschen seines Laborkittels gegen den Labortisch untermalten unsere anschwellende Sex-Symphonie.

Mein flacher Atem wurde schneller, und die elektrische Spannung, die sich zwischen meinen Schenkeln aufgebaut hatte, breitete sich prickelnd in meinen Gliedmaßen aus und kündigte so den bevorstehenden Höhepunkt an. Ich zog seine Hand von meiner Hüfte und biss in seine Faust, um die Intensität meiner Empfindungen besser ertragen zu können. Doch der Kupfer-Geschmack seiner Haut zusammen mit seinen Stößen überwältigte mich; mein Körper bebte, als ich schließlich mit aller Kraft kam. Er nahm seine Hand von meinem Mund, zog meinen Körper ein Stück nach oben und schoss dann sein heißes Sperma wie mit einem Schnellfeuergewehr in mich hinein.

Wir lehnten aneinander, als sich unser Atem schließlich beruhigte und sich unsere erhitzten Körper etwas abkühlten. Dann rückte ich etwas von ihm ab, um mich umzudrehen, und sah ihn mit glasigem Blick an.

Er knöpfte sich sorgfältig den Laborkittel zu, und als er komplett angezogen war, trat er wieder einen Schritt näher auf mich zu.

»Was haben wir aus diesem kleinen Experiment gelernt?«, fragte er, während sein Finger aufreizend langsam kleine Achten um meinen Bauchnabel zeichnete.

Ich griff nach seinem Handgelenk und legte seine Hand auf meine Brust, bevor ich antwortete: »Es ist alles eine Frage der richtigen Chemie.«

Der Stuhl

Lolita Lopez

Der Stuhl war von verschwenderischer Dekadenz: elegante Linien, schimmerndes Edelholz, unglaublich weiches Leder. Vom ersten Augenblick, als sie den Stuhl entdeckte, hatte sich Lily sehnsüchtig gewünscht, sich in seine sinnliche Umarmung sinken zu lassen. Er hatte zu ihr gesprochen, ihr schmutzige Dinge ins Ohr geflüstert und eine sexuelle Erfahrung versprochen, die alle bisherigen übertraf. Immer noch, so viele Wochen später, schossen ihr beim Anblick des Stuhls lustvolle Blitze in den Schoß.

Ihre lebhafte Fantasie tat ihr Übriges. Fast konnte Lily die kühlen Küsse des Leders auf ihrer nackten Haut und den engen Griff der gepolsterten Manschetten an ihren Handgelenken und Knöcheln spüren. Der Gedanke, an diesen Stuhl gefesselt zu sein, hilflos und Cals Gnade völlig ausgeliefert, ließ ihre Pussy vor Verlangen pochen. Heiße Säfte sickerten zwischen ihre bloßen Schenkel, wenn sie nur daran dachte.

»Hinsetzen.«

Cals Anweisung setzte sie unter Strom. Lilys Nippel richteten sich auf. Bebend holte sie Luft und machte einen vorsichtigen Schritt vorwärts. Sie ließ ihre Fingerspitzen über die geschwungene Armlehne aus Holz gleiten und bewunderte die Schönheit des Stuhls und die Handwerkskunst, die in ihm steckte. Nur ein Hedonist wie Cal konnte daran denken, ein so besonderes Möbelstück tatsächlich zu benutzen. Halb Fesselvorrichtung, halb Sexspielzeug, hatte es bereits einen legendären Ruf in seinem verrückten Freundeskreis.

Vor Cal hatte Lily sich nur auf harmlose Sexspiele verstanden: ein Seidentuch, mit dem ihre Handgelenke am Kopfende des Bettes festgebunden wurden. Ein Eiswürfel zwischen den Lippen ihres Liebhabers, mit dem er über ihre geschwollenen Brüste fuhr. Einige stechende Schläge auf ihren Hintern in der Hitze der Leidenschaft.

Doch dann war Cal in ihr Leben getreten und hatte sie in die manchmal schmerzvolle, aber immer aufregende Welt von SM und Bondage eingeführt. In der ersten Nacht, als er das Thema angesprochen hatte, hatte er sie in sein Spielzimmer geführt und ihr die verschiedenen Spielzeuge und Gerätschaften erklärt. Als er ihr den Stuhl gezeigt hatte, der sich auf einer erhöhten Plattform in einer Ecke befand, erwachte Lilys Neugier. Was versteckte sich hinter den Holzplatten, die zwischen den Stuhlbeinen befestigt waren? Und warum brauchte die Plattform einen Stromanschluss? In diesem Moment entschloss sie sich, auf Cals Angebot einzugehen und sich auf sein exklusives Möbel zu setzen.

»Lily.«

Cals Stimme brachte sie in die Gegenwart zurück. Vor ängstlicher Erwartung zitterten ihre Finger, als sie auf das Podest stieg. Lily drehte sich zu ihrem Liebhaber um und ließ sich langsam auf den breiten Sitz sinken. Ihre nackten Füße baumelten über der Plattform. Ihr Bauch zitterte vor ängstlicher Vorahnung. Plötzlich fühlte sie sich schrecklich jung und unerfahren. Doch vielleicht war das Teil des Spiels. Es gab da etwas, wenn man sich dem Unbekannten öffnete und ihm

Vertrauen schenkte, das die Erfahrung und die spätere Befriedigung noch intensiver machte.

Während sie auf dem Stuhl thronte, beobachtete Lily, wie Cal aus den Schatten trat. An diesem Abend blieb er vollständig bekleidet, was ihre eigene Verletzlichkeit betonte und keinen Zweifel daran ließ, dass er allein die Kontrolle über alles hatte. Er steckte seine Manschettenknöpfe aus Platin in die Tasche und rollte sich die gestärkten Hemdsärmel hoch. Lily leckte sich über die Lippen und presste ihre Knie eng zusammen. Sie krallte sich an den Armlehnen fest, als Cal näher kam. Ihr Blicke trafen sich, als er die Ledermanschetten über ihre Handgelenke schob. Er unterbrach den Blickkontakt auch dann nicht, als er die Fernbedienung nahm und die Neigung der Rückenlehne verstellte, sodass sich ihre Hüften ein Stückchen nach vorne schoben.

Er legte die Fernbedienung zur Seite und kniete sich vor den Stuhl. Cals warmer Atem kitzelte ihre Schienbeine, als er mit seinen Lippen über ihre Haut strich und mit einer Reihe von Küssen die Kurve ihres Knies nachfuhr. Er band ihre Knöchel um die Stuhlbeine, zwang ihre Schenkel weit auseinander und blickte wohlwollend auf die weichen, glatt enthaarten Lippen ihrer Möse. Sie bemerkte das feurige Aufblitzen in seinen Augen. Er hatte die Zeichen ihrer Erregung bemerkt, die glitzernde Nässe auf ihrer Haut.

Cal rieb mit den Fingerknöcheln über ihre Spalte. »Du wirst immer so feucht.«

»Nur für dich.«

Ihre atemlosen Worte brachten ein Lächeln auf sein Gesicht. Cal beugte sich vor und drückte seine Nase in ihre tropfende Pussy. Seine Zungenspitze fuhr über ihre Spalte und die harte Perle, die verzweifelt nach seiner Berührung gierte. Lily versuchte, die Hüften nach vorn gegen seine drängende Zunge zu drücken, doch die Fesseln hielten sie an ihrem Platz. Leise wimmerte sie protestierend, doch Cal wischte sich nur mit dem Handrücken über den Mund und zog sich von ihr zurück.

Lilys Augen weiteten sich, als Cal das Tuch wegzog, das über dem kleinen Tisch zu seiner Linken lag, und eine ganze Reihe von Floggern, Klemmen und Riemen zum Vorschein kam. Sie schluckte heftig. Er würde es in die Länge ziehen, damit sie sich jeden Orgasmus, der ihr den Atem rauben würde, verdienen musste.

Zischend atmete sie durch die Zähne aus, als der erste harte Schlag der Wildlederbänder auf ihre Brüste traf. Cal schwang den Flogger mit der Effizienz eines wahren Meisters, und die Schläge streichelten ihre nackte Haut. Sie bäumte sich ihnen entgegen, liebte das Gefühl, das diese ersten Berührungen, die sie in Stimmung bringen sollten, in ihr hervorriefen. Eine leichte Erregung wirbelte durch ihren Bauch. Hitze breitete sich in ihrer Brust aus und floss bis in ihren Magen hinunter.

Schon bald wechselte Cal zu einer härteren Peitsche. Lily schrie auf, als die ersten stechenden Schläge der festen Lederzungen auf ihre zarte Haut trafen. Das Leder streifte ihre harten Nippel und leckte über ihren Bauch. Zischend holte sie Atem und versuchte, den Schlägen auszuweichen, doch vergebens. Die nach hinten geneigte Lehne des Stuhls machte es ihr unmöglich, Cals anhaltenden Peitschenschwüngen auszuweichen.

Sie verspürte eine prickelnde Hitze, wo immer die Lederschwänze sie trafen. Cal erhöhte das Tempo, und mit jedem Mal wurden die Schläge ein wenig härter. Als sie spürte, wie der Kuss der Peitsche nach unten wanderte, erbebte Lily. Beim ersten Schlag des Leders auf ihre nackte Pussy schrie sie laut auf. Ihre Knöchel waren festgebunden und ihre Schenkel weit gespreizt, sodass Cal freien Zugang zu ihrer feuchten Spalte hatte, und offenbar hatte er nicht die Absicht, ihre empfindlichsten Stellen auszusparen.

Ihr erster Impuls war es, das Safeword auszusprechen. Doch sie verdrängte ihn und war entschlossen, sich dieser neuen und beängstigenden Erfahrung zu stellen. Vor jedem neuen Peitschenschlag keuchte sie auf und spannte ihren Köper an. Ihre Hüften bewegten sich hin und her in dem vergeblichen Versuch, Cals nächstem Hieb auszuweichen.

Und dann spürte sie es.

Verborgen unter jedem stechenden Kuss ließ eine kleine Welle ihre Klit erbeben. Lily konzentrierte sich ganz auf dieses wundervolle, elektrisierende Gefühl. Unwillkürlich hob sie ihre Hüften nun dem Schlag der ledernen Peitschenzungen entgegen, wie es ihrer Rolle als Sub entsprach, die sie gelernt hatte zu akzeptieren. Die süße Agonie aus Lust und Schmerz ließ ihre Gefühle wie wild im Kreis herumwirbeln. Jeder Nerv ihres Körpers stand in Flammen, und sie stand kurz davor zu kommen.

Als Cal unerwartet innehielt, stöhnte Lily unwillig auf und wusste ihm gleichen Moment, dass sie damit eine der Regeln verletzt hatte. Während ihrer Spiele bestand ihre Aufgabe darin, einfach alles hinzunehmen und niemals selbst etwas zu fordern. Cal leckte sich über die Zähne und schüttelte den Kopf. Lily atmete hart und versuchte vergeblich, das unangenehme Pochen in ihrer Pussy zu ignorieren, während sie ihren Liebhaber ängstlich ansah, um herauszufinden, welche Bestrafung er für sie wählen würde.

Als ob er ihren Blick gespürt hätte, griff Cal zu einem Streifen schwarzer Seide und band ihn ihr vor die Augen. Ohne sehen zu können, wartete Lily mit angehaltenem Atem, während ihr Körper nervös zu summen schien. Cals Finger strichen über ihre Brüste. In der nächsten Sekunde spürte sie den vertrauten Biss einer Wäscheklammer. Eine ganze Serie dieser hölzernen Foltergeräte folgte.

Langsam gewöhnte sich Lily an das zwickende Gefühl an ihren Brüsten, und sie ließ ihren Po wieder tiefer sinken. Per Knopfdruck ließ Cal das Mittelstück der Sitzfläche im unteren Teil des Stuhls verschwinden, sodass er nun ungehindert an ihre Genitalien kam. Seiner Gnade ausgeliefert konnte sich Lily nur fragen, was als Nächstes kommen würde. Ihre Klit war noch immer geschwollen und nur wenige Schläge davon entfernt, sie in einem gewaltigen Orgasmus untergehen zu lassen.

Sie rührte sich nicht, als Cal sich ihr näherte und sie die Hitze seines Körpers auf ihrer Haut spüren konnte. Sein warmer Atem tanzte auf ihrem Hals, und sein Geruch nach Sandelholz stieg ihr in die Nase. Sie stöhnte hungrig auf, als seine feuchten Finger zwischen ihre Pussylippen glitten und sie erforschten. Sie ergab sich seinen forschenden Berührungen und erlaubte es seinem Finger, ihren Hintern für die unausweichliche Penetration zu entspannen. Vor Cal hatte sich Lily geweigert, an eine solche Spielart der Lust auch nur zu denken. Sie hatte sie für falsch und schmutzig gehalten.

Cal hatte ihr gezeigt, dass sie damit absolut richtig lag. Analsex war schmutzig – auf wundervolle und ungezogene Weise zugleich. Und nun konnte sie nicht genug davon bekommen.

Seine Finger verschwanden. Einen Moment später stieß die stumpfe Spitze eines Vibrators in ihren Po. Das war es also, was Cal unter dem Sitz des Stuhls versteckte. In dem Fach darunter hatte er Sexspielzeug untergebracht. Sie konnte das Geräusch des kleinen Motors hören, als der Vibrator sich vor- und zurückbewegte.

Lily gab dem Druck des Kunststoffschwanzes nach. Er glitt in sie und dehnte ihren Ring mit jedem vorsichtigen Stoß. Cals Lippen lagen auf ihrem Hals und bescherten ihr eine Gänsehaut, während der Vibrator sie in den Hintern fickte. Sein Mund wanderte tiefer, zwischen ihren Brüsten hindurch und küsste sie bis hinunter zu ihrem Nabel. Seine Zunge kreiste um ihren Bauchnabel, bevor sie in einer Zickzacklinie hinunter zu ihrer tropfenden Möse glitt. Während seine Hände auf der Innenseite ihrer Schenkel lagen, fuhr er ihre Spalte mit der Zunge nach.

Sie stand in Flammen. Gleichzeitig von dem Vibrator genommen und von Cal geleckt zu werden ließ sie beinahe kommen. Sie zerrte an ihren Handfesseln, wollte mit den Fingern durch Cals Haar fahren und seinen Kopf dort halten, wo er war, während sie an seinem Mund kam. Sie stand so nahe davor, so nahe …

Plötzlich war Cals Zunge verschwunden. Lily schrie auf und hob ruckartig die Hüften, während sich der Vibrator wieder und wieder in ihren Hintern schob. Cal hatte ihr ihren Orgasmus gestohlen, und dafür hasste sie ihn. Gleichzeitig wollte sie ihn anbetteln, zurückzukehren und seine Zunge nur noch ein einziges Mal über ihre Klit streichen zu lassen. Doch er hätte nur über sie gelacht und einen anderen Weg gefunden, sie zu necken. Ihr Dilemma machte sie einerseits wütend, andererseits erregte es sie.

Zitternd vor Verlangen blinzelte Lily wild, als die Augenbinde weggezogen wurde. Sie blickte in Cals Gesicht, sah seine reglose Miene, die nichts von dem Vergnügen und der Lust verriet, die er auf ihre Kosten haben musste. Da war sie sich sicher. Seine Berührung war unerwartet zart, als er ihre Wange liebkoste und ihr einen Kuss auf den Mund drückte. Er knabberte an ihrer Unterlippe. »Willst du kommen?«

»Ja.« Ihre erstickte Antwort füllte den Raum. »Bitte.«

Sein Mundwinkel hob sich. »Bald.«

Und dann trat er ein wenig zurück und griff wieder nach der Fernbedienung. Der Vibrator, der tief in ihrem Hintern steckte, blieb still, als ein weiterer Silikonphallus in ihre Pussy stieß. Sie wand sich, bis er an der richtigen Stelle saß. Doppelte Penetration war neu für Lily. Cal hatte sie über die letzten Wochen hinweg dazu gebracht, sowohl seinen Schwanz als auch einen Dildo zu akzeptieren. Nun verstand sie, warum.

Die Kunststoffschwänze stießen im Wechsel immer wieder in sie hinein. Als Cal ein weiteres Spielzeug hinzufügte, eine Art schwarzer Zauberstab mit einem tennisballgroßen Vibrator an der Spitze, spielte Lily verrückt. Sie hatte keinerlei Kontrolle mehr über sich. Der brummende Ball drückte gegen ihre Klit und sandte vibrierende Wellen hoch in ihren Bauch und hinunter in ihre Schenkel. Ihr ganzer Körper war angespannt, die Zehen angezogen, die Finger zu Fäusten geballt, als sie so stark kam, dass sie fürchtete, das Bewusstsein zu verlieren.

»Das ist es, Schatz. Komm für mich.«

Sie konnte es ihm nicht verwehren, nicht jetzt und überhaupt niemals. Während sie sich immer wieder gegen ihre Fesseln drückte, ritt Lily auf den gewaltigen Wellen ihres Orgasmus. Jeder Stoß durch die Schwänze verstärkte die Erfahrung, bis es schließlich zu viel für sie wurde. Sie bettelte Cal an, aufzuhören und die Vibratoren fortzunehmen, doch obwohl sie um Gnade bat, brachte sie es nicht über sich, das Safeword zu sagen. Die primitive, sexverrückte Hure tief in ihrem Inneren, die ein fester Bestandteil ihres wahren Ichs war, war endlich frei. Lily war nicht in der Lage, das Spiel jetzt noch zu stoppen. Das Ganze würde so weit gehen, wie Cal es wollte.

Gerade als Lily ein weiteres Mal kommen wollte, griff Cal nach dem Flogger und schlug mit den Lederstreifen gekonnt gegen die Klammern an ihren Brüsten. Sie schnappten auf und fielen zu Boden. Lily schrie auf, als der heftige, scharfe Schmerz sich mit der unglaublichen Ekstase ihres erzwungenen Höhepunktes vermischte und das Gefühl sie fast zerriss. Wieder und wieder traf der Flogger auf ihre gerötete Haut. Sie war kaum noch bei Sinnen, während sie von einem Extrem ins andere fiel. Schmerz. Lust.

Lilys Orgasmen veränderten sich – von voneinander getrennten Empfindungen hin zu einer unendlich langen, strahlenden Erleuchtung. Sie bemerkte kaum das Verschwinden von Vibrator und Dildo, die ihre Pussy stimuliert hatten. Der Gummischwanz in ihrem Hintern blieb, wo er war, und arbeitete nun mit noch höherer Geschwindigkeit. Cals Finger ersetzten den anderen Dildo. Er beugte sich über sie, drückte ihre Knie mit seinen Knien fest gegen die Stuhlkante und besorgte es ihr mit seinen Fingern, bis sie glaubte, sterben zu müssen.

»Du weißt, was ich will.« Seine Finger stießen ohne Unterlass gegen ihren G-Punkt. Den Daumen ließ er um ihre entflammte Klit kreisen.

Sie schüttelte den Kopf. Verlegen errötete sie, obwohl sie kurz davor stand, schon wieder zu kommen. »Ich kann nicht.«

»Du kannst.« Seine ruhige Stimme gab ihr den Rest. »Und du wirst.«

Und sie tat es. Wie schon zuvor war es ihr unmöglich, Cal zurückzuweisen, und sie ergab sich völlig dem drängenden Verlangen, das seine stoßenden Finger in ihr hervorriefen. Schreiend wie eine Furie spritzte Lily über seine Hand, bis ihm ihre Säfte über Handgelenk und Unterarm liefen. Cal stöhnte zufrieden, während sie wie eine Rakete abging, sich in einer anderen Galaxie verlor und kaum noch atmen konnte. In diesem Moment war sie nicht mehr als ein Gefäß für die unglaublichsten und alles erschütternden Empfindungen.

Irgendwann wurde Lily ohnmächtig, überwältigt von den orgasmischen Explosionen in ihrem Inneren. Als sie wieder zu sich kam, waren ihre Handgelenke und Knöchel von den Fesseln befreit. Cal kniete zwischen ihren Schenkeln und leckte mit seiner talentierten Zunge über ihr cremige Spalte und neckte sie, bis sie wieder ganz bei Sinnen war.

Mit einem tiefen Seufzer griff Lily nach unten und fuhr mit ihren Fingern durch sein feines Haar. In den zärtlichen Momenten wie diesen zeigte ihr Cal, wie sehr er sie tatsächlich liebte. Der Kontrast zwischen diesem Cal und dem Mann, der sie solch schmerzhafter sinnlicher Folter aussetzte, war ein Unterschied wie Tag und Nacht – genauso wie die junge Frau, die Cal erlaubte, sie zu dominieren, nichts mit der rationalen, knallharten Lily zu tun hatte, die drei Tage in der Woche in einem Saal mit gelangweilten Studienanfängern über Feminismus lehrte. Sie hatten eine komplexe Beziehung, die Lily für nichts in der Welt hätte eintauschen wollen.

»Also«, sagte Cal und strich mit seinen Lippen über die Innenseite ihrer Schenkel, »was hältst du von meinem kleinen Apparat?«

Lily gurrte vor Befriedigung. Mit einem frechen Lächeln auf den Lippen beugte sie sich vor und fing seinen Mund ein. »Ich denke, wir sollten auch einen für dich bauen.«

Ihr Vorschlag ließ Cals Augen aufleuchten. Er grinste und biss ihr leicht in den Bauch. »Du wirst eine Menge Schuhe putzen müssen, bevor du dir genügend Punkte verdienst hast, um über mich zu bestimmen.«

»Was soll ich dazu sagen?« Sie zuckte mit den Schultern und berührte ihn mit ihrer feuchten Pussy. »Es scheint nun mal, dass ich aus tiefster Seele Masochistin bin.«

Rohre verlegen

Susie Hara

Bobbie genoss die wenigen Minuten, bevor sie ins Bett ging, wenn es im Haus friedlich und ruhig war und sie endlich ungestört lesen konnte. Die Kinder schliefen, Scott arbeitete am Computer. Es war Freitagabend, und es gab nur sie und ihr Buch. Sie blätterte die Seite um. Wenn sie nur lang genug wach bleiben könnte, um noch etwas zu lesen. Sie spürte, wie ihr die Augenlider zufielen. Scott erschien in der Tür. So früh ging er sonst nicht ins Bett. Er schloss die Tür hinter sich. *Uh-oh*. Er sah sie auf diese ganz besondere Weise an. *Mmm*. Aber sie wollte ihr Buch lesen, sie hatte sich den ganzen Tag darauf gefreut.

»Ich lese gerade dieses wirklich großartige Buch, Scottie.«

»Ach ja?« Er kam zu ihr und streichelte ihr über die Finger, mit denen sie das Buch hielt.

»Mm«, machte er und begann, ihre Hand zu lecken.

»Könntest du nicht noch mal gehen und in ein paar Minuten wiederkommen?«, fragte sie. Sie wollte ihn, doch noch mehr wollte sie endlich lesen.

»Oh! Weggehen! Wiederkommen! Ich versteh schon. Aber natürlich, Madame. Ich werde gehen – also, von jetzt an werde ich vor- und zurückgehen!«, sagte er mit einer ausladenden Handbewegung, verbeugte sich und verschwand dann.

Himmel, dachte Bobbie, so hab ich das nicht gemeint. Sie las so schnell weiter, wie sie konnte, denn sie wusste, was auch immer er vorhatte, es würde sie unweigerlich ablenken. Sie kam einige Seiten weit, bevor sich die Tür öffnete. Gott, woher hatte er dieses Outfit? Er trug einen dunkelblauen Arbeitsoverall, auf dem mit orangefarbenem Garn RICK stand. Und er hatte seine Werkzeugkiste dabei.

»Ma'am, ich bin hier, um die Rohre in Ordnung zu bringen«, grummelte Scott.

»Oh, in Ordnung«, sagte Bobbie. »Das Badezimmer ist den Flur runter.«

»Ich bin nicht hier, um das Badezimmer zu reparieren«, sagte er, und sein Blick war auf ihre Nippel gerichtet, die sich unter dem Nachthemd abzeichneten.

»Soll ich Ihnen dann zeigen, wo die Küche ist?«

»Ma'am, das Rohr, das ich reparieren muss, befindet sich hier«, flüsterte er, als er die Schlafzimmertür leise hinter sich schloss. »Es ist in dieser Wand, dort drüben beim Bett. Tut mir leid, aber ich muss die Wand aufbrechen und an diesem Rohr arbeiten.«

»Oh, also ich weiß nicht. Das hört sich nach einer ziemlichen Schweinerei an. Mein Mann wird bald nach Hause kommen, und er ... er ...« Sie hielt inne. »Eine aufgestemmte Wand würde ihm nicht gefallen.«

»Ich versichere Ihnen, dass es nicht lange dauern wird.« Scott kam herüber zur Wand neben ihr und holte sein Werkzeug heraus. »Ich will nicht neugierig sein, aber wie heißen Sie?«

»Hm. Gloria. Mein Name ist Gloria. Und Sie heißen Rick, nicht wahr?«

»Nun, ich weiß, dass auf meinem Overall Rick steht, aber eigentlich stammt der Anzug von dem Kerl, der den Job vor mir gemacht hat, verstehen Sie? Also mein Name ist … ist … Hunk.«

»*Hunk?* Ihr Name ist *Hunk?*«

»Ja, das stimmt.« Er schwang den Hammer und schlug ein Loch in die dünne Wand.

»Was zum Teufel machst du da?« Sie holte tief Luft. »Du wirst die Kinder aufwecken.«

»Gloria, es tut mir schrecklich leid, aber das ist der einzige Weg, um an die Rohre zu kommen.«

Er beugte sich über sie und drückte die Hammerspitze sanft auf die Haut unterhalb ihres Schulterbeins, wo ihr Nachthemd auseinanderfiel. Er streichelte sie mit dem kalten Metall und malte mit ihm Muster, die sich bis hin zu ihren Brüsten zogen. Sie keuchte heftig. Sie sah ihm in die Augen, als er fortfuhr, Kreise auf ihre Haut zu malen, bis der Hammer in der Spalte zwischen ihren Brüsten zum Halten kam.

»Es ist verdammt lang her, dass ich einen Hammer zwischen meinen Brüsten hatte«, sagte sie. Sie sah, wie es um Scotts Mundwinkel zuckte, als er ein Lächeln unterdrückte. Fachmännisch bewegte er den Hammer zu ihrem linken Nippel und umkreiste ihn wieder und wieder, was einen Schauer durch ihren Körper sandte und sie die Augen schließen ließ. Ihr Buch fiel zu Boden. Eine ganze Weile lang zog er mit dem kühlen Metall seine Kreise um ihre beiden Nippel, die sich inzwischen zusammengezogen hatten und steil nach oben ragten. Sie griff nach ihm und zog ihn auf sich.

»Oh, Hunk! Besorg's mir. Besorg es meinen Rohren und meiner …« Sie erstarrte. Die Zimmertür war offen, und zwei kleine Gestalten standen im Rahmen. Ein Kleinkind und eine Sechsjährige, beide in langen Nachthemden, mit großen Augen und ihren Teddybären im Arm.

»Spielt ihr ein Spiel?«, fragte Rowena. Beide Mädchen kamen langsam ins Zimmer und lächelten, während sie näher traten. »Daddy, reparierst du etwas? Hast du deshalb einen Hammer in der Hand?«, fragte sie noch.

»Ja, Daddy repariert etwas, aber ihr müsst jetzt zurück ins Bett. Erinnert ihr euch noch, wie wir darüber gesprochen haben? Jetzt kommt, Schlafenszeit für euch beide«, sagte Scott.

»Können wir nicht mitspielen? Ich weiß, wie man hämmert«, fuhr Rowena fort.

»Ammuh, ammuh!«, sagte Hannah.

Scott nahm die Kinder bei der Hand und brachte sie zurück in ihr Zimmer.

Bobbie rollte stöhnend die Augen. Wahrscheinlich haben wir sie für den Rest ihres Lebens traumatisiert, ging es ihr durch den Kopf. Nun gut, vermutlich müssen sie es mit einem Therapeuten aufarbeiten, wenn sie älter sind – genau wie wir anderen auch. Dann musste sie lächeln.

Scott kam zurück.

»Schließ ab«, flüsterte sie und hatte es plötzlich sehr eilig.

Er drehte den Schlüssel hinter sich um und kniete sich dann wieder über sie, um weiter mit dem Hammer seine Spuren zu ziehen. Doch nun ließ er ihn langsam nach unten wandern.

»Gloria, Liebling, wenn ich an dir arbeiten soll, muss ich deine ... Rohre ... freilegen«, sagte er.

»Oh Hunk, das sollte ich nicht. Das sollte ich wirklich nicht. Mein Mann wird jeden Augenblick nach Hause kommen.«

»Wir haben noch jede Menge Zeit. Ich weiß, wann er nach Hause kommt. Mach dir keine Sorgen.« Scott holte eine Schere aus der Werkzeugkiste und schnitt ihr langsam das Nachthemd vom Leib.

Sie sah ihn gespielt missbilligend an. Sie wusste, dass er

dieses Nachthemd noch nie gemocht hatte. »Oh, oh«, seufzte sie.

Er fuhr mit dem Hammer ihren Körper entlang bis hinunter zu ihrem Schoß, wo er mit dem kühlen Stahl Achten zu zeichnen begann. Als die Achten weiter nach unten wanderten, öffnete er ganz vorsichtig mit der Hammerspitze ihre Lippen.

»Hunk!« Sie griff durch den Stoff seines Overalls nach seinem Schwanz. »Besorg es mir mit deinem Hammer, deinem Liebeswerkzeug!« Scott musste schallend lachen, doch schnell hatte er sich wieder unter Kontrolle und zog seinen Arbeitsoverall aus, unter dem er nackt und sein Liebeswerkzeug schon einsatzbereit war. Er rieb mit ihm über Bobbies Spalte.

»Oh, Gloria, Ma'am«, sagte er, während er nach unten rutschte und sein Gesicht zwischen ihre Beine schob. »So sehr ich meinen heißen Stab auch in Sie schieben möchte, so gewissenhaft öle ich die entsprechende Stelle vor einer Reparatur immer erst ordentlich ein. Das macht gute Handwerkskunst aus.« Er hob den Kopf und sah sie ernst an. »Ich würde mich schämen, wenn ich mein Handwerk nicht mit höchster Perfektion und ...«, er machte eine kleine Kunstpause, »... Respekt ausführen würde. Respekt für den heiligen Tunnel der Liebe, den Eingang zum verborgenen Mechanismus Ihres Tempels.« Er leckte ihre Spalte entlang und stieß mit der Zunge gegen ihre Klit.

Es war still. Seine Hände fuhren hoch zu ihren Brüsten und kniffen leicht in ihre Nippel. Sie atmete abgehackt und hätte vermutlich gestöhnt, wären nicht die Kinder gewesen.

Sie hörte, wie der Hammer polternd zu Boden fiel. Scott schob seine Finger in ihre Pussy, während er sie weiter mit seiner Zunge verwöhnte, wie nur er es so wunderbar vermochte.

Sie spürte, wie eine Welle heranrollte, dann hörte sie sich selbst leise aufstöhnen, und dann schlug die Welle mit aller Macht über ihr zusammen, während sie sich um seine Finger zusammenzog und schließlich kam. Er machte weiter.

»Nicht bewegen«, flüsterte sie. Er hielt inne. Sie lag da und rang heftig nach Luft.

Scott schob sich zu ihr nach oben und küsste sie mit seinen nassen Lippen, lächelte und sagte leise: »Nun kann ich da reingehen und meinen Job erledigen und weiß, dass es gute Arbeit ist.« Er tauchte seinen Schwanz in ihre willige Möse. Bobbie kam ihm mit einem heftigen Stoß entgegen und rollte dann mit ihm zur Seite, sodass sie sich bei jedem Stoß in der Mitte trafen.

»Hunk, du weißt wirklich, wie man solche Rohre ordentlich einschmiert.«

Dann fühlte sie, wie eine weitere Welle über sie hinwegrollte. »Ah«, flüsterte sie und verzog das Gesicht zu einem langen, stillen Stöhnen. Scott sah es durch halb geschlossene Lider, während er wieder und wieder in sie stieß.

Sie schloss die Augen wie in Trance. Lass es niemals aufhören, dachte sie nur. Dann öffnete sie die Augen, küsste ihn tief und leidenschaftlich, und er hatte diesen überraschten Blick, als ob er von etwas überwältigt würde, es aber hinauszögern wollte, nur um ihr noch mehr Vergnügen zu verschaffen. Und so griff sie nach seinem Hintern und drückte ihn noch fester an sich.

»Scott, du fühlst dich so gut in mir an. So richtig.«

Und dann kam er.

Sie lagen da, Seite an Seite, und ihr Atem ging laut in dem ansonsten stillen Haus.

Sie rückte ein Stück von ihm weg und sah ihm in die Augen.

»Hunk. Du gehst jetzt besser, bevor mein Mann nach Hause kommt.« Sie kicherte.

»Weißt du was?«, flüsterte er ihr ins Ohr. »Mach dir keine Sorgen wegen deines Mannes. Ich habe mich gut um ihn gekümmert. Er wird nicht vor Montag zurück sein. Falls überhaupt.«

Wie ein Mann

Dusty Horn

Auch auf das Risiko hin, mich wie ein echter Fan von Sextoys anzuhören, muss ich gestehen, dass mein G-Punkt förmlich zu sabbern begann, als ich dieses Spielzeug zum ersten Mal sah. Wie ein halbwüchsiger Junge, der durch ein Magazin blättert und mit heruntergeklappter Kinnlade zum ersten Mal einer Frau zwischen die Beine sieht und völlig verwirrt von dem unbeschreiblichen, schwindelig machenden Verlangen danach ist, dieses geradezu unwirkliche Fleisch um seinen Schwanz herum zu spüren.

Meine Mitbewohnerin arbeitet auf einem Markt, und so stapeln sich in unserem Zuhause jede Menge langer, flacher Kartons, gefüllt mit allem, was die Saison gerade zu bieten hat. Wir leben im Überfluss. Wenn es Zeit ist für Kernobst, ist mein Kinn ständig klebrig vor Fruchtsaft. Ich kann nichts dafür, dass ich an eine Pussy denken muss, wenn ich mein Gesicht in das saftige Fruchtfleisch versenke. Tag für Tag schlürfen wir so viel Pfirsichfleisch aus der festen, beharrten Haut, dass meine Mitbewohnerin das Lutschen der Kerne empfiehlt, um ein anderes Gefühl im Mund zu haben. Selbst ich bin überrascht davon, was für ein perverser Hippie ich sein kann, wenn mich die harte, raue Oberfläche des Pfirsichkerns auf meiner Zunge an meinen eigenen G-Punkt erinnert.

Was für ein unsexy Wort: G-Punkt. Schlimm genug, dass besagte Stelle meiner Anatomie dazu verdammt ist, sich im Inneren meiner Pussy zu verbergen und dort wie eine Fledermaus kopfüber hängt. Es handelt sich noch nicht einmal um einen klinischen oder sonst irgendwie etablierten Begriff. Schließlich wissen wir alle, dass sich eine offizielle Bezeichnung manchmal heißer anhört als ein Slang-Wort. G-Punkt hört sich so nach Gerüchte-Mist aus der *Cosmopolitan* an wie Pop-Psychologie. So in der Art von: Können wir das nicht noch in irgendetwas Ungezogenes, Umgangssprachliches verpacken? Reib meine Klit! Lutsch meinen Schwanz! Leck mein Arschloch! Aber: Berühr meinen G-Punkt? Oh nein, vergiss es.

Zu den Spielzeugen für den G-Punkt gehören Vibratoren mit einer leichten Krümmung. Danke für die Mühe, Jungs, aber meine Reaktion darauf geht so: Endlich! Ein Spielzeug extra für den G-Punkt! Dann führe ich ihn ein und bewege ihn etwas hin und her, und dann sage ich seufzend: »Nun, vielleicht ist es ja das Richtige für jemand anders, aber für mich ist das nichts.«

Ich habe schon Doppeldildos gesehen, gelungene und auch weniger gelungene Modelle, und kann mit einem Blick auf die Form des Spielzeugs sagen, ob es darauf abzielt, sich an meinen G-Spot zu schmiegen und ihn zu stimulieren.

Meine Pussy will sich also um dieses Spielzeug krallen, will sich um die Wölbung legen.

Als ich dieses knollige Ding zum ersten Mal in mir hatte, hat meine Pussy es förmlich verschlungen wie einen heiß ersehnten Leckerbissen. Das eine Ende in meine Möse gezwängt reckt sich ein langer, dünner und elegant geformter schwarzer Schwanz aus meinem Schritt, als gehöre er genau dorthin. Ich liege rücklings auf meinem Bett und streiche mit deiner Spucke über meinen neuen Schwanz und betrachte dich, wie du mir dabei zusiehst. Ich sehe deine nackte, androgyne Silhouette – kräftige Schultern, Weingummi-Nippel. Dann fällst du über mich, mit dem Mund zuerst, und nimmst meine neue, künstliche Verlängerung zwischen die Lippen.

Ich war ein Schwanzlutscher, dem der Schwanz gelutscht wurde.

Deine Pupillen rollten nach hinten, während du deine Show für mich abzogst, drücken, ziehen, saugen, schmatzen. Ich konnte nicht spüren, was die Nerven deiner Zunge, deiner Lippen, deines Gaumens empfanden, doch der Verlust all deiner Hemmungen übte eine unglaubliche Sogkraft auf mich aus. Mit jedem Ruck deines Kopfes drückte es köstlich auf meinen G-Punkt. Ich zuckte und spannte meine Muskeln um das Ende meines Schwanzes, wie um ein freischwingendes Stück Gartenschlauch an einem Wasserhahn.

In meiner Vorstellung ähnelt mein G-Punkt einer Wallnussschale, die sich am oberen Ende, sozusagen an der Decke meiner Pussy befindet. Nach mehr als fünfzehn Jahren, in denen ich meine Klit malträtiert habe, als gäbe es kein Morgen, habe ich meine Aufmerksamkeit in Sachen Orgasmus auf die Kronjuwelen in mir gerichtet. Wenn ich könnte, würde ich mit meiner Zunge über ihn fahren, wie man es tut, wenn einem Erdnussbutter am Gaumen klebt.

Ja, es stimmt, ich habe Penisneid. Keine große Überraschung bei einem lesbischen Alpha-Weibchen des 21. Jahrhunderts. Das Problem ist, dass selbst ein Wechsel des Geschlechts mein Verlangen nicht befriedigen würde, denn ich will weniger ein Mann sein, als vielmehr wie einer wahrgenommen werden und die Erfahrung haben, als einer aufgewachsen zu sein.

Ich will das Mann-Kind mit dem unkontrollierbaren Verlangen sein. Ich will fühlen, wie sich mein Schwanz verändert – wie der unglaubliche Hulk, wenn er aus seinen Kleidern hervorbricht, und so wie meine weichen Nippel hart wie Diamant wird. Ich will meinen Namen in den Schnee pinkeln können und mit milchig weißem Glibber auf dein Gesicht schreiben. Aber das wird mir nie vergönnt sein. Ich weiß, dass ich niemals einen Schwanz haben werde.

Aber mit dem richtigen Gerät und ein wenig Fantasie ...

Er ist fast zu gut, um wahr zu sein, dieser Schwanz, der da aus meiner Möse ragt. Dieser erfreuliche Stab, mit dem ich eine Affäre habe, fühlt sich an wie eine reale Verlängerung, wie etwas, das Zellen klonen und an meinen G-Punkt hängen kann.

Die Leute sprechen so liebevoll von ihren Klits und Schwänzen, wie ich von dieser monströsen G-Punkt-Verlängerung. Sie ist das Langschwert meiner wahren Kraft. Wenn ich dich ficke und in dich eindringe, wünschte ich, es wäre echt.

Du hast keine Ahnung, wie viel Erregung und Lust mit Macht, Gender, Kontrolle und Erniedrigung zu tun haben, genauso wie mit sich verbindenden Nervenenden, bis ein Silikonphallus, der sich aus deinem Schoß aufrichtet, in einem schönen Gesicht verschwindet. Du fühlst einen Schwall, der nur Testosteron sein kann, denn ich schwöre bei Gott, er gibt dir das Gefühl, Probleme mit Gewalt lösen und unglaublich unsensibel sein zu wollen. Wie sonst könnte ich den unbezwingbaren Drang erklären, das Gesicht von jemandem zu *ficken*, den ich liebe, und mich wie in einem Porno aufzuführen, zu grunzen, zu grapschen und zu stoßen wie ein gottverdammtes Tier?

Wird mein Schwanz gelutscht, setze ich Testosteron frei, aber auch die triumphierende Erkenntnis: *Eureka!* Das ist das einzig *wahre* Geschlecht. Ich exorziere den Gender-Dämon, indem ich mit seiner Körperlichkeit spiele. Ich benehme mich wie ein Mann, und es ist *heiß!* Es ist heiß, Männlichkeit wie Farbe in breiten Streifen aufzutragen. Du erkennst mein Verhalten als männlich und weißt doch, dass ich kein Mann bin: eine einfache und doch wirkungsvolle Formel. Gender ist falsch, eine Schimäre. Gender ist ganz genau wie dieser doppelte Dildo. Gender ist viel weniger die funktionelle anatomische Realität unserer Körper und unserer Köpfe als vielmehr ein brauchbares Werkzeug, mit dem man abheben kann.

Nun, auf dem Rücken liegend allein auf meinem Bett, stelle ich mir dich vor, meine Geliebte. Ich starte mit der Show. Es ist die Ich-hol-mir-einen-runter-Show, mein Lieblingsprogramm. Und im Verborgenen arbeitet die kleine Wölbung fleißig. Es ist wie Tauziehen – ich ziehe an dem Schwanz in meiner Hand und halte mit der Wölbung in meiner angespannten Pussy dagegen. *Na, wo willst du hin?*

Oh ja, das ist der perfekte Schwanz für dich, nicht wahr, du kleine Lesbe? Wenn er in mir pocht, ist das die körperliche Manifestation meiner Lust, meine Pussy, die sich von innen nach außen stülpt. Meine Pussy ist das Fundament dieses Turms, das Bindeglied zwischen dir und mir. Das ist genau der richtige Schwanz für eine Lesbe wie dich. Verflucht noch mal, es ist der richtige Schwanz für eine Lesbe wie mich.

Ich mache alles, was ich in meinen Träumen schon immer mit einem Schwanz anstellen wollte. Ich streiche mit ihm wie mit einem harten Colt über deine Wange. Ich sitze rittlings auf deiner Brust und schiebe meine Schwanzspitze nach vorn. Meine Hüften drücken nach unten, sodass mein Schwanz heftig gegen deine Titten und dein Brustbein schlägt. In mir drin bewegt es sich ebenfalls, und ich bin nahe daran zu kommen. Ich drehe dich auf den Bauch und lasse meinen Schwanz nun mit der gleichen Bewegung gegen deinen hellen Hintern klatschen. *Klatsch! Klatsch! Klapklapklapklap KLATSCH.* Ich reibe mit meinem Schwanz lasziv über deinen Körper und jede einzelne deiner erogenen Zonen.

Ich mustere lang und genüsslich deine Pussy. Ich könnte den ganzen Tag lang auf eine Pussy starren. Deine Pussy hilft mir zu verstehen, warum Männer ihr ganzes Geld dafür ausgeben können, dass sich ein Mädchen umdreht und ihre Zehen berührt. Ich blicke auf die Symmetrie deiner Scham, deiner Spalte und der halbversteckten zuckenden Falten.

Ich spreize meine Finger, lege die Hand auf deinen Arsch und bewege sie so, dass ich die Haut über deiner Spalte zurückziehe. Meine Liebe für dich steckt in deiner Pussy, während du deinen Stolz hinunterschluckst und dich mir anbietest. Der Kontrast zwischen deinem jungenhaften Charme und dieser berauschend saftigen und wohlgeformten Pfirsichfrucht ist schöner als alles, worauf ich je angesprochen habe. Beim Ficken. Das Einzige, was aufeinander reagieren sollte, sind mein Schwanz und dein Schoß.

In meiner Fantasie stoße ich dich härter, als du es mir erlauben würdest, aber dafür sind Fantasien schließlich da. Ich liebe die Vorstellung, wie du dich selbst genießt und gefickt wirst. Was immer es ist, was uns Lust daran bereitet, penetriert zu werden, du empfindest es gerade, und was immer uns daran fasziniert, anderen dabei zuzusehen, hat mich jetzt fest im Griff.

Eine Hälfte deines Gesichts ist in das Laken gedrückt, und deine Arme liegen neben dir und bewegen sich kraftlos bei jedem Stoß mit. Du wimmerst nur einen einzigen Ton. Schade, dass ich nicht das perfekte Gehör habe, sonst würde ich dir einen Song in dieser Tonart schreiben.

Dein Finger beginnt, in entgegengesetzter Richtung über deine Klit zu reiben, wie ich mich in dir bewege. Dein Höhepunkt stellt alles andere in den Schatten.

Ich bin jetzt der Mann, von dem ich mir immer vorgestellt habe, dass er mich fickt, dich fickt.

Und jetzt komme auch ich mit aller Macht, und ich höre nicht, dass du dich über einen Mangel an Sperma in dir beklagen würdest. Wenn ich ihn rausziehen und auf dein Gesicht abspritzen würde, glaube ich nicht, dass du schmollen würdest, während du dich auf der Suche nach etwas Salzigem ableckst. Tief in meinem Inneren komme ich, und dieser Schwanz ist wie eine Leitung, die mein Kommen in deinen Körper überträgt. Mein G-Punkt erbebt. Jeder Stoß presst und reibt gegen ihn, lässt ihn pulsieren und zittern. Der Kronleuchter schaukelt, während die Erde erbebt.

Schließlich drückt meine Pussy das Spielzeug nach draußen. Ich stoße es von der Bettkante, rolle zur Seite und schlafe ein.

Über die Hürde

Rowan Elizabeth

»Bist du gekommen?«

Alan schaut hoffnungsvoll zwischen meinen Beinen hervor.

»Himmel, Schatz. Das hat sich wirklich gut angefühlt.« Ich fahre mit der Hand durch sein gelocktes Haar, während ich den Kopf vom Kissen hebe. Ich lächle. »Wirklich gut.«

»Aber bist du gekommen?«

Ich hasse diesen Teil. Alan und ich schlafen erst seit einem Monat miteinander, aber von einer Sache ist er wie besessen. Er kann mich einfach nicht mit dem Mund zum Kommen bringen. Und es liegt nicht daran, dass er es nicht versucht.

»Nein, Süßer. Bin ich nicht.« Er sieht deprimiert aus. »Aber es war so aufregend. Dein Mund fühlt sich so gut auf mir an.«

»Gut. Einfach nur gut?«

Ich habe keine Chance, dieses Spiel zu gewinnen. Und ich habe schon Komplexe deswegen. Es fühlt sich an, als ob da etwas wäre, was ich einfach nicht richtig mache. Vielleicht schaffen wir es ja zusammen, wenn ich meine Beine etwas mehr anspanne oder meine Augen fester zusammenkneife.

Ich seufze. »Schatz, ich war so nah dran dieses Mal. Wirklich. Da ist nur irgendetwas, was einfach nicht klick macht.« Ich lächele meinen Lover an. »Komm her, und schlaf mit mir.«

Alan lächelt zurück, aber ich weiß, dass diese Sache ihn

langsam verrückt macht. Ich werde ihn ablenken müssen. Ich nehme ihn bei den Schultern und ziehe ihn zu mir hoch, um ihn zu küssen. Ich bewege meine Hüften an seinem Schwanz und greife hinunter, um ihn zu streicheln.

Ich liebe es, Alans Schwanz in meiner Hand zu spüren. Noch nie hatte ich einen Penis, der so perfekt ist. Er ist gerade lang genug, um meinen G-Punkt zu treffen, wenn er in mich stößt, und sein Umfang füllt mich komplett aus. Außerdem fühlt er sich einfach fantastisch in meinem Mund an.

Während ich Alan mit der Hand streichle, stöhnt er tief und beginnt, seine Hüften in meinem Rhythmus zu bewegen. Ich drücke seine Schwanzspitze gegen meine nasse Pussy, und er stößt in mich hinein. Er bewegt sich langsam in mir, zieht sich zurück, um dann noch ein Stückchen tiefer in mich zu dringen. Es fühlt sich köstlich an, wenn er ganz in mir ist und unsere Körper vereint sind. Alans Schwanz gleitet geschmeidig in mir vor und zurück. Ich bin so unglaublich feucht von seinem Mund und seinen Fingern. Wie kann ich so feucht sein und so erregt und doch nicht kommen?

Als wir fertig sind, komme ich nicht umhin, mich zu fragen, was ich beim nächsten Mal anders machen soll.

»Maggie, er ist der wunderbarste Liebhaber überhaupt«, erzähle ich meiner besten Freundin. »Aber es gibt da diese Hürde, und selbst wenn wir nicht versuchen, über sie zu springen, ist sie immer noch da und scheint uns anzustarren.«

»Wovon zum Teufel sprichst du?«

»Selbst wenn wir nicht versuchen, das große O zu erreichen, denken wir daran. Langsam nimmt das merkwürdige Formen an.«

»Bist du etwa frigide geworden, Dana?« Maggie lacht.

»Das ist nicht lustig, du blöde Ziege! Ich will wirklich kommen!«

»Nun, du weißt aber doch, dass du es kannst, oder?«

»Bisher hat es immer geklappt.« Ich denke zurück an meinen ersten Liebhaber, der mich auf der Suche nach meinen Orgasmen aus dem Bett stoßen konnte. Er hat mir beigebracht zu kommen. »Ich habe wirklich das Gefühl, dass es mir noch mal jemand zeigen muss.«

»Vielleicht bist nicht du diejenige, die etwas lernen muss«, gibt Maggie zu bedenken.

»Maggie! Er weiß, was er tut, das kannst du mir glauben. Es geht nur darum, sein Talent optimal für meine Bedürfnisse einzusetzen.«

»Sag ihm, was genau nicht funktioniert«, entgegnet sie.

»Aber wie soll ich das machen, ohne auf seinem Ego herumzutrampeln?«

»Alan ist ein guter Kerl, und er ist verrückt nach dir. Sag ihm einfach, was du brauchst. Er wird dir zuhören.«

Als ich spät abends in mein Apartment zurückkehre, füttere ich die Katzen und gehe duschen. Ich ertappe mich dabei, wie ich vor mich hinstarre und an meinen Orgasmus denke und wie ich es anstellen soll, damit ich einen bekomme. Richtig oft bekomme. Um ehrlich zu sein, brauche ich es zu kommen. Es hält mich im Gleichgewicht.

Während ich mich abtrockne, betrachte ich mich im Spiegel. *Dreißig und attraktiver denn je,* ich muss über mich selbst lachen. Mein dunkles Haar hängt mir nass ins Gesicht, während ich mit den Händen meinen Körper entlangfahre.

Was brauche ich?

Ich streiche mit der Handfläche über meine rechte Brust und die Spitze. Es fühlt sich gut an, aber auch nicht mehr. Also kneife ich kräftig in meinen Nippel. Das könnte funktionieren, auch wenn ich weiß, dass meine Nippel mich nicht zum Orgasmus bringen.

Ich schlendere durch meine Wohnung, gehe ins Schlafzimmer und wühle in der untersten Schublade meiner Kommode. Dort finde ich meinen Lieblingsvibrator und eine zerfledderte Ausgabe eines Buches von Portia Da Costa und lege mich damit ins Bett. Es gibt da eine Stelle in dem Buch, wo es der Heldin zum ersten Mal von hinten besorgt wird, die mich unglaublich anmacht.

Ich beginne, langsam über meine Pussy zu reiben, während ich lese, tauche meine Finger in die Spalte, damit sie feucht werden. Dann fahre ich so zart über meine Perle, dass ich es kaum spüre, und dennoch erbebe ich. Es fällt mir so leicht, es mir selbst zu machen.

Es trifft mich wie ein Schlag vor den Kopf. Ich brauche mich nur daran zu erinnern, was mich im Detail anmacht, und dann Alan damit vertraut zu machen. *Zeig es ihm*, beschließe ich. *Ich muss es ihm nur zeigen.*

Ich lasse meinen gekrümmten Dildo in mich gleiten und beginne, ernsthaft an mir zu reiben. Als ich komme, explodieren Farben hinter meinen geschlossenen Lidern, und in meinem Kopf reift ein Plan.

Ich öffne Alan die Haustür. Sein Lächeln lässt mich dahinschmelzen. »Hallo, mein Hübscher.«

Kaum ist er eingetreten, hält er mich in seinen Armen und

küsst mich. Küsst mich leidenschaftlich und wild. Er küsst mich wie niemand sonst, während seine Hände über mein Gesicht fahren und sich dann in meinem Haar vergraben. Oh, wie ich das liebe. Ich sage es ihm mit meiner Zunge.

Wir könnten jetzt zu Abend essen und uns später Gedanken machen, was dann kommt. Stattdessen führe ich Alan zum Sofa und drücke ihn darauf. »Zieh dich aus.«

Alan liebt meine Blowjobs, und ich liebe es, ihm einen zu blasen. Er lacht mich aus, wenn ich ihm sage, dass es mich vorher nie besonders interessiert hat. Nachdem mir ein früherer Liebhaber gesagt hat, dass er sich nicht viel aus Blowjobs macht, habe ich damit aufgehört. Ich war mir sicher, dass es an meiner Technik lag oder vielmehr an meinem Mangel an Technik. Doch mit Alan …

»Verdammt, Baby«, murmelt er, als ich seine Schwanzspitze in den Mund nehme. Ich lecke über die Spalte und senke dann den Kopf, um seinen Schaft in mir aufzunehmen. Ich nehme ihn so tief in meinen Mund, wie es geht. »Oh Gott«, höre ich Alan, der seine Hände in mein Haar schiebt und meinen Kopf so neigt, dass ich ihn ansehe. Ich öffne den Mund und lecke über seinen Schaft, während ich ihm in die Augen blicke. Meine Hand fasst seinen Schwanz an der Wurzel, und ich lasse ihn aus meinem Mund gleiten. Ich reibe mit ihm über meine feuchten Lippen und mein Gesicht und werde mit einem tiefen Stöhnen belohnt, als Alan seinen Kopf zurück aufs Sofa fallen lässt. Wieder nehme ich seinen Schaft in den Mund.

Ich könnte ewig so an Alan saugen, doch ich habe einen Plan und will ihn nur so heiß machen, dass er mich einfach haben muss.

Ich lasse seinen feuchten Schwanz aus meinem Mund gleiten und sage: »Baby?«

Er senkt kaum den Blick. »Ja?«

»Ich will deine Hände spüren.«

»Alles, was du willst.«

Ich strecke mich auf dem Sofa aus, und er macht mir Platz. Dann rückt er näher, um mich zu küssen. Ich liebe es, wie er mich küssen wird, nachdem ich ihm einen geblasen habe. Er ist nicht schüchtern oder irgendwie zurückhaltend. Er will mich einfach.

Ich winde mich aus meiner Hose, während Alan mit den Knöpfen meiner Bluse kämpft. Kurz darauf bin ich nackt.

Während er mich küsst, fahren seine starken Hände über meine Brüste und meinen Bauch. Ich schnappe mir eine Hand und ziehe sie zwischen meine Beine.

»So ungeduldig?«

Ich nicke und stöhne und dränge ihm meine Hüften entgegen. »Alles gut. Nur sachte«, sage ich. Er fährt mit der Rückseite seiner Finger der Länge nach über meine Pussy. »Ja, genau so, Baby.«

Als er mich auf den Mund küsst, öffnen seine Finger langsam meine intimen Lippen und fahren über meine Klitoris. Mein Stöhnen steigert die Aufmerksamkeit, die er meiner Klit entgegenbringt. Ich unterbreche den Kuss und flüstere: »Sachte.«

Seine Bewegungen werden langsamer, doch er konzentriert sich weiter auf meine harte Liebesperle. »Kreise mit deinem Finger darum.«

Alan fällt in einen Rhythmus, bei dem er die Finger in meine nasse Höhle taucht, die Feuchtigkeit dann nach vorn bringt und meine Spalte der Länge nach damit benetzt. Je nasser ich werde, desto fester bearbeitete er meine Klit – es ist einfach perfekt.

»Himmel. Steck deine Finger in mich hinein.«

Er legt den Arm um meine Schultern und hält mich fest, als er mit zwei Fingern in mich eindringt. Ich bäume mich auf und stöhne, während er mir in die Augen sieht. Er krümmt die Finger, um meinen G-Punkt zu stimulieren, und seine Berührung wird stärker.

»Was willst du, Baby?«, fragt Alan. »Was soll ich tun?«

»Bring mich ins Schlafzimmer.«

Alan hilft mir hoch und führt mich ins Schlafzimmer. Er knipst das Licht aus, doch ich schalte es wieder an. »Ich will, dass du mich sehen kannst.«

Ich strecke mich in der Mitte des Bettes aus und ziehe Alan über mich. Sein köstlicher Schwanz drückt gegen meine Hüfte, und ich bin versucht, einfach nur mit ihm zu ficken. Doch da ist noch etwas, was erledigt werden muss. Ich unterbreche seinen leidenschaftlichen Kuss lang genug, um zu sagen: »Leck mich. Leck meine Pussy.«

Seine Finger haben mich so heiß gemacht. Ich lege die Hand auf seinen Kopf und drücke ihn nach unten zwischen meine gespreizten Beine. Alan legt sich meine Unterschenkel über die Schultern.

»Nein, Baby«, murmele ich heiser. »Sie müssen flach auf dem Bett liegen. Ich spanne sie an, je fester umso besser.« Ich öffne meine Beine noch weiter, um seinen breiten Schultern Platz zu machen.

Seine Finger legen sich auf meine Pussy und beginnen, sie zu erforschen, die inneren und äußeren Lippen und rund um meine Klit, dann wandern sie nach unten. Er lässt es ruhig angehen, so als würden wir auf dem Sofa sitzen. Ich schließe die Augen und gebe mich seinen Berührungen hin.

Er spreizt meine Lippen und senkt seinen Mund auf meine Klit, warm und nass.

»Massier sie mit deiner Zunge, aber nicht so schnell.«

Er tut, was ich sage, und ich bin hingerissen.

»Nun steck deine Finger in mich, und fick mich mit ihnen.«

Und er tut auch das.

Ich winde mich unter seinem Mund. Es fühlt sich so gut an. Aber gut ist nicht genug für dieses Mal. Dieses Mal will ich ein Feuerwerk aufsteigen sehen.

»Fester, Baby.« Mit gespreizten Fingern drücke ich seinen Kopf gegen mich.

Ich spüre, wie sich der Orgasmus in meinen Muskeln aufbaut. Meine Beine zucken und spannen sich an. Ich will meine Hände in seinem Haar vergraben und ihn förmlich in mich hineinziehen. Aber das habe ich schon früher versucht, mit dem Ergebnis, dass er keine Luft mehr bekommen hat. So geht es nicht. Stattdessen greife ich mir seinen Arm, der über meinem Schenkel liegt, und die Bettlaken – eine ganze Hand voll Bettlaken.

Sein Finger, der mich fickt, wird langsamer, als sich Alan auf meine Klit konzentriert. Doch ich bin unersättlich.

»Steck drei Finger in mich rein und fick mich.« *Oh Gott, das ist es!* »Und nun saug ein bisschen an meiner Klit.«

Der Druck in meinen Muskeln und in meiner Pussy wächst ins Unermessliche. Ich spanne meine Beine an und lasse die Muskeln in ihnen spielen. Ich drücke meine Hüften nach oben. Ich sehe die Hürde, wie sie sich vor uns erhebt, und bin bereit für den großen Sprung.

Ich seufze und stöhne und stammele versaute Dinge. »Gott, Baby! Das ist es! Jetzt! Ja!« Bei diesen Worten stößt mich Alans Hand noch härter, und er saugt weiter an meiner Klit.

Ich presse die Augen zusammen, halte darauf zu und springe.

Lass mich Sterne sehen

Louisa Harte

Durch Neuseeland zu wandern hört sich im Reiseführer toll an. *Folgen Sie sicheren Pfaden durch die unberührte Wildnis*, ist dort zu lesen. Das mit der Wildnis stimmt. Nach zwei Tagen der Fünf-Tages-Tour schmerzen meine Beine bereits, ich bin mit Insektenstichen übersät, und in dem verdammten Zelt kriegt man Beklemmungen.

Natürlich war das alles deine Idee. »Komm schon, Zoe, das wird ein Spaß«, hast du gebettelt. Eingelullt von einem trügerischen Gefühl der Sicherheit in unserem Luxusmotel, habe ich deinen Bitten nachgegeben. Nun bin ich hier, um ein Uhr morgens, hellwach, kann nicht schlafen und stelle meine Entscheidung ernsthaft infrage.

Von dir ist kein Mitgefühl zu erwarten. Ich blicke zu dir hinüber, wie du eingemummelt in deinem Schlafsack neben mir liegst. Du bist auf der Stelle eingeschlafen, als ob dich nichts und niemand stören könnte. Nicht einmal ich. Ich lächele. Dieser Trip hat mir eine ganz neue Seite von dir gezeigt. Nicht nur, dass dein muskulöser Körper heiß aussieht in engen, kurzen Hosen und Boots, du wirkst auch irgendwie sexy mit deinen Bartstoppeln und dem zerzausten Haar. Und du bist ganz bei dir selbst mit diesem selbstgenügsamen Lebensstil. Auf unseren täglichen Wanderungen bist du in deinem Element, wenn du mit einem dämlichen Lächeln im Gesicht unseren großen Rucksack schleppst, meine Hand nimmst, mich durch das lange, nasse Gras führst und steile hügelige Pfade hinaufkletterst und dich wie ein richtiger Macho-Kerl benimmst. Dann bist du nichts als Energie und Leidenschaft. Bis du dich aufs Ohr haust. Dann ist es, als ob man ein Licht ausknipst.

Typisch.

Während ich mit dem Reißverschluss meines Schlafsacks kämpfe, beschließe ich, dass ich etwas frische Luft brauche. Ich öffne das Zelt und schaue nach draußen. Das Nieselwetter des Tages hat aufgehört. Sterne blinken am Himmel. Der Mond wirft einen blassen Glanz über unseren Rastplatz, lässt ihn irgendwie verheißungsvoll aussehen. Ich schlüpfe in meine Boots und ziehe mir eine leichte Jacke über den Schlafanzug. Ich gehe auf Erkundungstour.

Auf dem Weg fort vom Zelt knipse ich die Taschenlampe an. Für einen Moment bleibe ich still stehen, damit sich meine Augen an die Dunkelheit gewöhnen können. Wir haben unser Zelt an einer entlegenen Stelle an einem See aufgeschlagen. Ich sehe noch ein paar andere Zelte, doch abgesehen davon sind wir allein.

Ich stiefele durch das Gras, und meine Boots sinken schmatzend in den sumpfigen Boden. Eine leichte Brise streicht mir durchs Haar und fährt ungehindert durch den dünnen Stoff meines Schlafanzugs auf meine Haut. Ich zittere. Es fühlt sich kühl an, aber nicht unangenehm – vielmehr erregend.

Ich finde den Pfad und steuere hinunter auf den See zu. Etwas streicht über meine Wange. Sofort muss ich an Opossums und Ratten denken, die um mich herumhuschen, und ich schlage nach den imaginären Kreaturen, um sie zu verscheuchen. Ich leuchte mit der Taschenlampe, um meinen Angreifer in Augenschein zu nehmen, doch es ist nur ein Zweig. Ich schüttele den Kopf, als mir klar wird, wie lächerlich ich mich verhalte. Zum Glück kannst du mich jetzt nicht sehen. Ich muss mich in den Griff bekommen. Dieses Camping ist echt gewöhnungsbedürftig.

Während ich den Weg entlangstolpere, höre ich aus den Bäumen den Ruf einer Eule. Ich bleibe stehen und lausche und werde mir der Geräusche um mich herum bewusst. Während ich reglos verharre, höre ich das Zirpen der Grillen und wie die Wellen sacht gegen das Ufer des Sees plätschern. Dann höre ich etwas anderes. Was sich irgendwie kehlig anhört.

Ein Stöhnen.

Ich blicke mich um. Zu meiner Linken sehe ich ein schwaches Licht flackern, das aus einem der Zelte kommt. Unwillkürlich nähere ich mich der Lichtquelle. Im matten Dämmerlicht kann ich gerade so zwei Figuren ausmachen. So wie sie sich in ihrer Stoffhöhle winden und stöhnen, besteht kein Zweifel daran, dass sie vögeln.

Plötzlich nimmt der Abend eine ganz neue Wendung. Es liegt etwas Rohes und Ursprüngliches in ihrem Tun, etwas Schamloses. Ich spüre, wie sich meine Sinne in der Dunkelheit schärfen. Ich zittere. Es ist aufregend.

Aus einem inneren Zwang heraus bewege ich mich von dem Zelt weg und tiefer in das Dickicht hinein. Ich suche mir ein ruhiges Plätzchen abseits vom Weg und setze mich hin. Ich streife mir die Jacke ab und lege mich rücklings ins nasse Gras. Ich bin nicht zimperlich, und so ziehe ich mir die Boots aus, grabe meine Füße in den Boden und genieße das Gefühl der feuchten Erde zwischen meinen Zehen. Ich schließe die Augen und atme den verführerischen Blumenduft ein, den der Wind zu mir trägt. Ich kichere. Es ist ein nervöses, aufgeregtes

Lachen, das sich erfrischend und unbekannt anfühlt. Ich fühle mich anders hier draußen. Lebendig.

Während ich im Gras liege und den Geruch des Holzes und die Stimmen der Nacht in mir aufnehme, geht mir plötzlich ein seltsamer Gedanke durch den Kopf: *Warum sollte ich mir nicht selbst ein klein wenig Vergnügen gönnen?* Meine Augen öffnen sich flatternd, und in meinem Kopf streiten widersprüchliche Gedanken. *Ich kann nicht, nicht hier!*, schimpft eine sittsame Stimme in mir. *Warum nicht?*, wird sie von einer anderen Stimme herausgefordert.

Mein Herz pocht heftig in meiner Brust. Mein Körper prickelt, und mein Mund wird trocken bei dem Gedanken. Er ist zu verlockend, um zu widerstehen. Und, hey, dann kann ich mich mit einem Lächeln daran erinnern, wenn wir morgen durch noch mehr endlose Wildnis stapfen.

Angespornt durch diesen Anflug verdrehter Logik, strecke ich mich auf dem nassen Gras aus und bin bereit für ein wenig Ekstase. Als würde sie mitspielen, frischt die Brise auf und zerrt an meinem dünnen Schlafanzug. Derart ermutigt öffne ich Knopf für Knopf mein Oberteil und lasse den Stoff zur Seite fallen. Kühle Luft streicht über meine Nippel, sodass sie hart werden und sich zusammenziehen. Meine Haut prickelt erwartungsvoll, während eine unsichtbare Kraft mit meinem Körper spielt. Ich winde mich auf dem Gras und fühle, wie meine Pussy vor Hitze und Erregung zu brennen beginnt. Ich schließe die Augen und suche nach einer aufreizenden Fantasie, um richtig loszulegen.

Doch eigentlich will ich gar keine. Nicht heute Nacht. Heute Nacht will ich etwas anderes – ich will mich ganz dem Moment hingeben.

Ich schlage die Augen auf und lasse mich auf die Energie

meiner Umgebung ein, nehme ihre erdigen Schwingungen in mich auf. Mit einem Lächeln auf den Lippen schmiege ich mich ins Gras und lasse eine Hand in meine Schlafanzughose gleiten, um mit meiner Pussy zu spielen. Ich schnappe nach Luft, überrascht, dass ich so feucht bin. Meine Finger kreisen durch meine Säfte, sodass jeder damit benetzt ist, bevor er über meine Spalte streicht. Meine Klit ist hart und bereit und schreit nach Aufmerksamkeit. Ich reibe mit dem Daumen darüber. Streichle sie. Reize sie ein wenig. Ich liebe es, mit mir selbst zu spielen, bis aus vertrautem Sehnen ein überwältigendes Verlangen wird, das sich meines ganzen Körpers bemächtigt. Ich habe es immer schon geliebt, mich selbst zum Orgasmus zu bringen, die Kontrolle zu haben und meine Lust bis zur Perfektion herauszuzögern. Doch heute Nacht habe ich eine überraschende Mitspielerin – die Natur. Ich bekomme Gänsehaut, als der Wind über meine nackten Titten streicht. Ich hebe mein Haar und lege es mir übers Gesicht wie eine sexy Augenbinde. Ich stöhne vor Vergnügen und bewege meine Hüften, sodass sich mein Hintern noch tiefer ins feuchte Gras gräbt.

Meine Hand sinkt tiefer, und ich stecke einen Finger in meine Pussy. Meine Pussy hält ihn fest, bereit und hungrig. Ich kann nicht glauben, wie geil ich bin und wie aufregend und verdorben sich das hier draußen unter freiem Himmel anfühlt. Ich fahre mit dem Daumen zurück zu meiner Klit, streiche über sie, reibe erst sanft, dann fester.

Meine Erregung wächst. Lust fährt durch meinen unteren Bauch, sodass sich die Muskeln zusammenziehen und mir der Atem stockt. Über mir rauschen die Bäume im Wind, und herabfallende Blätter legen sich auf meinen nackten Körper. Ich seufze. Ich wölbe den Rücken in die Höhe und biete mich den Elementen an. Ich verschmelze mit der Natur um mich herum, werde ein Teil von ihr – genieße die reine, unverfälschte Erotik.

Der Wind frischt auf. Wolken ziehen auf, und es beginnt zu regnen. Ich höre, wie die Tropfen auf die Blätter über mir fallen. Einer klatscht auf mein Gesicht und läuft mit die Wange hinunter. Ich lächle, öffne den Mund und fange die frische, kühle Feuchtigkeit mit meiner Zunge auf. Es schmeckt köstlich und fühlt sich irgendwie organisch an, urwüchsig.

Ich kann nicht genug davon bekommen.

Ich erbebe, als Regen auf meine Brüste fällt und meinen Schlafanzug durchnässt, doch je nasser ich werde, desto mehr macht es mich an. Ich will einfach alles in mich aufsaugen, damit ich die Erfahrung in meine ständig wachsende Sammlung von Fantasien aufnehmen kann.

Dann wandern meine Gedanken zu dir, wie du im Zelt schläfst, während ich hier draußen bin und es mir selbst im feuchten Gras besorge. Ich bin so nah und doch so weit entfernt. Es ist, als wäre ich an einem anderen Ort, in einer anderen Welt. Und ich liebe es. Ich wimmere und reibe mich schamlos an meiner Hand und finde in der Dunkelheit die Freiheit, jemand anders zu werden, jemand, der leichtfertig und hemmungslos ist.

Ich spüre die ersten Schauer meines Orgasmus. Mein Herz schlägt schneller. Der Puls in meiner Brust und das Pochen in meinem Schoß drängen mich, die Sache zu Ende zu bringen.

Ich reibe mit dem Finger über meine Klit. Schneller. Fester. Meine Wangen erröten, meine Augenlider flattern. Ich bin gleich so weit. So nah dran. Meine Beine sind angespannt, und ich beiße die Zähne zusammen, bereite mich auf die Explosion vor, von der ich weiß, dass sie gleich kommen wird …

Oh, und da kommt sie auch schon.

Meine Hand hält inne, als mein Körper unter wunderbaren Zuckungen erbebt. Ich stöhne, und meine Hüften recken sich nach oben, ich werfe den Kopf von einer Seite zur anderen, während der Orgasmus mit roher Kraft durch meinen Körper rauscht und mir die Sinne vernebelt.

Es dauert einen Moment, bis ich in die Wirklichkeit zurückkehre. Langsam entspannen sich meine Muskeln, und mein Atem beruhigt sich. Ich lächele und rekele mich im nassen Gras, als wäre es ein Luxusbett.

Dann höre ich etwas: ein Rascheln in den Büschen. Irgendjemand ist hier draußen.

Ich hebe den Kopf. Der Lichtstrahl einer Taschenlampe fällt auf den Pfad neben mir. Ich erstarre. Halte den Atem an und versuche, mich unsichtbar zu machen. Der Lichtstrahl kommt näher. Es ist wie in einem Film. Und wie eine Filmfigur bin ich zu schockiert und verängstigt, um auch nur einen Muskel zu bewegen.

Der Lichtstrahl verlässt den Pfad und gleitet nun über das Gras in meine Richtung. Ich schlucke, als er auf meine Schuhe fällt, und sehe mit weit aufgerissenen Augen, wie er näher und näher kommt. Ich schnappe nach Luft, als der Strahl über meinen halb nackten Körper fährt. Als das grelle Licht auf mein Gesicht trifft, muss ich blinzeln.

Das Licht bewegt sich heftig. Dann höre ich eine atemlose Stimme. »Zoe?«

Ich taste in dem Gras neben mir nach der Taschenlampe und richte sie auf meinen Entdecker.

Das Herz sinkt mir in die Hose. *Du bist es.*

Wir halten unsere Lampen aufeinander gerichtet, wie bei einem Duell in der Dunkelheit. Ich frage mich, wer sich zuerst bewegen wird.

Du tust es. Du blickst auf mich herab, siehst meine geröteten Wangen und meine nackten Brüste. Ich sehe, wie sich der Ausdruck auf deinem Gesicht verändert, von Sorge zu Interesse und dann zu Lust. »Ich habe mich gefragt, wo du geblieben bist.« Deine Stimme klingt angespannt, heiser.

»Ich wollte nur …« Ich suche nach einer Erklärung. Doch es gibt keine. Die Wahrheit steht mir ins Gesicht geschrieben. Allein bei dem Gedanken daran werde ich schon wieder heiß und feucht. »… etwas ausprobieren …«, füge ich schwach hinzu.

Deine Brauen gehen nach oben. Dein Blick fällt auf meine Hand, die noch immer in meiner Hose steckt. »Das sehe ich«, murmelst du.

Ich frage mich, ob du dich lustig machst oder ob du vielleicht verärgert oder bestürzt bist. Doch dann sehe ich, wie dein Schwanz deine Hose zum Zelt werden lässt, und muss grinsen. »Nun ja, du hast doch gesagt, dass wir Selbstversorger sein werden …«

Deine Lippen zucken. Ein Lächeln? Dein Blick trifft auf meinen und sieht das Leuchten in meinen Augen, in denen sich eine neue, andere Seite von mir zeigt, wild und hemmungslos. »Selbstversorgung wird überbewertet«, flüsterst du. Du knipst die Taschenlampe aus und gehst vor mir auf die Knie. Während du mit einer Hand über meine Brüste streichst, nimmst du mir die Lampe aus der Hand.

Und schaltest sie aus.

In der Dunkelheit spüre ich, wie mir die Schlafanzughose von den Hüften bis zu den Knöcheln hinuntergezogen wird. Du ziehst sie mir aus, wirfst sie zur Seite und hast im gleichen Atemzug meine Beine geöffnet. Ich fühle deinen warmen Atem auf meinen Schenkeln, während du dich langsam zu meinem Schoß vorarbeitest. Der erste Orgasmus war großartig, doch die Aussicht auf einen weiteren lässt mich beinahe betteln, und ich strecke dir meine Hüften entgegen. Du grinst und nimmst meinen Hintern in deine großen rauen Hände. Es gibt eine kurze Pause voller Vorfreude, und dann versenkst du dein Gesicht in meine Pussy.

Ich stöhne. Ich greife nach deinen Schultern und winde mich unter dir, als deine Zunge durch meine Spalte fährt. Ich schreie vor Wonne, und meine Haut prickelt. Wehrlos bin ich der zärtlichen Nachtbrise und deiner kundigen Zunge ausgeliefert. Ich winde mich schamlos und genieße den köstlichen Dreier zwischen mir, dir und der Natur.

Der Regen fällt immer noch. Die kalten Tropfen, die auf meine Brüste fallen, stehen in scharfem Kontrast zu deinen heißen Lippen auf meiner Spalte. Meine Hüften zucken dir entgegen, während du über meine Klit fährst, spornen dich an. Während ich die Beine noch weiter spreize, stöhne ich meine Zustimmung heraus. Du knabberst und saugst an mir wie ein Wilder, im besten Sinne des Wortes. Meine Erregung wächst und wächst, ich hole tief Luft und spüre in meinem Bauch, wie der Orgasmus heranrollt.

Als ob du genau wüsstest, was ich brauche, leckst du mich nun fester. Meine Finger spielen mit deinem Haar, und ich spanne die Beine an, während der Höhepunkt immer näher kommt.

Ich schreie auf. Meine Beine zucken, meine Hüften bäumen sich auf, und dann werde ich von einer Welle der Lust davongetragen: Der Wind, der Regen und diese herrlichen Kontraktionen, das alles strömt zusammen und mündet in einem gewaltigen Orgasmus. Du greifst nach meinen Schenkeln, hältst mich fest und reitest mich durch dieses Gefühl.

Langsam lassen die Zuckungen nach. In der Dunkelheit kann ich spüren, wie du lächelst und dich an meiner Lust ebenso erfreust, als wäre es deine eigene. Du warst schon immer ein sehr aufmerksamer Liebhaber.

Ein Strahl Mondlicht bricht durch die Wolken und fällt auf uns. Du hebst den Kopf zwischen meinen Schenkeln und siehst mich verschmitzt an. »Na, gefällt dir unser Ausflug jetzt?«, fragst du leise.

Ich stütze mich auf die Ellbogen, um dich anzusehen. Ein freches Lächeln huscht über meine Lippen, und ich nicke.

Ich nehme an, es hat tatsächlich seine Vorteile, sich auf die Natur einzulassen.

Old Faithful

Sylvia Lowry

Ich erhielt die Postkarte von Clive und Margaret und schob sie spöttisch ins Bücherregal zwischen die Bände 1958 und 1959 des Weltalmanachs. Es lag eine poetische Wahrheit darin, die Ausgaben der vergangenen Jahre auf diese Weise mit den aktuellen Neuigkeiten zu vereinen. Ich stellte mir vor, wie ich in der Zeit feststeckte, hoffnungslos statisch und gefangen im zurückliegenden Jahr, wobei der Inhalt der Postkarte meine Laune noch mehr trübte. Clives dümmlicher Plapperton des Flitterwöchners und seine launigen Doppeldeutigkeiten rissen verdeckte Wunden auf. *Wir haben nur wenig von Yellowstone gesehen, verständlich, und genießen stattdessen den Anblick unseres mit Pinienholz verkleideten Hotelzimmers*, schrieb er. Auf der Rückseite war ein Bild des berühmten Geysirs Old Faithful zu sehen. Ich stellte mir vor, wie Clives Sperma auf Margarets Hintern spritzte.

Mein eigener Morgen war alles andere als orgasmisch, und dasselbe konnte man über meine Ehe sagen, eine Wüste, was das Körperliche anging. Mein Gefühl der Einsamkeit hätte nicht größer sein können, als dann auch noch *Kookie, Kookie, Lend Me Your Comb* aus dem Radio grölte und draußen das gottverdammte Zwitschern der Vögel auf der mehr oder weniger verlassenen Straße zu hören war. Jede Heckflosse eines vorbeifahrenden Cadillacs oder DeSotos erinnerte mich an einen aufgerichteten Schwanz, der Befriedigung versprach, die mir so endgültig versagt schien. Mein Ehemann war in Manhattan, wo er seine sexuellen Energien auf seine Karriere verwendete und vielleicht auch auf eine andere Frau. Ich wusste, dass das Klischee furchtbar abgegriffen war, und so musste ich selbst darüber lachen, während ich eine zweite Zigarette rauchte, Ernie Kovacs durch eine ganze Reihe grauer Streifen auf dem Fernsehschirm betrachtete und die Falten meines Morgenrocks glattstrich. Ironischerweise war das Kleidungsstück wie geschaffen, um zu verführen. Es war elegant, verlockend transparent und doch nur einem Publikum aus Kochutensilien, Wäscheständer und Waschpulver vorbehalten. Mein Morgenrock bestand aus schwarzer Spitze und wäre perfekt für eine Gefangene von Blaubart oder eine Haremsdame gewesen.

Ich ließ mich aufs Sofa fallen und spürte einen harten Gegenstand unter mir. Es war ein Spielzeugroboter, den mein Neffe John in der Woche zuvor dort liegen lassen hatte. Gedankenverloren zog ich ihn auf und beobachtete, wie er über den Teppich marschierte, brummend und mit wilden Bewegungen, die Augen unruhig flackernd. Es hat etwas Seltsames, Dinge aus der Kindheit zu betrachten, wenn man sich in einer alles anderen als unschuldigen Stimmung befindet; da ist zuerst ein rührseliges Verlangen nach der Leichtigkeit und Reinheit dieser frühen Tage, eine unschuldige Unbeschwertheit, die dann zu erwachsenen, wenig jugendfreien Impulsen führt. Ich nahm das Spielzeug hoch, das in meiner Hand weiter vibrierte, und strich über den runden Metallkopf, während aus dem Radio leiernd der Song *The Happy Organ* dröhnte. Ich legte mich rücklings auf die Couch und drehte das Spielzeug noch einmal auf, während ich mir gleichzeitig den Slip nach unten zog, zuerst nur bis zu meinen Schenkeln, dann zog ich ihn ganz aus und warf ihn Richtung Stereoanlage, wo er fast an der Hülle des Chet-Baker-Albums hängen geblieben wäre. Der Jazzer schien meinen Blick zu erwidern, verletzlich und melancholisch, einziger Zeuge der subversiven Handlung, die ich im Begriff war vorzunehmen.

Ich gab dem Roboter einen unschuldigen Kuss auf den Kopf, bevor ich das bebende Kopfteil gegen meine Klit drückte. Zuerst zuckte ich vor der harten, metallenen Oberfläche zurück, bevor ich sie fester gegen mich presste, mich zurücklehnte und fühlte, wie ein köstliches Empfinden in mir aufstieg. Während ich in meine geschwollenen Nippel kniff, warf ich einen heißen Kuss zu Chet, der mich beobachtete, und murmelte *»Fuck, fuck, fuck«*, als ob mein verzweifeltes Mantra einen Lover aus dem Nichts heraufbeschwören könnte. Für einen Moment stellte ich mir Robbie den Roboter als einen Schwanz aus Fleisch und Blut vor. Ich schob seinen Kopf in mich hinein, als meine Pussy nasser wurde, und spürte, wie die glatte, glitschige Oberfläche meine intimen Lippen liebkoste, während er seine bebende Reise in mein Inneres fortsetzte. Ich hätte heulen können, als das Spielzeug an einen Punkt gelangte, wo seine Reise beendet schien. Zu breit, um weiter vorzudringen, vibrierte das Metall vor dem göttlichen Tor, Arme und Beine schlackerten, während der Kopf in meiner wunderbaren Möse steckte. Dramatisch holte ich Luft, als ich meinen Frieden mit dem metallenen halben Fick schloss und meine Klit mit kreisenden Bewegungen verwöhnte. Dann ging ich fester zur Sache, wobei ich bereits spürte, wie ein Teil meiner Verspannungen von mir abfiel und meine Erregung von meiner Vulva bis in meine Nippel und hoch in meine

Kehle stieg. Ich sah zu Chet hinüber und flehte schweigend um seine Hilfe, als ich von meinem Experiment abließ und den Roboter auf den Boden fallen ließ, wo seine fiebrigen Bewegungen langsamer wurden, während er kläglich auf dem Bauch lag, wie ein ausrangierter Lover. Ich war nicht gekommen, meine Lust blieb unbefriedigt.

Schwitzend wischte ich mir über das Gesicht und öffnete meinen Morgenmantel, während ich hinunter in den Keller ging. Mit der Wäsche vom Morgen gefüllt drehte sich die Waschmaschine in der Dunkelheit, wobei das Wasser kraftvoll gegen die Trommelwände schlug. Ich verlor mich in der Vorstellung, wie ich mich mit einem mechanischen Lover von erstaunlicher Größe vergnügen würde, und drückte meine Pussy auf die bebende Metallkante der Maschine wie gegen einen gigantischen Schwanz, der mich bis zur Bewusstlosigkeit fickte. Ich spürte, wie sich mein unvollendeter Höhepunkt wieder meldete, und zog die Muskeln in meinem Innersten zusammen. Der zitternde Stahl liebkoste meine Klit und meine ganze Spalte auf eindrucksvolle Weise. Ich nahm meine nackten Brüste hinzu und drückte sie gegen das glatte Metall, indem ich mich halb auf die Waschmaschine legte. Im ersten Moment war der intime Kontakt mit der kalten Oberfläche ein Schock, doch schnell wandelte sich das Gefühl, und ich spürte eine Hitze, die mich den Blick zum Himmel heben ließ, während ich flüsterte: »Fick mich, fick mich, fick mich«, als könnte ich damit das Metallbiest zum Leben erwecken.

Als ich kurz davor war zu kommen, klingelte es an der Tür. Ich schnellte von der Waschmaschine zurück und verfluchte mich im nächsten Augenblick dafür. Typisch für mich. Schon wieder hatte die Macht der Gewohnheit über meine kümmerlichen animalischen Triebe gesiegt, sodass ich mir nun den

Morgenmantel zuknöpfte, um in meine Rolle als fügsames Neutrum und Haushaltsengel zurückzukehren. Ich fluchte, als ich die Treppe nach oben stieg und im viel wärmeren Erdgeschoss alle Wonnen hinter mir ließ.

Ich öffnete die Tür und sah, dass ein junger Mann auf der Schwelle stand, der einen Staubsauger in der Hand hielt. Seine Jacke hatte er sich über den Arm gelegt, während er sich den Schweiß in einer dramatischen, gut einstudierten Bewegung von der Stirn wischte. In der gleißenden Sonne, die bereits heiß vom Himmel stach, sah er fast aus wie Chet Baker. Die Haare mit Gel zurückgekämmt, leicht desillusioniert und introvertiert, als beschäftigte ihn eine unlösbare Aufgabe. Jedenfalls kam es mir so vor. Die schwindende Erregung, die überwältigende Hitze und das Gefühl der Einsamkeit hatten sich gegen meinen Verstand verschworen, der in der Hitze dahinzuschmelzen und auf den Boden zu tropfen schien.

»Ma'am, dürfte ich Sie um ein Glas Wasser bitten?« Er senkte den Blick, womit er die Unterwürfigkeit seiner Frage noch unterstrich.

»Aber natürlich.« Ich öffnete die Tür und lächelte ganz automatisch, als ich ihn hereinbat. »Aber der Hitze werden Sie auch hier drinnen nicht ganz entkommen können. Zum Ausgleich dürfen Sie Ihre Verkaufspräsentation in einer komfortablen Umgebung abhalten.«

Er zog die Augenbrauen hoch. »Warum so zynisch? Woher wissen Sie überhaupt, dass es um einen Verkauf geht?«

Ich lachte – gnädig, wie ich hoffte –, wie um mich für meinen Sarkasmus zu entschuldigen. »Süßer, ich werde hier den ganzen Tag über von den Rhythmen und Versprechungen der Werbeindustrie eingelullt.« Ich ging in die Küche und schenkte ihm ein Glas Wasser ein, das er blitzschnell herunterstürzte, während ich ihm dabei aus etwas Abstand zusah. Dann stellte er das Glas ab und richtete seine Krawatte. Als Kontrapunkt knöpfte ich meinen Morgenmantel auf.

»Ich bin bei vier Häusern in diesem Block gewesen. Niemand wollte etwas kaufen.«

Ich tat so, als runzelte ich besorgt die Stirn. »Vielleicht weiß niemand die Möglichkeiten der Technik zu schätzen. Ms Adams von nebenan liebt immer noch ihren Besen. Ich persönlich mag Maschinen – sie können einen durchaus die Einsamkeit vergessen lassen.«

»Ich verstehe Sie nicht.«

Ich schlenderte durch den Raum und empfand gleichzeitig eine eigentümliche Melancholie und wachsende Erregung. »Ich bin hier allein in Raum und Zeit, junger Mann. Mein Mann könnte genauso gut auf dem Mars sein, und meine sogenannten Freunde vögeln sich in Yellowstone die Seele aus dem Leib. Glückliche Mistkerle.« Ich lachte, während seine Augen zu zucken begannen angesichts meiner anstößigen Unverfrorenheit. »Ich entschuldige mich für meine offenen Worte ... zumindest ein wenig.«

Er hielt inne, sammelte sich. »Ma'am, vielleicht darf ich Ihnen einmal demonstrieren ...« Er griff zum Staubsauger, auf den das Sonnenlicht fiel: noch ein langes, metallenes verhängnisvolles Werkzeug der Lust.

»Warten Sie.« Ich zündete mir eine Zigarette an und blies den Rauch in die Luft. Dabei stellte ich mir vor, dass sich die Kraft meiner Gedanken ebenso ausbreiten würde. »Lassen Sie mich stattdessen Ihnen eine kleine Vorstellung geben.«

»Was?« Er hielt für einen Moment inne, dann begann er zu zittern. Offenbar warf ich seine übliche Routine gehörig durcheinander.

»Als Erstes lockern Sie Ihre Krawatte.« Ich schlug die Beine übereinander, zog ein weiteres Mal an meiner Zigarette und lächelte leise, während er den obersten Hemdknopf öffnete und den Krawattenknoten löste. Aus dem Augenwinkel konnte ich die Chet-Baker-LP sehen und stellte mir vor, wie mir der Jazzer nickend zuflüsterte: »Every cloud has a silver lining«. Schon flog die Krawatte auf den Boden. Traurig lag sie dort auf dem Teppich wie ein Symbol für halbherzigen Anstand und Korrektheit.

»Und Ihre Vorstellung?« Er sah mich an, während er auf weitere Anweisungen wartete.

»Ziehen Sie die Hose aus.« Er fummelte mit dem Gürtel herum, gehorchte jedoch willig, wobei er die Kleidung anschließend ordentlich zusammenlegte, damit seine Verkaufsambitionen keinen Schaden nehmen konnten. Ich knöpfte meinen Morgenmantel weiter auf und entblößte meine nackten Brüste. Dann ging ich ein Stück auf ihn zu und streichelte die Umrisse seines Schwanzes durch seinen Slip hindurch, wobei ich spürte, wie sein Schaft zaghaft anschwoll. Beiläufig spielte ich mit der Schwanzspitze, die auf meine Berührung willig reagierte. »Und nun ...« Ich sah ihm in die Augen und legte meine ganze Autorität in meine Worte. »Jetzt will ich, dass du das hier« – ich drückte zärtlich seinen Schwanz – »in deine wunderbare Maschine steckst. Und ich werde dir dabei zusehen ...«

Er schluckte hart. »Aber wie soll das gehen?« Verzweiflung schwang in seiner Stimme.

»Wie er hart genug dafür wird? So, Süßer.« Ich griff nach dem Gummi seines Slips und zog ihn ihm mit einer einzigen, schnellen Bewegung herunter. Dann leckte ich seinen Schaft, wobei ich undeutliche Ermunterungen vor mich hinmurmelte und mich mit der Zunge leidenschaftlich jeder seiner pulsierenden Venen widmete, als würde ich einen exzellenten Wein kosten. Währenddessen fragte ich mich, wie lange es her war, dass ich einen Schwanz geschmeckt hatte. Als ich fühlte, dass sein Schwanz zu voller Größe angewachsen war, während ich hingebungsvoll an seiner Eichel lutschte und sie sanft küsste, griff ich nach der Wurzel und richtete seinen Schwanz mit einer Hand auf. Dann streifte ich meinen Morgenmantel ganz ab. Der Stoff blieb wie ein schwarzes Loch auf der vormals unberührten Fläche des Fußbodens liegen, fernab von Raum und Zeit. Noch immer leckte ich seinen Schwanz, bevor ich ihn zwischen meine Brüste schob und seine Härte liebkoste, indem ich meine weiche Haut an ihm rieb. Ich spürte, wie sein Schaft darauf reagierte, und holte Luft für meine nächste Anweisung.

»Stell den Staubsauber an, und schieb deinen verdammten Schwanz in das Rohr.«

»Aber ...«

Ich lachte ungeduldig. »Verflucht noch mal, tu es.« Ich lehnte mich auf dem Sofa zurück, nackt und verlockend, und zündete mir noch eine Zigarette an, während das Gerät zum Leben erwachte. Ich stellte mir vor, wie eine Rakete startete und Kurs in Richtung Pluto nahm. Warum, wusste ich auch nicht genau. Der Mann hielt seinen aufgerichteten Schwanz vor die Öffnung des Staubsaugerrohrs, das sich seiner mit Leidenschaft bemächtigte. Hilflos dem teuflischem Sog ausgeliefert, der seinen Schaft kraftvoll nach innen zog, schien der Mann zu singen: »Oh verdammt, verdammt, verdammt.«

Als ich sah, wie er sich vor Wonne wand, begann ich, mit meiner Pussy und meiner Klit zu spielen, sodass meine Erregung wieder stieg. Ich war gefesselt von dem Anblick, der sich mir bot und Einsamkeit und Verzweiflung vertrieb und durch pures Verlangen ersetzte. Ich schob erst einen, dann zwei Finger in mich hinein und stellte mir vor, der fügsame Handelsvertreter sei mein abwesender Ehemann, verdammt dazu, mein williges Spielzeug zu sein und meine schmutzigen Befehle auszuführen.

Wortlos röhrte der Staubsauger seine wollüstige Sphärenmusik, während ich nun dastand, mit der Hand durch die gegelten Locken des Vertreters fuhr und sein Gesicht gegen meine Pussy drückte.

Er begann zu lecken, erst vorsichtig und ohne Ziel, dann kraftvoller. Seine Zunge tauchte in meine Möse und fuhr dann zu meiner Klit, wo sie mich mit Inbrunst weiter verwöhnte. Als ich spürte, wie sich der Orgasmus in mir aufbaute und ein prickelnder Schauer durch mich hindurchlief, ließ ich seinen Kopf los und stellte den Staubsauger aus. Dann lehnte ich mich wieder auf der Couch zurück und spreizte einladend die Schenkel, während ich mit einer Hand an meinen Nippeln zog und drehte. Ich warf ihm einen lüsternen Kuss zu, doch er betrachtete ängstlich seinen Schwanz, der noch immer prall war.

Genüsslich zog ich an meiner Zigarette und flüsterte: »Komm her, und lass mich deinen verdammten Schwanz in meine Pussy nehmen.« Er hob den Blick und sah mich an, als ob er mich nicht richtig verstanden hätte. Also nahm ich seinen Schaft an der Wurzel und zog ihn zu mir. Ein Studebaker mit glänzenden Flossen schoss vor dem Fenster vorbei; wie eine Rakete, die den Äther liebkoste. Im gleichen Moment drang er kraftvoll in mich ein und drückte mich dabei fest in die Sofapolster, so als hätte sich die Nase einer Missile-Rakete mit voller Geschwindigkeit tief in mich gebohrt. Ich vergrub die Hände in den Kissen, während er sich in mich hämmerte und ich wie ein Tier keuchte, mich vorbeugte und ihn in den Hals biss. Seine Stöße waren von einer so ungebremsten Intensität, als wäre er bereit, sein Leben für die flüchtigen Freuden eines wahrhaft animalischen Ficks zu opfern.

Und vielleicht hätte auch ich das getan, immer in dem Bewusstsein, dass Glückseligkeit nicht mehr ist als ein flüchtiger, vergänglicher Moment. Für einen kurzen Augenblick hielt er inne, und sein Schaft bebte, bevor er weitermachte, während meine Hand mit seinen Eiern spielte. Er wurde langsamer, schwitzte, stieß dann seinen Schwanz noch tiefer in meine Möse, als wolle er damit das geringere Tempo ausgleichen. Gleichzeitig spürte ich, wie mich etwas von meiner Pussy bis in die Haarspitzen erschütterte. Ich fühlte, wie ich tropfte und seinen Schwanz mit meinen Säften benetzte, während sich eine neue Empfindung in den Tiefen meines Schoßes aufbaute. Nicht aufzuhalten, wie ein verrückt gewordenes Uhrwerk. Das Kribbeln bemächtigte sich meiner Brüste, und es fühlte sich an, als wären alle meine Sinne durch ein einziges Band miteinander verbunden, und dann folgte eine Art seismischer Schüttelkrampf. Bauch und Hintern zuckten, als würde mein Körper von einem Erdbeben erschüttert, das sich seinen Weg zur Oberfläche bahnte. »Fick mich weiter!« Halb klang meine Stimme wie das Grunzen eines Tiers, halb wie ein Befehl.

Ich hatte den Staubsauger fest im Griff und beugte mich nach unten, stellte ihn wieder an und hielt die Düse an meine Klit, während der Vertreter mich immer härter fickte. Ich spürte, wie meine Pussy unter der liebevollen Aufmerksamkeit des Metalls pulsierte, sich zusammenzog und jubelte. Und als ob meine Zuckungen sie vom Regalbrett gestoßen hätte, sah ich, dass Clives Postkarte auf den Boden gefallen war, zum Glück mit dem dämlichen Text nach unten. Die Fontäne von

Old Faithfull schien hochzusteigen, und ich vertiefte mich in den Anblick der aufsteigenden Wassermassen, während meine Zunge in das Ohr des Vertreters glitt, was seinen Schwanz noch einmal zu Höchstleistungen antrieb. Jeder seiner Stöße und jede Berührung des Stahlrohrs an meiner Klit ließen meine Erregung weiter steigen. Ich musste die Zähne fest zusammenbeißen, um dem armen Kerl nicht das Ohrläppchen abzubeißen. Ich stellte mir vor, wie ich in einen kannibalischen Rausch geriet, während sich meine Hüften seinen Stößen entgegendrängten. Mein Bewusstsein schien in prähistorisches Verlangen abzugleiten, weg von Raketen und Heckflossen und Hi-Fi, hin zu einer Urform reinen Vögelns und purer Ekstase. Der Vertreter brüllte wie ein Cro-Magnon-Mensch, als er sich aus mir herauszog und explosionsartig ergoss. Sein Samen landete auf meiner Pussy, als auch ich mich verströmte. Als ob ein Damm gebrochen wäre, schoss die Nässe aus meiner Pussy und floss auf seinen Schwanz. Sein und mein Saft vermischten sich zu einer kosmischen Kraft: Ich musste an einen Flugkörper denken, der einen eleganten Bogen der Freiheit im Universum beschrieb. Der Staubsauger brummte und schnurrte und vibrierte wie eine Rakete im Himmel.

Ich fuhr mit der Hand durch die klebrige Mixtur, murmelte vor mich hin und leckte mir schließlich gierig die Finger ab, um das Unbeschreibliche zu schmecken. Ich ließ mich nach hinten fallen, und wieder sah ich die Postkarte, den Ausbruch von Old Faithful, der Zeuge meiner Lust geworden war. Der Roboter erwachte wieder zum Leben und wand sich zuckend auf dem Boden, als ob sein metallenes Gehäuse von Verlangen getrieben würde.

Bestens vorbereitet

Kendra Wayne

Liebe Pamela,
danke, danke, tausend Dank!
Jayne (& Simon)

Die Karte war cremefarben, aus festem Papier und auf der Vorderseite waren Tauben mit Bändern in ihren Schnäbeln zu sehen. Ein Foto fiel heraus, als sie den Umschlag öffnete: darauf ein glückliches Paar, das sich zuprostete.

Pamela hatte keine Einladung zu der Hochzeit erhalten (was seltsam und unangemessen gewesen wäre). Sie hatte auch kein Geschenk geschickt, wenn man es genau nahm (jedenfalls nicht, um das Brautpaar zu feiern). Doch sie war ehrlich bewegt, dass sich die Braut (der sie niemals begegnet war) die Zeit genommen hatte, ihr zu danken.

Nachdenklich tippte sie mit der Karte gegen ihre Unterlippe? Wer war noch gleich Simon gewesen? Sie vertiefte sich noch einmal in das Bild. Der Mann darauf kam ihr definitiv bekannt vor. Sie schätzte ihn auf etwa dreißig, was bedeutete, dass es nicht länger als zehn Jahre her war. Sie suchte sich niemals jemanden unter dreiundzwanzig aus, aus Prinzip nicht.

Sie goss sich ein Glas goldbraunen Port ein, holte eine Hutschachtel mit Blumenmuster hervor – ein ungewöhnlich romantisches Behältnis, das jeden, der sie kannte, überrascht hätte – und ließ sich auf dem Sofa nieder. Sie machte keine Fotos von denen, die sie unterrichtet hatte, behielt nur ein einziges Souvenir von jedem als Gedächtnisstütze. Nun wühlte sie durch die Erinnerungsstücke: eine Spielkarte (Pikdame), ein pinkfarbener Plastikdinosaurier (wie aus einer Cornflakesschachtel), eine Satinmaske im Leopardenmuster, eine halb heruntergebrannte grüne Kerze, eine Postkarte mit einer Winterlandschaft darauf.

Das Gitarrenplektrum lag ganz unten in der Box. Sie drehte es in ihren Fingern. Ah, *Simon*. Nun erinnerte sie sich an ihn.

Er war schüchterner als die meisten anderen gewesen und mehr durch ihre Freundlichkeit als durch den Alkohol ermutigt worden. Außerdem war er der Letzte in jenem Jahr gewesen. Sie konnte sich in jedem Semester nur einer bestimmten Anzahl annehmen und sie unterweisen.

Simon mit seinem schwarzen Haar, das ein wenig zu lang war und ihm ihn die Augen fiel. Er war in einer Band gewesen. Nicht ihr üblicher Typ – gewöhnlich suchte sie sich einen Jura- oder MBA-Studenten oder etwas Ähnliches. Manchmal wählte sie auch einen Mediziner, doch die waren gar nicht so einfach zu finden. Normalerweise waren sie zu beschäftigt, zu erschöpft oder zu abgelenkt.

Simon spielte Bass, und er spielte ihn mit einer konzentrierten Verbissenheit, die Rückschlüsse auf seine Persönlichkeit fern der Bühne zuließ. Er konzentrierte sich auf sein Instrument, nicht auf das Publikum. Er hatte eine Präsenz auf der Bühne, die einige Frauen faszinierend fanden. Aber Pamela fiel auch auf, dass er ein wenig schüchtern war und häufig seinen Einsatz verpasste. Nicht aus Unhöflichkeit oder Arroganz, sondern nur aus Zerstreutheit.

Sie hatte ihn angesprochen, ihn dazu gebracht, dass er sich öffnete, und wartete jeden Abend, bis die Bar beinahe leer war, und schenkte sich dann den gleichen Drink ein wie ihm. Ihr war aufgefallen, dass die Menschen dazu neigten, mehr von sich preiszugeben, wenn sie das tat. Sie zahlte immer selbst für ihre Drinks, legte das Geld in die Kasse. Sie kellnerte nicht, um ihre Rechnungen zu bezahlen; es war ein Nebenerwerb, bei dem sie junge Männer wie Simon kennenlernen konnte.

Das erste Mal, als sie miteinander schliefen, fand sie, dass er fickte, wie er Bass spielte. Intensiv, konzentriert, aber ohne sich ganz bewusst zu sein, welche Reaktionen er damit hervorrief. Er hatte sie an all den richtigen Stellen berührt, gesaugt, geleckt und gestreichelt, und ja, sie war mehr als einmal gekommen, bevor er in sie eingedrungen war.

Doch es schien, als würde er ihr seine Aufmerksamkeit aus der Distanz schenken und als ob ihr Vergnügen zu schenken ein Test war, den es zu bestehen galt. Er hatte es genossen, war jedoch nicht darin aufgegangen. Er hatte sich nicht an ihrem Vergnügen erfreut.

Das war auch der Grund dafür, dass er zwar ein fähiger Musiker, aber kein brillanter war. In diesem Augenblick war ihr bewusst geworden, dass sie bei ihm zwei Fliegen mit einer Klappe schlagen konnte.

So hatte sie angefangen, ihn zu unterrichten. Sie drosselte sein Tempo und zeigte ihm, wie ihr Körper auf das reagierte, was er tat. Gelegentlich fesselte sie ihn – nur ein wenig Bondage zum Spaß, es gab keinen Grund, dem armen Jungen Angst zu machen –, damit er sich seiner Empfindungen und Reaktionen bewusster wurde.

Zu ihrer großen Freude kam er schließlich eines Nachts, nur weil er sie zum Höhepunkt gebracht hatte. Seine Finger hatten sich in ihr als genauso talentiert erwiesen wie mit seinem Instrument (die rauen Schwielen taten ihr nicht weh). Sie hatte sich angespannt und ihre Lust herausgeschrien, gezittert und sich an ihn geklammert, und hatte ihn dann stöhnen gehört. Der Klang hatte ihren Orgasmus noch verstärkt. Als sie in die Realität zurückkehrte, sah sie, dass er sich auf das Bettlaken ergossen hatte. In seinem Gesicht spiegelte sich eine Mischung aus überraschter Lust und Verlegenheit, und sie versicherte ihm, dass das kein Problem war – ganz im Gegenteil.

Du machst dich gut, Küken. Es wird Zeit für die nächste Lektion.

Nicht nur für die nächste Lektion, sondern für das, um das es ihr bei ihrem Unterricht ging. Es war der Grund, aus dem sie Jahr für Jahr junge Männer unter ihre Fittiche nahm.

Es gab eine Menge Frauenzeitschriften, die von sich behaupteten, frei und offen zu sein, wenn es um Sex-Tipps ging, und die schon auf dem Cover das Geheimnis ultimativer sexueller Lust versprachen. (Häufiger noch seiner als ihrer, doch dies nur am Rande.) Sie gaben vor, unglaublich positiv und aufgeschlossen in Sachen Sex zu sein.

Dann, eines Tages, hatte ein Leser geschrieben, weil er eine Frage zu Analverkehr hatte. Und das Magazin hatte allein den Gedanken daran strikt abgelehnt.

Ekelerregend, schmutzig, pervers hatte es dazu geheißen (Eigenschaften, die Pamela durchaus positiv bewertete). Außerdem sei es schmerzhaft und gefährlich, und keine Frau mit Selbstachtung hätte auch nur das geringste Interesse daran.

Nun, sicher, es konnte schmerzhaft sein, wenn man es falsch anstellte. Doch Pamela als Frau mit Selbstachtung genoss es, sogar über alle Maßen.

Sie tat, was sie konnte, um es als normal hinzustellen, gesund und Spaß bringend (obwohl sich das Magazin ganz entschieden dagegen aussprach, ihren Leserbrief als Antwort auf den Artikel des Kolumnisten zu veröffentlichen), doch da gab es noch ein weiteres Problem.

Auch wenn Frauen es mochten, hatten die Männer doch meist keine Ahnung, wie sie es anstellen sollten.

Und so hatte Pamela ihren Feldzug begonnen, es ihnen beizubringen.

»Ich habe heute Nacht mal auf etwas anderes Lust«, sagte sie zu Simon. Nach einem seiner Gigs standen sie zusammen unter der Dusche, es war das perfekte Vorspiel. »Auf etwas, was ein wenig ... verdorben ist.«

Sein Lächeln war aufgeregt und schüchtern zugleich, doch sein Schwanz war bereits erregt und drückte sich gegen ihre Hüfte. »Klar. Bis jetzt hat mir immer alles super gefallen.«

Sie hob ihre Lippen an sein Ohr, während das Wasser über ihre Körper floss. »Analsex«, sagte sie und ließ ihre Fingernägel nach unten zu seinem Hintern wandern.

Sein Schwanz zuckte schon wieder. »Aber wir haben doch schon ...«

Ja, sie hatte ein oder zwei Finger in ihn geschoben und ihm gezeigt, wie er nach einer Prostatamassage kommen konnte wie ein Geysir.

»Nein«, sagte sie. »Es geht um mich. Ich will, dass du mir deinen Schwanz in den Arsch schiebst.«

Er hatte einfach den perfekten Schwanz dafür. Nicht zu breit, aber mit einer hübschen Spitze. Ihre Po-Öffnung hatte bereits vor Vorfreude gezuckt, als sie ihn das erste Mal nackt gesehen hatte.

Ihre Worte hatten den gewünschten Effekt. Sein Schaft lag

nun steinhart in ihrer seifigen Hand. Sie nutzte die Gelegenheit, damit er sich an ihrem Hintern rieb und so alles gründlich säuberte.

Im Schlafzimmer lagen bereits Gleitgel, Kissen und ein Perlenstrang bereit. Nachdem sie sich abgetrocknet hatte, legte sie sich über die Kissen, den Hintern in die Luft gereckt. Auf ihre Bitte hin, leckte er sie. Zuerst war er vorsichtig, doch als sie zu stöhnen begann, war ihm das Ansporn genug, um forscher zu werden.

Mmh, war das gut. Himmel, ja. Er drückte sich gegen sie und drang mit der Zungenspitze ein Stückchen in sie ein – es war wie ein Locken, ein Versprechen auf das, was noch kommen sollte.

»Spürst du, wie feucht ich bin?« Sie keuchte.

»Verflucht noch mal, das bist du«, sagte er und klang ebenso überrascht wie erfreut. Er glitt mit einem Finger über ihre Spalte, sodass sie mit ihren Säften bedeckt war. Dann malte er mit ihm über ihren Anus und leckte sie sauber. Sie hatte ihn nicht einmal darum bitten müssen. Er war ein guter Schüler, dieser Bassist mit den Schwielen an den Händen.

Sie lächelte und bat ihn, das Gleitgel zu nehmen.

Er war so sanft, wie es erforderlich war, schob einen Finger in sie hinein, dann zwei und dehnte sie ein wenig.

»Nun die Perlen«, sagte sie. Klang sie, als würde sie betteln? Vielleicht tat sie das, aber nur ein wenig.

Er schmierte sie mit dem Gel ein und führte dann die Perlen vorsichtig in sie ein. Sie erbebte, genoss das Gefühl, und mit jedem Kügelchen in ihr stieg ihre Erregung weiter.

Sie rollte von den Kissen auf den Rücken und spreizte die Beine. Simon wusste, was er zu tun hatte. Er schmeckte und lockte sie, liebkoste und leckte, mit Lippen, Zunge und Fingern. Er zog sogar an der Schnur – cleverer Junge –, und sie seufzte voller Lust, als sich ihre Muskeln zusammenzogen.

Mit angespannten Schenkeln, zitterndem Bauch und kurz vor dem Orgasmus stöhnte sie: »Zieh sie raus.«

Als die Kugeln eine nach der anderen wieder zum Vorschein kamen, kam Pamela.

Simon rutschte an ihr hoch, um sie zu küssen, noch bevor sie wieder richtig zu Atem gekommen war. »Das war unglaublich«, sagte er.

»Und das war nur der Anfang, Süßer«, erwiderte sie, als sie wieder dazu in der Lage war. Sie setzte sich aufrecht hin und beugte sich dann vor, um den Sehnsuchtstropfen von seiner Schwanzspitze zu lecken. »Du glaubst doch nicht etwa, dass ich dich vergessen hätte, oder?«

Sie drückte ihn zurück aufs Bett und verrieb etwas Gleitgel in ihren Handflächen, bevor sie ihre Finger um seinen harten Schaft legte. Sie ölte ihn ein und kniete sich dann breitbeinig über ihn.

Sein Schwanz war so glitschig, dass es gar nicht so einfach war, ihn vor ihrer hinteren Öffnung in Position zu bringen. Die Analkugeln waren nichts im Vergleich zum Umfang seines Schwanzes (schlank und perfekt, wie er war), doch endlich hatte sie ihn so weit und ein Stück seiner Eichel steckte in ihr.

»Der Trick ist ... sich Zeit zu nehmen.« Es war nicht leicht für sie zu sprechen, während wohlige Schauer des Verlangens durch ihren Körper schossen. Sie bewegte sich hoch und runter, und ließ ihn jedes Mal nur ein kleines Stückchen tiefer eindringen, während sie sich ihm öffnete. »Die ersten ein-, zweimal ist es besser, du lässt die Lady oben sitzen. Wenn ihr euch miteinander vertraut gemacht habt, könnt ihr auch die Plätze tauschen. Lass sie sich dann hinknien oder auf den Rücken legen. Oh, *fuck*, ja, das ist es!«

Seine Schwanzspitze war nun vollständig in ihr. Jetzt musste sie ihn nur noch ganz in sich gleiten lassen, langsam und genussvoll, bis er sie an dieser intimsten Stelle ganz ausfüllte.

»Heilige Scheiße.« Er schnappte nach Luft und unterdrückte ein Lachen, als ihm klar wurde, was er gesagt hatte.

Sie musste kichern. »Hübsch eng«, brachte sie heraus. »Gefällt dir das?«

Als Antwort stöhnte er vor Lust.

Beim Analsex stand sie buchstäblich in Flammen. Auch wenn es sich seltsam anhören mochte, brachte es die Sache auf den Punkt. Es war, als stünde ihr ganzer Körper unter Strom, jede Zelle gefechtsbereit, alles kribbelte und prickelte.

Und ein Analorgasmus war mit nichts zu vergleichen. Simon konnte ihr nun nicht mehr helfen. Er hatte die Arme ausgebreitet wie bei einem unheiligen Ritual. Deshalb nahm sie die Dinge selbst in die Hand und rieb über ihre geschwollene Klit. Sie fühlte das Zittern unter ihren Fingerspitzen, als sie das Tempo steigerte. Das Streicheln würde ihr dabei helfen zu kommen, aber das wahre Vergnügen bestand darin, seinen Schwanz in ihrem Hintern zu haben, der sie dehnte und sich von innen an ihr rieb. Das nächste Mal würde sie ihm die Führung überlassen, während sie sich auf das Bett legte, die Hände in die Laken krallte und um Erfüllung bettelte.

Sie spürte einen gewaltigen Schauer an ihrer Wirbelsäule. Sie fühlte, wie sein Schwanz größer wurde und sie noch mehr weitete, und sein Höhepunkt war der letzte Anstoß, den sie noch brauchte. Ihre Hüften hoben sie vom Bett, als sie mit seinem Schaft im Hintern kam.

Ah, Simon. Pamela seufzte und ließ das Plektrum wieder in die Kiste fallen. Er war einer der Besten gewesen, und sie freute sich darüber, dass Jayne zu schätzen wusste, was sie ihm beigebracht hatte.

Sie goss sich ein weiteres Glas Port ein und machte sich auf den Weg ins Schlafzimmer. Für gewöhnlich schwelgte sie nicht in Erinnerungen, doch in dieser Nacht holte sie ihren Analvibrator hervor, verteilte etwas Gleitcreme darauf und ließ dann das glückliche Paar auf die beste Weise hochleben, die sie sich vorstellen konnte.

Am nächsten Tag sollte es dann an der Zeit sein, dass sie hinausging und sich ihren nächsten Schüler suchte.

Das große O

Donna George Storey

Wer hätte gedacht, dass die ganze Sache ihren Anfang im Claremont Spa nehmen würde? Ja, dort hielt ich mich gerade auf, nippte an einem Gurkenwasser und blätterte in einer Frauenzeitschrift, als ich über einen reißerischen Zwei-Seiten-Artikel stolperte, der mein Leben verändern sollte.

Das Sexercise-Rezept: ein stärkeres geheimes Du in sechs Wochen.

Zuerst musste ich über die Überschrift kichern, doch eine Eingebung – man konnte es schicksalhafte Fügung nennen –, ließ mich zu der Seite zurückblättern, und ich begann zu lesen. Natürlich hatte ich schon von den Kegel-Übungen für den Beckenboden gehört. Ich hatte sie sogar schon ein- oder zweimal ausprobiert. Doch ich war nie dabeigeblieben, weil es mir irgendwie pervers vorgekommen war, meine Muskeln *dort unten* zu trainieren. Das war etwas für Stripper, Mädchen, die Zwanzig-Dollar-Noten mit ihrer Pussy entgegennehmen müssen, nichts für eine gewöhnliche Marktforschungsangestellte wie mich.

Natürlich ist mein Leben alles andere als langweilig, seit ich Adam im letzten Januar auf der Hochzeit von Kollegen kennengelernt habe. Ich habe noch nie einen Mann getroffen, der so freundlich und witzig und an der Erfüllung all meiner

Bedürfnisse interessiert ist wie er. Allein schon der Sex ist so überirdisch, das ich oft das Gefühl habe, man müsste mich anschließend erst wieder aus meinen Einzelteilen zusammensetzen. Im Laufe der Monate lernte ich die Gelassenheit meines Freundes zu schätzen, der jeden Morgen in der Dämmerung aus dem Bett schlüpft, um eine Stunde lang zu meditieren, und sich nach einem harten Arbeitstag als Geschichtslehrer an einer Highschool dadurch entspannt, dass er mit einem japanischen Pinsel und glänzender schwarzer Tinte ein O nach dem anderen zeichnet.

Die Sache hatte nur einen Nachteil. Adams Vorstellung von einem perfekten Sommerurlaub bestand darin, nach Kyoto zu fliegen, um sich dort einen Monat lang den Meditationstechniken des Zen-Buddhismus zu widmen. Wie Sie sich vorstellen können, fiel es uns in dieser Hinsicht schwer, zu einer Einigung zu finden.

Am Abend, bevor er wegfuhr, war ich immer noch ziemlich sauer über die ganze Sache. Selbst als Adam mit mir schlafen wollte, lag ich einfach nur mürrisch und passiv da. Er würde mir für eine so lange Zeit dieses Vergnügen vorenthalten, warum sollte er da nicht selbst einen Vorgeschmack darauf bekommen, wie bitter das war? Ich hätte wissen müssen, dass meine Entschlossenheit bröckeln würde, sobald Adams weiche Zunge um meine Nippel kreiste und seine Finger geduldig meine Klit verwöhnten und reizten. Es fühlte sich so gut an, als er meine Pussy leckte, dass ich mich entschloss, aus reiner Bosheit auf seinem Gesicht zu kommen, doch dann zog er sich im letzten Moment zurück. Kurz darauf brachte er mich bis kurz vor den Höhepunkt und ließ mich noch zwei weitere Male unbefriedigt, bevor ich endlich mit seinem Schwanz in mir kam. Der Orgasmus blies mir förmlich das Gehirn aus dem Schädel.

Danach war meine schlechte Laune verflogen, doch ich fragte mich, wie ich ohne dieses transzendentale Vergnügen überleben sollte.

Das war einer der Gründe, warum die Überschrift in der Zeitschrift mir auffiel. Sechs lange Wochen würde Adam inklusive Anreise in Japan verbringen. Die meiste Zeit davon war er für mich nicht erreichbar – ohne Telefon, ohne Internet. Das ließ mir eine Menge Zeit für Gesichtsbehandlungen, Verabredungen mit meinen Freundinnen und nun vielleicht auch für anrüchige Stärkungsübungen. Der Artikel versprach, wenn ich jeden Tag drei einfache Übungen machte, würde das zu einer entscheidenden Verbesserung meines Muskeltonus im Unterleib führen, und innerhalb von zweiundvierzig Tagen könnte ich meine Orgasmen deutlich intensivieren. Mein glücklicher Liebhaber, fügte der Autor neckisch hinzu, wäre sicher ebenfalls hocherfreut über meine neuen Fähigkeiten.

Ich biss mir auf die Lippe und dachte über den Weg nach, der vor mir lag. Dass ich diesen Artikel ausgerechnet am Tag nach Adams Abfahrt gefunden hatte, erschien mir wie Karma, obgleich Adam sicherlich darauf hingewiesen hätte, dass dieser Begriff vor allem für das Verhältnis von Ursache und Wirkung und nicht für ein Zeichen des Universums steht.

Genau in diesem Moment wurde die andere Spa-Besucherin, die mir gegenüber saß und die *Glamour* las, zu ihrer Massage gerufen, sodass ich allein in dem Raum zurückblieb. Ich beschloss, dass das Universum definitiv mit mir sprach. Schnell riss ich den Artikel aus der Zeitschrift und steckte ihn in meine Tasche.

Wenn alles lief wie geplant, würde Adam höchstwahrscheinlich den Weg ins Nirwana finden, *nachdem* er wieder nach Hause gekommen war.

Ich hatte es eilig, mit dem Programm zu beginnen, doch der Artikel schlug vor, dafür eine private, angenehme Umgebung aufzusuchen und sich für die erste Sitzung Zeit zu lassen. Wenn ich erst mal wusste, wie es genau ging, konnte ich die Kegel-Übungen vermutlich sogar beim Autofahren oder während eines langweiligen Meetings bei der Arbeit machen. An diesem Abend, nachdem ich mit einer Freundin essen gewesen war, machte ich mich früh fertig fürs Bett und zündete eine Kerze auf dem Nachttisch an, um für mehr Atmosphäre zu sorgen. Adam und ich liebten es, bei Kerzenlicht miteinander zu schlafen, und als ich mich nun auf meiner Seite des Futons ausstreckte, spürte ich plötzlich ein starkes Verlangen nach seiner Wärme und seinen erfahrenen Fingern, die über meine intimsten Stellen streichelten. Ich schloss die Augen und atmete tief ein. Zu meiner Überraschung wich das Gefühl der Einsamkeit sofort einem starken beruhigenden Glühen in meinem Bauch.

Während ich ganz bewusst ein- und ausatmete, ging ich in Gedanken noch einmal meine »Sexercises« durch. Als Erstes würde ich meinen Beckenbodenmuskel anspannen, die Spannung halten, bis zehn zählen und dann langsam ausatmen. Mit dem nächsten Atemzug spannte ich also pflichtbewusst meine intimen Muskeln an, wobei ich mich bemühte, mich nicht an anderer Stelle zu verkrampfen. Die Festigkeit in meinem Unterleib fühlte sich seltsam an, so als hätte ich eine volle Blase, doch als ich mich dann entspannte, verschwand das dringende Bedürfnis, mich zu erleichtern, und das sanfte Glühen kehrte zurück. Ich war noch immer ein wenig besorgt. Was war, wenn ich dort unten so aus der Form war, dass sechs Wochen nicht ausreichten, damit Adam einen Unterschied merkte?

Doch hier ging es nicht um Perfektion, wie ich mir in Erinnerung rief. Wie Adam immer sagte: Eine lange Reise beginnt mit einem einzigen Schritt – oder vielleicht einem einzigen Muskelanspannen?

Die nächste Übung bestand aus einer Abfolge von zwanzig schnellen Kontraktionen, wie wenn ein Schmetterling mit den Flügeln schlägt. Wieder kam ich mir ungeschickt und plump vor. Es gab keinen Lehrer, den ich um Hilfe bitten konnte, wie in meiner Yoga-Klasse. Doch am Ende verriet mir das Kribbeln zwischen meinen Beinen, dass meine Muskeln ordentlich trainiert hatten.

Die größte Hürde lag allerdings noch vor mir – die »Fahrstuhlübung«. Im Artikel stand, dass ich meine Vagina in drei unterschiedlichen Bereichen anspannen sollte: zuerst meine äußere Spalte, dann die inneren Lippen und dann die am tiefsten liegenden Muskeln nahe meines Gebärmutterhalses. Nachdem ich dort fünf Sekunden lang die Spannung gehalten hatte, kehrte der Fahrstuhl wieder über die verschiedenen »Stationen« zu seinem Ausgangspunkt zurück.

Während ich die Anweisungen noch einmal las, spürte ich, dass ich rot wurde. Schlagartig wurde mir bewusst, wie schamlos sinnlich diese »Innere Kraft«-Übungen letztlich waren, als ich so in meinem Nachthemd auf dem Bett lag, die Hüften vorgestreckt und die Beine gespreizt. Ich tat nichts anderes, als meine Pussy für Sex zu trainieren. Doch ich war ein braves Mädchen, und brave Mädchen beschäftigten sich normalerweise nicht mit Liebestechniken, mit denen sie die Schwänze ihrer Freunde wie mit einem Staubsauger melken konnten. Schon gar nicht als »Willkommen daheim!«-Überraschung.

Nun ja, brave Mädchen sind auch nicht gerade dafür bekannt, überhaupt besonders viel Spaß zu haben.

Ich schürzte die Lippen und konzentrierte mich darauf, meine Öffnung anzuspannen. So weit, so gut: Der Fahrstuhl war bereit, in den ersten Stock zu steigen. Ich zog die Muskeln ein Stück höher an. Zu meiner Überraschung spürte ich tatsächlich, wie sich ein Band von Muskeln in mir bewegte. Der letzte Stopp war schwerer wahrzunehmen und nicht mehr als ein schwaches Zucken, schon fast auf Bauchnabelhöhe. Doch ich war so erleichtert, dass ich überhaupt etwas fühlte, dass mein »Fahrstuhl« mit einem schnellen Ausatmen zurück ins Erdgeschoss hinabbrauste. Dennoch zog ich ihn insgesamt zehn Mal mutig hoch und wieder runter.

Als ich damit fertig war, brummte es nicht nur zwischen meinen Beinen, sondern mein Höschen war auch beeindruckend nass geworden. Selbst meine Brüste fühlten sich geschwollen an und sehnten sich danach, berührt zu werden. Nun verstand ich, warum der Autor einen privaten Platz zum Üben vorgeschlagen hatte. Die Übungen brachten einen definitiv in Stimmung, und es würde sehr viel schwieriger sein, die Dinge in einem Auto oder einem Konferenzraum zu einem befriedigenden Ende zu bringen, als im heimischen Schlafzimmer.

Hier im Bett hatte ich die Freiheit, aus meinem Slip zu schlüpfen und den Mittelfinger in meiner Spalte zu versenken, und das Ganze ohne einen Spruch wie: »Was dagegen, wenn ich während Ihrer Präsentation masturbiere, Chef?«

Meine Klit fühlte sich an diesem Abend außergewöhnlich hart an, eine feste Perle, unter der feuchten, samtigen Vulva. Zu meiner Überraschung zogen sich meine Muschimuskeln schon wieder zusammen, diesmal unwillkürlich, und schickten Schauer der Lust meine Wirbelsäule hinauf.

Was würde passieren, wenn ich meine Übungen machte,

während ich mit mir selbst spielte? Ich bewegte meine Finger schneller und mit mehr Druck. Das Gefühl war definitiv intensiver. Ich ließ meine Muskeln pumpen, während ich an Adam und seinen appetitlichen Schwanz dachte. Meine Pussy fühlte sich an wie ein hungriger Mund, der nach einem harten Schaft hungerte, aber nichts als Luft bekam.

Form ist Leere, Leere ist Form.

Adams tiefe Stimme klang in meinen Ohren, als würde er neben mir auf dem Futon liegen. Plötzlich konnte ich ihn vor meinem inneren Auge sehen, wie er mit untergeschlagenen Beinen dasaß und den Pinsel hielt, mit dem er das Ensō zeichnete, den Kreis, der beides ist: nichts und alles.

Öffne deine Beine, Maddy.

Seine Stimme klang freundlich, jedoch ohne Widerspruch zu dulden.

Ich ließ meine Schenkel für ihn auseinanderfallen.

Press deine Lippen nach außen, damit ich deine Öffnung sehen kann.

Mit einem Seufzer drückte ich meine Spalten für ihn nach außen.

Ohne ein Wort schob er das Ende des Pinsels in mich hinein. Ich schnappte nach Luft. Hatte er etwa vor, ihn ganz in mir zu versenken und mich mit ihm zu ficken? Ich war geil genug, um an der Vorstellung Gefallen zu finden. Doch stattdessen bewegte er den Pinsel einige Male schnell vor und zurück, so wie er es tat, wenn er ihn in die Tinte tunkte und wieder herauszog.

Ich keuchte vor Enttäuschung.

Jetzt öffne dich so weit, wie du kannst, Maddy.

Sein Tonfall war so beruhigend, dass ich drückte, um meine »Fahrstuhltüren« gehorsam zu öffnen. Mit einem zufriedenen

Murmeln setzte Adam den Pinsel nun direkt neben meiner Klit an und begann dann, mit einer geschmeidigen Bewegung meine inneren Lippen entlangzufahren.

Genau wie er es tat, wenn er den Kreis der Leere zeichnete.

Leere. Tatsächlich hatte ich an meine Vagina immer als ein leeres Loch gedacht, einen Raum, den es zu füllen galt. Doch das Gefühl seines glatten, feuchten Pinsels schien nun eine schlafende Kraft in meinem Fleisch zu wecken. Ich konnte fühlen, wie die zarte Haut unter der Berührung anschwoll. Dann hielt Adam inne – ich konnte es kaum ertragen –, unmittelbar bevor er meine pochende Klit erreichte.

Ich schrie auf vor Enttäuschung, aber im nächsten Moment kam ich dennoch, während sich mein Köper auf dem Bett wie bei einem Erdbeben schüttelte. Bei all dem Aufbäumen und Aufheulen wunderte es mich, dass die Nachbarn nicht die Polizei riefen.

Später dann strich ich die zerknitterten Seiten des Zeitschriftenartikels glatt und legte sie vorsichtig auf meinen Nachttisch, um sie später wieder zur Hand zu haben.

Die sechs Wochen allein mit mir würden am Ende vielleicht doch nicht so schlecht werden.

Ich hätte es nicht unbedingt eine Sucht genannt. Vielleicht konnte man einfach sagen, dass die Sexercise-Übungen zu einer Work-out-Routine wurden, die ich ohne Probleme in meinen geschäftigen Alltag integrierte. Wie vorgeschlagen machte ich die vorgegebenen Übungen auf dem Weg zur Arbeit und quetschte noch ein paar von ihnen in langweilige Meetings. Doch mit der Fahrstuhlübung wartete ich immer, bis ich wieder zu Hause war.

Nach einigen Wochen hatte sich eine äußerst lustbringende Routine etabliert. Zuerst zog ich mich nackt aus und kniete mich in die Mitte des Futons. Nachdem ich mich mit einer Reihe von Übungen aufgewärmt hatte, schloss ich die Augen und holte tief Luft.

Plötzlich war ich nicht länger allein in meinem Schlafzimmer.

Stattdessen befinde ich mich dann in einem Tanzstudio mit verspiegelten Wänden zusammen mit einem Dutzend Schülerinnen, die im Kreis um mich herum knien, alle wild darauf, in ihrem Inneren genauso stark zu werden wie ich. Auch sie sind nackt, und ich nehme mir einen Moment Zeit, um ihre Schönheit zu bewundern. Einige von ihnen haben beneidenswert kurvige Körper – üppige Hüften und volle Brüste, die förmlich danach betteln, von meinen Händen gewogen zu werden. Andere sind jungenhaft, mit festem Po und kecken, kleinen Brüsten. Doch auch die unterschiedlichen Vorlieben bei der Intimbehaarung erregen meine Aufmerksamkeit. Einige sind komplett glatt, während andere ihr Schamhaar in eine Herzform gebracht haben. Eine Mutter Erde hat einen üppigen Lockenbusch, und ich spüre das Verlangen, mit meinen Fingern durch ihn hindurchzufahren. Ich weiß, dass es unangebracht ist zu starren, doch bei den Nippeln kann ich einfach nicht anders, wie sie so vor mir aufgereiht sind wie auf einem Büfett. Ich stelle mir vor, wie ich an der zierlichen Himbeerknospe einer Schülerin sauge, dann mit der Zunge über die großen mokkafarbenen Vorhöfe ihrer Nachbarin fahre.

Während mir das Wasser im Munde zusammenläuft und ich diskret schlucke, führe ich die Klasse souverän durch die Aufwärmübungen: langsames Anspannen, Schmetterlingsflügel, dann der Fahrstuhl.

Anspannen und halten, Ladys, anspannen und halten.

Schließlich glänzen unsere Körper vor Schweiß, und unsere Augen strahlen. Mit einem Lächeln kündige ich eine besondere Belohnung für die harte Arbeit an – einen Gasttrainer, der ihnen dabei helfen wird, ein neues Level innerer Stärke zu erreichen.

Adam tritt hinter einem Vorhang in der Ecke hervor und wirbelt mit seinen magischen Pinseln herum. Er nimmt seinen Platz vor der ersten Schülerin ein, eine schmale Frau, deren blasse Haut sich rötet, wenn sie erregt ist. Nun ist ihre Brust mit verräterisch pinkfarbenen Flecken bedeckt.

Mit sanfter Stimme fordere ich sie auf, sich zurückzulehnen und die Beine vor ihrem neuen Lehrer zu spreizen.

Die Brauen zusammengezogen vor Konzentration beugt sich Adam vor und schiebt seinen Pinsel vorsichtig in ihre Vagina. Als er mit der Spitze ihre inneren Lippen berührt, stöhnt sie leise.

»Lasst uns gemeinsam mit ihr atmen und eins werden mit ihrer Empfindung«, fordere ich die anderen Schülerinnen auf, die mit offenen Mündern starren, gefesselt von der intimen Performance vor ihren Augen.

Und so atmen wir alle gemeinsam, während sich unsere Pussys solidarisch mit der der blassen Frau zusammenziehen, als Adam den zeitlosen Kreis auf ihrem Fleisch nachfährt. Doch wieder hält er inne, bevor er die Klitoris erreicht hat.

Sie reißt die Augen auf vor Enttäuschung, doch noch bevor sie protestieren kann, kommt sie mit einem gezierten »Oh, oh, oh« zum Höhepunkt.

Die nächste Schülerin in der Reihe legt sich ohne zu zögern zurück. Diese lebensfrohe Frau brüllt, als sie kommt. Einige der Schülerinnen berühren sich nun selbst, während sie ihr dabei zusehen. Und so arbeitet Adam sich durch den Kreis, streichelt jede Frau mit dem Pinselstrich eines Künstlers zur Ekstase.

Mich hebt er sich selbstverständlich für den Schluss auf.

Alle Augen ruhen auf mir, als ich mich zurücklege und die richtige Position einnehme. Erst als er sich zwischen meine Beine kniet, wird mir bewusst, dass er dieses Mal einen ganz speziellen Pinsel verwendet: heiß und groß und aus lebendigem Fleisch.

Auch mit diesem größeren Instrument malt Adam seine Kreise mit Erfahrung und Sensibilität. Der Raum füllt sich mit sanftem Stöhnen – meinem eigenen – und den schmatzenden, klickenden Geräusche der Frauen, die um mich herum masturbieren.

Wird Adam nun endlich den Kreis mit einer letzten perfekten Berührung beenden? Er zeichnet bis quälend nah an meine Klitoris, zieht sich dann doch wieder im letzten Moment von dort zurück und taucht stattdessen tiefer in meine Öffnung ein. Dieses Mal bin ich nicht passiv. Meine intimsten Muskeln umklammern ihn mit aller Kraft. Aus seiner Kehle dringt ein fremdartig lustvolles Grummeln, mit dem er sich mir ergibt.

Eine Frau zu meiner Linken gibt ebenfalls einen Laut von sich, den ich nur zu gut kenne: der schluchzende Schrei einer Frau, die kommt. Sobald ihre Lust abebbt, nimmt die nächste Schülerin das Lied auf. *Ich komme, oh mein Gott …* Ihre Sitznachbarin fällt mit ein, grunzt wie ein Tier. Mir wird bewusst, dass wir alle miteinander verbunden sind, und so gehen die Zuckungen einer Frau beim Höhepunkt geschmeidig in das Pulsieren der Nächsten über. Als der Orgasmus schließlich mich erreicht, die sich im Zentrum von allem befindet, vibriert die tiefe Muskelanspannung in mir wie der satte Akkord einer Orgel.

Nach meinen Übungen bin ich so erschöpft und köstlich wund, dass es mir schwerfällt zu glauben, dass all das nur eine Fantasie war.

Lächelnd greife ich nach dem Kalender und male einen kleinen Kreis, mit dem ich einen weiteren Tag abstreiche bis zu dem Datum, an dem mein Liebster und ich endlich wieder vereint sein werden.

Als mich Adam schließlich aus einem Hotel in Kyoto anrief, kam ich schon fast beim Klang seiner Stimme. Doch ich schaffte es, mir nichts anmerken zu lassen, während ich das unvermeidliche »Ich vermisse dich so sehr« und »Kann es nicht erwarten, dich zu sehen« über mich ergehen ließ.

»Ich habe dich auch vermisst, aber ich habe mich in der Zwischenzeit überraschend gut beschäftigt, besonders am Abend«, sagte ich schließlich.

»Oh, und wie?«, fragte er, nur ein Hauch von Eifersucht in der Stimme.

»Ich habe die Bedeutung von Ensō erforscht.«

»Wirklich? Du hast es mit Kalligrafie probiert?« Er klang zufrieden. »Ich freue mich schon darauf, mir deine Arbeit anzusehen, wenn ich zurückkomme.«

Ich musste mich zusammenreißen, um nicht zu kichern. Erst als wir aufgelegt hatten, kam mir der Gedanke, dass ihn meine sinnliche Interpretation seiner spirituellen Praxis kränken könnte. Allerdings hat Adam Humor, und er liebt Sex, keine Frage. Also weitete ich mein Training noch aus, um sicherzustellen, dass ich für unser Wiedersehen tipptopp in Form war.

Dreiundvierzig Stunden später schritt Adam durch die Sicherheitskontrolle, schlank, sexy und strahlend, und zog mich in seine starken Arme, um mich fest an sich zu drücken. Zum Glück ist unser Apartment nur zwanzig Minuten vom Flughafen entfernt, sonst hätten wir womöglich an einem Motel auf dem Weg anhalten müssen.

Als wir zu Hause eintrafen, griff Adam nach meiner Hand und zog mich sofort in Richtung Schlafzimmer. Ich machte mich von ihm frei und schlenderte stattdessen ins Wohnzimmer.

»Zuerst will ich dir meine kalligrafische Zeichnung zeigen«, sagte ich und warf ihm einen spitzbübischen Blick von der Seite zu. Mit einer Handbewegung forderte ich ihn auf, auf dem Sofa Platz zu nehmen.

»Ja, sicher. Tolle Idee«, sagte er, wobei ihm die Enttäuschung anzuhören war. Doch als er sich gerade hinsetzen wollte, griff ich nach seiner Gürtelschnalle und hielt ihn fest.

»Zieh zuerst deine Hose und die Unterwäsche aus«, sagte ich fordernd.

Er zog die Augenbrauen hoch, gehorchte jedoch. Er war bereits hart, natürlich, und beim Blick auf seinen wahren »kalligrafischen Pinsel« zog sich meine Pussy so fest zusammen, dass ich überrascht nach Luft schnappte. Ich bemühte mich, ruhig zu atmen, als ich mich zwischen seine Beine kniete und seinen Schwanz in den Mund nahm.

»Oh Gott«, stöhnte er und bäumte sich auf.

Wenn er schon mit einer so simplen Zärtlichkeit zu beeindrucken war, würde ihm mein nächster Trick das Gehirn aus dem Schädel blasen. Ich entschloss mich, die Vorstellung mit einem Ausblick auf kommende Attraktionen zu beginnen. Also schürzte ich die Lippen und begann seinen Schaft mit denselben rhythmischen, festen Bewegungen zu verwöhnen, wie ich es bei meinen Muschi-Übungen tat. Tatsächlich machte ich es nun ganz genauso – festhalten, loslassen, festhalten, loslassen.

Ich hatte Adam noch nie solche Geräusche machen hören: Es war eine Mischung aus Überraschung, Freude und Leiden.

»Bitte, Maddy, hör auf«, bettelte er. »Sonst komme ich. Aber ich will noch nicht kommen.«

»Gefällt dir das?«

»Oh ja. Keine Ahnung, was das mit Kalligrafie zu tun hat, aber das ist schon okay.« Er atmete schwer.

»Vielleicht hat es etwas mit dem Unterbewusstsein zu tun«, sagte ich, richtete mich auf und knöpfte langsam meine Bluse auf. Ich ließ mir Zeit dabei, mich für ihn auszuziehen, bedeckte meine Brüste zuerst noch mit meinen Händen und spielte dann mit meinen Nippeln, wie ich es jede Nacht tat, wenn ich masturbierte. Als er seinen Blick über meinen nackten Körper schweifen ließ, war dieser Blick so heiß, dass ich schon befürchtete, er würde Brandblasen auf meiner Haut hinterlassen.

Nachdem ich meine Hüften lockend gewiegt hatte, setzte ich mich auf Adam und nahm ihn sofort in mir auf, wobei meine Muschimuskeln ganz locker und entspannt waren. Das war eine echte Herausforderung, denn sein Schwanz war so hart und lang und prall, dass ich hätte schwören könne, dass er mich in der Kehle kitzelte.

»Willst du jetzt mein *Ensō* sehen?«

Adam schenkte mir ein heiseres Lachen. »Äh, nimm's nicht persönlich, aber kann das nicht bis später warten?«

»Es braucht nicht zu warten. Du musst nämlich wissen,

dass ich eine Menge über den magischen Kreis gelernt habe, während du fort warst. Ich weiß jetzt, dass er für so viele Dinge gleichzeitig steht. Nicht nur für Leere, sondern auch für Stärke, Eleganz, das Universum, *Erleuchtung*.«

Ich ließ ihn meine beste Fahrstuhlfahrt spüren, eins, zwei, drei, *halten*.

Ihm fielen fast die Augen aus dem Kopf.

Ich drückte erneut.

Er ließ den Kopf in den Nacken fallen und brachte nur ein leises, hilfloses *»Fuuuck«* heraus.

Ich begann mich zu bewegen, rieb meine Klit an seinem rauen Haar, wenn ich mich nach unten sinken ließ, und massierte seinen prallen Schaft mit meinen Muskeln, wenn ich wieder nach oben ging.

Adam war nun nicht mehr in der Lage, noch irgendetwas zu sagen. Sein wimmernder Protest ließ mich wissen, dass er kurz davor stand zu kommen. Doch auch ich war nahe dran. Der Widerstand, für den seine harte Rute in meinem Inneren sorgte, erschwerte die Bewegungen – und steigerte zur Belohnung mein Vergnügen. Ich begann nun mit den Schmetterlingsbewegungen, ein Vorgeschmack auf den Höhepunkt selbst.

Adam stöhnte, als hätte jemand ihm die Luft aus dem Leib geboxt, und seine Hüftknochen stießen gegen mich. Früher wäre es viel zu früh für mich gewesen, doch nun schloss ich die Augen und drückte seinen Pinsel ein letztes Mal – der letzte Strich. Mein Orgasmus explodierte tief in meinem Bauch, und ich spürte die unerträglich süßen und zugleich heftigen Zuckungen, als Adam und ich es gemeinsam zu Ende brachten.

»Gefällt dir das?«, fragte ich noch einmal, als wir danach innehielten, Stirn an Stirn.

»Sehr. Ich würde dich ja nach Einzelheiten fragen, aber irgendwie habe ich das Gefühl, dass eine weitere Demonstration deiner Kunst erhellender wäre.«

Als er mich eng an sich zog, um mich zu küssen, musste ich mich an den Augenblick im Claremont Spa erinnern, als ich diese Reise begonnen hatte, ohne mir sicher zu sein, wo sie enden würde. Doch nun wusste ich es.

Wenn der Kreis vollendet ist, beginnst du von Neuem.

Mond-Tantra

Teresa Noelle Roberts

Der Vollmond funkelt auf dem Wasser und wirft seinen silbernen Schein auf den nassen Sand. Normalerweise ist es ruhig am nächtlichen Strand, doch in dieser Nacht tummeln sich die Menschen dort und warten darauf, die totale Mondfinsternis beobachten zu können.

Es könnte eine Zeit stiller Erwartung sein, in der nicht ein Laut zu hören ist, außer dem sanften Schlagen der Wellen. Stattdessen herrscht Partystimmung. Kinder kreischen und flitzen in Wassernähe den Strand entlang. Leute bereiten alles für ihre Mitternachtspicknicks vor. Eine Gruppe von ihnen hat eine Luxusvariante ausgepackt mit Brie, Sushi, Champagner und frischen Himbeeren. »Manche Menschen verstehen es wirklich zu leben«, wispere ich.

Du drückst meine Hand. »Wir auch.« Wir haben unser eigenes Picknick dabei in der kleinen Kühltasche, die du trägst: Hummersandwiches und eine Flasche Sauvignon Blanc. Doch ich vermute, du meinst damit den wilden Spaß, den wir an diesem Nachmittag im Whirlpool unseres Hotelzimmers hatten.

Du stellst die Kühltasche ab und ziehst mich an dich. Nach unserem Abenteuer im heißen Wasser dachte ich eigentlich, ich hätte genug, doch ich habe mich geirrt. Ein diffuses Verlangen breitet sich in meinem Körper aus, das zu den verstohlenen Zärtlichkeiten und dem Mondlicht passt.

Wir blenden den nächtlichen Lärm der anderen aus und konzentrieren uns ganz auf uns und die Musik der Wellen. Dann schießt ein Kind an uns vorbei und streift mich dabei leicht; der Moment ist vergangen.

Wir spazieren etwa mehr als einen Kilometer weit, bevor wir einen Bereich erreichen, der noch nicht von Familien in Beschlag genommen wurde. Unterwegs sind wir immer wieder stehen geblieben, um uns zu küssen und zu berühren. Deine Hände haben die Gelegenheit genutzt, mir im schimmernden Mondlicht über die Nippel zu streichen, meine wandern im Schatten hinunter zu deinem Schwanz. Ich weiß nur zu genau, warum es dich an einen stillen Ort, fernab des Geschehens, zieht. Als du mich dazu drängst, mir das Höschen auszuziehen, beiße ich mir auf die Lippen und in meinem Schoß zuckt es vor Vorfreude.

Während ich mit meinem Slip unter dem langen Rock kämpfe, protestiere ich halbherzig. »Hey, ich will die Mondfinsternis wirklich sehen.«

»Keine Sorge. Das wirst du. In voller Pracht.«

Ich weiß, dass ich mich nicht widersetzen werde. Mein Höschen, das ich nun endlich ausgezogen habe, ist bereits feucht.

Wir sitzen auf unserer Decke, mit dem Rücken an die Kühltasche gelehnt. Dann nimmst du mich auf deinen Schoß, wir sehen beide nach vorn, und verdeckt unter meinem Rock ziehst du deine Shorts aus. Eine schnelle Bewegung meiner Hüften, eine Hand, die den Stoff zur Seite schiebt, und ich sinke auf deinen Schwanz und genieße das Gefühl, so plötzlich ganz ausgefüllt zu sein.

Auch wenn wir einander hart reiten würden, gäbe unsere Position nicht alles preis. Der Schatten der Erde hebt zu seinem gemächlichen Tanz mit dem Mond an. Heute Abend werden wir es genauso langsam angehen lassen wie die beiden.

Mein Becken zuckt, ich zeichne kleine Kreise über dir. Du seufzt in mein Ohr und packst mich fester. Zuerst will ich mich auf dir hoch und runter bewegen, bis wir beide vor Lust miteinander verschmelzen. Doch dann gebe ich mich ganz dem langsamen Rhythmus meiner kreisenden Bewegungen hin.

Vergnügen ohne Höhepunkt – es fühlt sich weit wie der Ozean an, nicht wie die brechenden Wellen der Brandung, sondern wie die Wogen, die wir in der Ferne sehen, wenn wir unseren Blick vom Mond lösen. Ich könnte so in Trance geraten und mich ganz der Magie hingeben, die es uns möglich macht, auf dem Pfad des Mondlichts über das Wasser zu schreiten und ein neues Königreich zu erreichen.

Das Wasser wird dunkler, sieht nicht mehr silbern, sondern zinnfarben aus, als der Schatten größer wird. Nun ist etwa ein Viertel des Mondes verdeckt. Ich drehe mich um, um dich zu küssen. Trotz der seltsam verdrehten Stellung geben wir uns diesem Kuss ganz hin. »Was glaubst du, wie lange wir so bleiben können?«, frage ich ihn, als wir innehalten, um Luft zu holen.

»Lass es uns herausfinden.« Du sprichst durch die Zähne. »Ich will durchhalten, bis der Mond rot geworden ist.«

Vage erinnere ich mich daran, dass sich der Mond erst etwa eine Stunde, nachdem sich die ersten Schatten auf seinem Gesicht zeigen, rot färben wird. Ich weiß nicht mehr, seit wann wir uns in dieser Position befinden, aber ich weiß, dass wir sie noch eine ganze Weile beibehalten müssen.

Der Strand ist nun nicht mehr so hell erleuchtet wie zuvor. In diesem Schutz gleiten deine Hände unter mein Shirt und legen sich auf meine Brüste. Ohne meine Nippel zu berühren, streichelst du die warmen Täler unter meinen Brüsten, doch das reicht, um mich zu erregen, ohne zu weit zu gehen.

Dann fährst du mit den Fingern zwischen meinen Brüsten hindurch. Flammen züngeln in meiner Pussy. Meine inneren Muskeln ziehen sich zusammen, mein Becken tanzt hoch und runter. »Du denkst an meinen Schwanz, wie er sich zwischen deinen Brüsten bewegt, oder nicht?«, flüsterst du und hebst die Hüften, um dich tiefer in mich zu treiben. »Tu's nicht. Jetzt noch nicht.« Jedes deiner letzten Worte begleitest du mit einem Stoß. In mir pulsiert es, und ich bin kurz davor zu kommen.

Ein dunstiger Schleier legt sich über den Mond. Unter diesem Schleier verfärbt er sich langsam.

Ich stehe kurz vor dem Wahnsinn, als ich auf den Anflug eines rosigen Schimmers zeige. »Bitte«, bettele ich. »Bitte.«

»Jetzt noch nicht.«

»Ich verstehe nicht, wie du so ruhig bleiben kannst«, bringe ich mühsam hervor.

»Das weiß ich auch nicht.«

Wieder schweigen wir und beobachten beinahe reglos, wie sich das Antlitz des Mondes zu verändern beginnt. Die Schatten bewegen sich nun schneller. Bald ist alles bis auf eine schmale Scheibe im oberen Quadranten verdunkelt. Ich habe das Gefühl, irgendetwas Poetisches sagen zu müssen, doch gleichzeitig bewegst du dich in mir. Meine Gedanken verflüchtigen sich, als ich zu zittern beginne.

Es ist nicht wirklich ein Orgasmus und doch echte Ekstase.

Als Erstes beben meine Bauchmuskeln, und kleine, schnelle Kontraktionen breiten sich in meinem Leib aus. Ich spüre, wie meine Brüste gegen deine Hände wippen. Dann beginnen meine Beine zu zittern.

Das Flattern in meinem Bauch wandert tiefer bis in meine Möse. Erlösung und auch wieder nicht. Meine Lust trägt mich zu einer höheren Ebene des Verlangens, obgleich sich ein Teil meiner Anspannung löst.

»Wow«, keuchst du. »Was war das?«

»Ich bin mir nicht sicher«, bringe ich hervor, als ich wieder sprechen kann, »aber es hat mir gefallen.« Ich schmiege mich an seinen Körper und beobachte, wie der Mond weiter verschwindet.

»Das hat sich angefühlt, als hättest du dich in einen Vibrator verwandelt.«

»War für mich genauso. Sieh nur, der Mond ist verschwunden.«

»Er wird wiederkommen.«

Und tatsächlich taucht er langsam wieder unter dem Schatten auf. Es ist nicht so, als würde er die Schatten beiseiteschieben, vielmehr wirkt es, als würde er durch sie hindurchleuchten. »Bald schon«, sagst du, »in fünfzehn, zwanzig Minuten.«

Können wir so lange durchhalten? Ich drehe mich wieder ein wenig um und küsse dich leidenschaftlich. Während wir vom anderen trinken, graben sich deine Fingernägel in meine Haut, als ob dieses bisschen Halt dir helfen würde, nicht die Kontrolle zu verlieren.

Als wir uns voneinander lösen und nach Luft schnappen, ist der Mond bereits zu einem Viertel freigelegt und rot wie die Sünde.

»Beweg dich«, sagst du, und die Anspannung in deiner Stimme erinnert mich daran, dass es dir noch schwerer fallen muss, dich zu beherrschen, als es bei mir der Fall ist. Ich hebe den Po leicht an und lasse mich dann auf deinen Schwanz sinken.

Ich habe das Bedürfnis, mich nach vorn zu beugen, sodass ich auf Händen und Knien bin, während ich mich zu dir nach hinten dränge. Ich will dem Impuls schon folgen, als mir bewusst wird, dass wir uns immer noch in der Öffentlichkeit befinden. Obwohl die Menschen um uns herum bestimmt mehr am Mond als an ihren Nachbarn interessiert sind, habe ich bis zu einem gewissen Grad die Form zu wahren.

Dem Himmel sei Dank für üppige Röcke und kräftige Schenkel. Ich spanne meinen Muskeln an und lasse wieder los, während ich mich bewege. Ich zeichne nun größere Kreise, sodass meine Klit gegen deine Eier drückt. Du greifst nach meinen Hüften und führst mich. Unter dem Schutz meines Rocks, treibst du dich in mich.

Ich will kleine verrückte Tierlaute machen, mich an dir festklammern, in den Sand schlagen. Ich will unsere Position verändern, sodass du über mir bist und mit aller Kraft in meine Möse stoßen kannst. Oder so, dass ich dich ansehen kann, während ich dich in den Wahnsinn reite. Aber das alles wäre zu offensichtlich. Ich kann nicht mehr tun, als mich fest an dir zu reiben.

Es fühlt sich an, als würde ich schon seit einer Ewigkeit auf deinem Schwanz reiten, als hätte ich mein ganzes Leben kurz vor dem Höhepunkt verbracht, an einem Ort, wo alles von geschmolzenem Rot ist und an dem es nichts als deinen und meinen Körper gibt, den Mond und ein leichtes Rauschen, das von den Wellen oder von dem Blut in meinen Ohren stammt.

Ich glaube, es würde mir nichts ausmachen, den Rest meines Lebens auf diese Weise zu verbringen.

Der blutrote Mond befreit sich von den meisten Schatten.

Während sich die Aufmerksamkeit aller auf den Himmel richtet, lässt du deine Hand zwischen meine Beine fallen und streichelst zärtlich meine Klit durch meinen Rock hindurch. »Jetzt!«

Egal, was ich gerade noch gedacht habe. Ich muss dringend kommen.

Die direkte Berührung fährt wie ein Schwert durch mich hindurch, und ich krümme meinen zuckenden Körper. Wenn ich könnte, würde ich laut aufheulen. Stattdessen geht all die Energie, die ich aufs Schreien und Stöhnen verwenden würde, in die Kontraktionen, mit denen ich nun deinen Schwanz melke, bis du mir in die Schulter beißt, um einen Schrei zu unterdrücken.

Als ich wieder bei Sinnen bin, merke ich, dass mein Gesicht feucht ist. Ich kann mich nicht daran erinnern, geschluchzt zu haben. Wir verändern unsere Stellung, sodass ich nun unschuldig zwischen deinen Beinen sitze. Du hast deine Arme und Beine um mich gelegt und hältst mich nun noch fester, als du es getan hast, während du in mir warst. Wir betrachten den Himmel für eine weitere Stunde, während der rote Mond und seine dunkle Liebhaberin ihren langen Tanz beenden.

Der Strand ist beinahe leer, als der Mond schließlich fast wieder normal aussieht. Im Osten hellt sich der Himmel bereits ganz leicht auf und kündigt den nächsten Sommertag an. »Zeit, ins Hotel zurückzukehren?«

Gähnend schmiege ich mich an dich. »Lass uns auf den Sonnenaufgang warten. Ich habe noch nie gesehen, wie sich die Sonne hinter dem Ozean erhebt.«

Dein Lächeln ist müde und dennoch lüstern. »Ich denke, bis dahin fällt uns etwas ein, um sie auf angemessene Weise zu begrüßen.«

Wir umarmen uns zärtlich, um noch ein wenig zu dösen, bevor es Zeit ist für das nächste Naturschauspiel.

Füße auf dem Armaturenbrett

Rachel Green

Jane warf noch einen Blick auf die Karte, als sie an der Ampel wartete, und schaute dann auf die Beschreibung, die sie sich in großer Schrift ausgedruckt hatte, damit sie sie beim Fahren besser lesen konnte. Es war ein Risiko, sich mit jemandem zu treffen, den sie bislang nur aus dem Chatroom kannte, aber sie war dieses Risiko bereits ein dutzend Mal zuvor eingegangen.

Die Ampel sprang auf Grün, und sie fuhr weiter, wobei sie rechts und links des Weges nach Hinweispunkten Ausschau hielt, die in der Beschreibung erwähnt wurden. Ah! Da war ja die Schule. Zufrieden nickte sie und sah nach links auf der Suche nach einer Baustelle. Dort! Sie fuhr an den Straßenrand, unter ein Schild, auf dem Büroflächen zur Vermietung angeboten wurden, und stellte den Motor ab. Dabei seufzte sie tief auf und streckte ihre Muskeln, die nach der zweistündigen Fahrt mitten in der Nacht schmerzten.

Während das Radio leise spielte, sah sie sich um. Die Straße neben ihr war ruhig. Auf der einen Seite befand sich eine Mauer der Privatschule, an der sie gerade vorbeigekommen war, zu ihrer Linken die Baustelle. Hier gab es nur wenige Häuser, die meisten von ihnen dunkel, doch in ein, zwei Fenstern war immer noch Licht hinter den Vorhängen zu sehen.

Hinter einem von ihnen muss Elizabeth sein, dachte sie, wobei sie keine Ahnung hatte, hinter welchem.

Es war nicht besonders klug, sich auf den Weg zu jemandem zu machen, mit dem sie sich bisher nur online ausgetauscht hatte. Sie hatte keine Ahnung von der wahren Identität der Frau hinter den getippten Worten.

Wenn jemand anderes getan hätte, was sie nun tat, hätte sie ihm vermutlich einen Vortrag über Vorsichtsmaßnahmen gehalten, aber sie war schon immer schlecht darin gewesen, sich an ihre eigenen Ratschläge zu halten, und hatte es nur selten getan. Die einzige handfeste Information, die sie besaß, war die Handynummer, die sie für das Stelldichein erhalten hatte, und solche Nummern waren kurzlebig und ebenso flüchtig wie der Wind.

Ein Klopfen an der Scheibe neben dem Beifahrersitz riss sie aus ihren Gedanken. Sie lehnte sich hinüber, um die Tür zu öffnen, wobei ihr Herz plötzlich doppelt so schnell schlug wie sonst. Die Frau, die sich neben sie setzte, war die gleiche wie die auf dem Foto, das Jane erhalten hatte, und so entspannte sie sich und lächelte.

»Elizabeth, nehme ich an?«

Die Frau nickte. »Das ist mein echter Name, wenn auch nicht der, unter dem ich normalerweise bekannt bin. Und du bist, wie ich hoffe, Jane?« Sie lächelte, während sie sprach, und Jane betrachtete fasziniert das tiefe Magentarot ihrer Lippen.

Wenn die Augen die Fenster zur Seele sind und die Lippen das Tor zum Körper, dann hat diese Frau einen Körper, den es sich lohnt, im Detail zu erforschen, dachte sie. Sie nickte und lächelte. »Das ist auch mein richtiger Name, wobei ich zugeben muss, dass er nicht mit dem übereinstimmt, der gerade in meinem Führerschein steht«, sagte sie dann und startete den Motor. »Irgendwelche Vorstellungen, wohin die Reise gehen soll?«

Elizabeth nickte in Richtung Straße, die vor ihnen lag. »Fahr ungefähr einen Kilometer weiter und bieg bei dem Hotel mit der Abbiegespur rechts ab.«

Verlegen schweigend fuhren sie eine Weile, dann begannen sie mit ein wenig Smalltalk, wobei ihnen ihre Nervosität anzumerken war.

Der Weg führte sie über eine schmale Straße, die zum Gelände eines Herrenhauses gehörte, das inzwischen öffentliches Eigentum war, bis sie auf dem kiesbedeckten Parkplatz stehen blieben. Dort standen bereits mehrere Autos, und in jedem befand sich ein Pärchen hinter beschlagenen Scheiben. Jane stellte den Motor ab und grinste.

Elizabeth stürzte sich auf sie, hungrig nach Küssen, und Jane schmeckte das süße Aroma von Whiskey in ihrem Atem, als sie sich unbeholfen in ihrem Sitz drehte, um die Leidenschaft zu erwidern. Die Küsse waren heiß, und Jane konnte fühlen, wie ihr Höschen feucht wurde, als ihr Verlangen wuchs und sofort ihre Säfte fließen ließ. Sie legte ihre Hände um Elizabeths Nacken und zog sie näher zu sich. Ihre Lippen waren fest aufeinandergepresst, als ihre Zungen ihre Münder erforschten. Jane schien in heißer Lust zu schwimmen, als ihr Elizabeths schweres Parfum in die Nase stieg. Ohne Rücksicht auf ihre zarten Lippen fuhren Zähne darüber, dann hielten sie beide für einen Moment inne, um einander anzuschauen, bevor sie wieder übereinander herfielen, als wäre die Eine eine Droge, von der die Andere auf der Stelle abhängig geworden war und umgekehrt. Elizabeth fingerte am Hosenbund von Janes Jeans herum, um dann die Hände auf Janes Brüste zu legen. Jane schnappte nach Luft und spürte, wie sie noch feuchter wurde. Sie senkte den Kopf, um Elizabeths nackten Hals und ihre Schultern mit Küssen zu bedecken. Dann zog sie ihr das Kleid über einer Schulter nach unten, um ihre Brust ganz freizulegen. Sie nahm die Spitze in den Mund, um daran zu saugen. Damit sie sich aufrichtete, hielt sie sie dann vorsichtig zwischen den Zähnen und ließ ihre Zunge darüberschnellen. Elizabeth erbebte vor Lust.

Im Inneren des Wagens begann die Luft zu dampfen, und ihre eigene Wärme umhüllte die beiden Frauen, die einander zum ersten Mal erforschten. Jane legte die Hand auf Elizabeths Beine und glitt von dort unter den kurzen, schwarzen Rock. Zu ihrer großen Freude stellte sie fest, dass ihre neue Liebhaberin kein Höschen trug, und sie spürte die Hitze und Feuchte ihrer Möse, die verzweifelt darauf wartete, gefickt zu werden. Sie ließ einen Finger in Elizabeth gleiten, und diese stöhnte auf. »Fick mich.« Elizabeths Atem ging schwer. »Fick mich – jetzt.«

Jane brauchte keine weitere Aufforderung und schob den Rock mit ihrer linken Hand weiter nach oben, während sie den Kopf tiefer senkte, um all die Köstlichkeiten zu schmecken, die Elizabeth zu bieten hatte. Sie fuhr mit der Zunge über Elizabeths intime Lippen, die so warm und voll und süßer als Honig waren. Sie sog gierig an ihnen und erforschte ihre Spalte weiter, indem sie mit der Zunge in sie drang und über die geschwollene Klitoris leckte. Sie rollte ihre Zunge zusammen und stülpte sie über die Klit, als wäre diese ein winziger Penis und Janes Zunge eine Möse.

Elizabeth stöhnte und zuckte, während ihre Säfte über Janes Hand flossen. So ermutigt führte Jane einen zweiten Finger ein und dann einen dritten. Sie massierte Elizabeths G-

Punkt von innen, während sie mit der Zunge geschickt ihre Klit bearbeitete.

Elizabeth kam noch einmal, dann glitt ihre Hand nach unten, um Janes Jeans zu öffnen und sie ihr abzustreifen, wobei sie entdeckte, dass Jane ebenso feucht und bereit war wie sie selbst. Ihre langen, manikürten Nägel gruben sich gerade tief genug in das weiche Fleisch, dass Jane in einer Mischung aus Schmerz und Erregung keuchte.

Elizabeths Finger strichen über Janes Spalte. Jane stöhnte, und ihre Muskeln zogen sich erwartungsvoll zusammen. Elizabeth ließ einen Finger in Jane gleiten, und diese schnappte nach Luft, da sie es nicht gewöhnt war, in den Genuss solcher Zärtlichkeiten zu kommen. Mit ihrer freien Hand streifte sie ihre Jeans weiter nach unten, um es Elizabeth leichter zu machen. »Gott, fühlt sich das gut an«, entfuhr es ihr.

Um sich zu revanchieren, machte Jane die Hand ganz schmal, indem sie den Daumen gegen die Handfläche drückte. Dann schob sie ihre Hand langsam und zur Gänze in Elizabeth hinein. Diese biss vor Schmerz die Zähne zusammen, konnte aber dennoch hervorbringen: »Nicht aufhören damit!« Während sie das tat, hob sie ein Bein und presste den Fuß gegen die Windschutzscheibe. Jane drängte weiter und wurde damit belohnt, dass ihre ganze Hand buchstäblich bis zum Gelenk eingesaugt wurde. Nun ballte sich Janes Hand wie selbstverständlich zur Faust und drückte rundum gegen Elizabeths Möse. Sie drückte ihr den Gebärmutterhals zur Seite, als sie sie mehr ausfüllte, als es ein echter Schwanz oder ein Strap-on-Dildo jemals gekonnt hätte.

Vorsichtig drehte sie ihre Hand, und Elizabeth schrie beinahe, als sie ein weiteres Mal kam und ihre Säfte an Janes Handgelenk vorbei nach außen drängten und schließlich durch den Druck gegen die Windschutzscheibe und das Dach des kleinen Autos spritzten. Jane scherte sich nicht darum und trieb Elizabeth von einem Wahnsinnsorgasmus zum nächsten, bis ihre Armmuskeln vor Anstrengung schmerzten. Während sie darüber lächeln musste, versuchte sie vorsichtig, ihre Hand wieder aus Elizabeths Möse herauszuziehen, was gar nicht so einfach war, da sich diese bei jedem der fast ein Dutzend Orgasmen fest zusammengezogen hatte.

Schließlich setzte sich Jane zurück und streckte die Arme aus. Sie musste grinsen, als sie sah, wie erschöpft Elizabeth war.

»Ich bin beeindruckt«, sagte sie. »Es gibt nicht viele Frauen, die beides können: sich so versprühen und gleichzeitig multiple Orgasmen haben, ohne Qualen zu leiden.«

Elizabeth lachte auf. »Wer sagt, dass ich keine Qualen gelitten habe?«, fragte sie und beugte sich für einen weiteren Kuss vor. »Ich bin so froh, dass du hierher gefahren bist!« Sie zog sich den Rock nach unten und den Träger zurück über die Schulter und ließ sich dann in den Sitz zurückfallen, während langsam die Röte der Leidenschaft auf ihren Wangen verblasste.

Jane lachte ebenfalls, bevor sie sich ein wenig zurechtmachte und das Fenster einen Spaltbreit öffnete, um etwas frische Luft hereinzulassen. Sie konnten sehen, wie sich draußen auf der Straße ein Polizeiwagen mit Blaulicht näherte und auf den Parkplatz einbog. Schnell schnallte sich Jane an und startete den Motor, bevor sie angehalten und befragt werden konnten.

Sie fuhren in vertrautem Schweigen zurück, wobei sie sich immer wieder ansahen und grinsten. Viel zu schnell hielt Jane an der Stelle an, wo sie Elizabeth getroffen hatte.

»Was ist?«, fragte Jane, während Elizabeth ihren Gurt löste

und sich für einen Abschiedskuss zu ihr herüberbeugte. »Sollen wir uns wiedersehen?«

»Aber ja, verflucht«, antwortete Elizabeth. Dann öffnete sie die Tür, stieg aus und wartete, bis Jane davongefahren war, bevor sie zu ihrem dunklen Haus und ihrer schlafenden Familie zurückkehrte.

Zuerst die Glasur

Lana Fox

Nun, lass es mich so sagen: Was ist sexyer als ein Abendessen mit Freunden. Über Wein zu diskutieren, über Bücher oder den Zustand der Nation, während der heißeste Mann, den du jemals getroffen hast, unter dem Tisch kniet und an den Strapsen deines Strumpfhalters knabbert. Oder, um noch einen Schritt weiter zu gehen. Wenn er seine Zunge in dich hineinschiebt und sie wieder herauszieht, sie sanft kreisen lässt, während du dich mit den Händen an den Stuhllehnen festkrallst und die Lippen zusammenpresst, um nicht zu stöhnen. Du beginnst zu zittern. Seine Hände sind auf deinen Schenkeln, als dein Kopf in den Nacken fällt und deine Augenlider flattern. Du kannst nicht anders, als aufzuseufzen, während er den perfekten Rhythmus findet, und du bist nahe daran – ganz nahe! –, die Kontrolle über dich zu verlieren.

»Alles in Ordnung mit Ihnen?«, fragt dich deine Tischnachbarin, während sie mit ihren Perlen spielt. »Ihre Wangen sind ganz rosig. Ich werde Ihnen etwas Wasser holen.«

»Ja, bitte«, sagst du.

Sie erhebt sich von ihrem Platz.

»Du hast richtig Farbe bekommen«, sagt ihr Ehemann am anderen Ende des langen Eichentisches.

»Kann schon sein.«

Du öffnest die Knie noch etwas weiter und krümmst dich nach vorn, als du kommst. »Herr im Himmel«, stöhnst du, und deine Hände graben sich unter der Tischplatte ins Haar deines Liebhabers.

Um die Wahrheit zu sagen, fing alles mit Zuckerguss an – auf einem Geburtstagskuchen für deine Mitbewohnerin Rose. Sie unterhielt sich mit ihrer Schwester im Wohnzimmer, während du die Glasur für einen jungfräulichen Zitronenkuchen angerührt hast. Dein Mann war bei dir – damals noch dein neuer Liebhaber –, und er fuhr immer wieder mit dem Finger in die Schüssel, um dann die Glasur abzulecken. Du hast ihm einen Klaps aufs Handgelenk gegeben. Als du dann deinen eigenen Zeigefinger hineingetunkt hast, damit über sein Kinn gefahren bist und die Zuckerspur abgelutscht hast wie ein Pornostar, hat er seine komplette Hand in die Schüssel gesteckt und dir mit der anderen das Shirt hochgezogen. Den ganzen Morgen über hattest du ihn schon mit deinen Brüsten ohne BH, die Nippel hart unter dem engen Shirt, gereizt, und als er es dir nun ganz vom Körper gestreift hat, hast du Richtung Wohnzimmer geblickt. Roses Stimme, die durch die geöffnete Tür zu euch herüberdrang und dabei schnippisch wie immer klang, hat dich irgendwie heiß gemacht.

»Was ist, wenn sie hereinkommen?«, hast du gefragt.

Er hob eine Augenbraue. »Was schon?«

»Rose ist recht, nun ja ... verklemmt.«

»Vielleicht wird sie das etwas entspannen.«

Du hast ihm gesagt, dass du feucht bist.

Ein sexy Grinsen erhellte sein Gesicht. »Ich mach dich noch feuchter.« Du schautest auf deinen Nippel, der nun aufrecht in der Sonne stand, und als er seine Hand aus der Schüssel holte, Handfläche und Finger glänzend, und die Glasur auf deine

Brust strich, konntest du den Blick nicht abwenden. Dein Atem streifte kühl über die kalte, weiße Schicht und über deinen Nippel, der nun unter klebrigem Zucker schimmerte.

»Leck es ab«, hast du geflüstert und deine Brüste seinen geöffneten Lippen entgegengestreckt.

Doch obwohl er hungrig aussah, hat er dir nicht gehorcht. Nicht bevor du nicht komplett mit Glasur eingeschmiert warst.

Du kannst es dir jetzt genau vorstellen. Du siehst, wie du dich ausziehst, dann auf den Tisch steigst und dort auf allen vieren mit dem Sonnenlicht auf deinem Rücken wartest. Die Schüssel steht neben dir, und ein süßer, pudriger Duft steigt aus ihr empor. Er geht um dich herum, betrachtet dein Fleisch. Sein Schwanz wird hart und zeichnet sich deutlich unter seiner Jeans ab. »Ich werde dich ganz mit Glasur überziehen«, sagt er mit glühendem Blick. »Wie ein … wie ein Baiser.«

»Baisers werden nicht glasiert.«

Er durchquert den Raum und kehrt mit einem Messer mit abgerundeter Spitze und einem hölzernen Spatel zurück, den er in die Schüssel taucht. »Ich glasiere, was mir passt«, sagt er. Das Messer funkelt im Sonnenlicht. Er lehnt sich gegen den Tisch und hebt dein Kinn mit der Klinge. »Ich mache dich zu meinem Projekt.«

Dir läuft das Wasser im Munde zusammen.

»Ich werde dich mit Sahne füllen.«

»Ja, *Chef*.«

Er nimmt etwas Glasur mit dem Messer auf und hält es dann so, dass du die Klinge entlanglecken kannst. Du tust es, denn du weißt genau, wie sehr er es liebt, wenn du es mit dem Mund machst. Während der Zitronenguss sauer auf deiner Zunge kitzelt, seufzt er, hebt den Kiefer und du lässt die

Glasur von deinen Lippen tropfen, sodass sie langsam über deinen Hals rinnt. Von dort läuft sie über deine Brust, und er beobachtet sie dabei. Er stöhnt leise. Die Art wie seine Mundwinkel zucken, verraten, dass das keine brave Angelegenheit wird. »Ich werde aus deiner Pussy einen Cupcake machen«, sagt er zu dir.

Im Raum nebenan kannst du hören, wie sich Rose abfällig über den Minirock ihrer Schwester äußert. Du zwinkerst deinem Mann zu und fragst ihn, mit wie viel Cupcake er klarkommt.

Doch er hat den Finger schon in der Schüssel, und im nächsten Augenblick hält er ihn dir entgegen. »Runterschlucken«, fordert er dich auf.

Du lutschst an seiner Fingerspitze und gleitest mit den Lippen über das erste und zweite Fingerglied, während deine Zunge den süßsauren Zucker von seinem Nagel leckt. Dann greifst du mit der freien Hand zwischen seine Beine und drückst seinen Steifen. Er lässt den Kopf in den Nacken fallen, die Augen halb geschlossen. »So verdorben«, seufzt er und presst sich gegen dich, während du seinen prallen Schaft massierst. Du sehnst dich danach, seinen Reißverschluss zu öffnen und seinen Schwanz in den Mund zu nehmen.

Dann willst du wieder, dass er die Kontrolle über alles behält.

Du lässt ihn machen, nimmst wieder deine Position ein – auf allen vieren auf dem Tisch –, und obwohl er sich nach deiner Berührung verzehrt, konzentriert er sich nun wieder auf sein Vorhaben. Er beginnt, dich mit Glasur zu überziehen, tunkt das Messer in den Zuckerguss und fährt damit ganz langsam deine Wirbelsäule entlang. Der kühle Stahl lässt dich erbeben; er hält an deinem Steißbein inne und tunkt dann die

Klinge erneut ein. Während er dich nach und nach ganz mit Zuckerguss bedeckt, verweilt er an jeder sensiblen Stelle für einen Moment. Wo sich deine Schenkel treffen, wartet er wie ein Profi – nur ein winziges Stück weiter, und er würde deine Pussy glasieren. Und du sehnst dich nach dem tropfenden Stahl. Du bist so geil, dass du hart schlucken musst, die Unterarme zitternd auf dem Tisch. Als er mit der Klinge über deine Spalte fährt, drückst du ihm deine Klit entgegen – nur noch einen Zentimeter, denkst du, bevor das nasse Metall genau dorthin gleitet, wo du es brauchst, und dich die Erregung fast umbringt.

Und schon zieht er es wieder weg.

»Sei ein gutes Hundchen«, flüstert er. Er zieht sich das T-Shirt aus. »Dreh dich jetzt um.«

Du spürst, wie sich Speichel in deinem Mund sammelt.

Nicht lange, und er ist mit dir auf dem Tisch, beide Hände voll mit frischem Zuckerguss, während du wartend auf dem Rücken liegst. Du kannst die Zitronenglasur riechen, die ihm über die Handgelenke läuft. Er leckt sich über den Daumen, ohne den Blick von dir zu wenden, dann kniet er sich über dich. Er nimmt dein Kinn in seine klebrige Hand, berührt deine Brust mit der anderen, und umkreist deinen Nippel mit dem Zeigefinger.

»Himmel«, flüstert er. »Sieh nur, wie hart er ist.«

»Berühr ihn«, forderst du ihn auf, doch er umkreist den Nippel weiter.

»Ich liebe es, wenn sie feucht sind«, sagt er leise.

Und mit einem Mal sehnst du dich so verzweifelt danach, dass er dich dort berührt, dass du nach seiner Hand greifst und sie auf deine Brust legst. Dann drückst du deine Brust gegen seine Handfläche und reibst dich an ihr. Es fühlt sich köstlich an. Er keucht leise und starrt auf seine Hand, während du fühlst, wie du zwischen deinen Beinen immer feuchter wirst und deine Brust unter der Berührung kribbelt. Dann plötzlich taucht sein Kopf nach unten, und er leckt dir den Zuckerguss von den schmerzenden Nippeln. Du greifst zu deiner Klit. Du verzehrst dich danach, sie zu berühren, wenn auch nur für eine Sekunde – deine Säfte laufen dir inzwischen die Schenkel entlang –, aber nein, er greift nach deinem Arm. »Sind wir etwa unanständig?«

»Natürlich sind wir das«, sagst du.

Und in diesem Moment weißt du, dass du gespankt werden wirst.

Als du noch ein Mädchen warst, wurde dein Vater oft wütend. Ständig stritt er sich mit deiner Mutter über deine Ernährung. »Sie wird dick, Val«, hat er gesagt. »Du gibst ihr zu viel Süßes.«

»Sie ernährt sich nicht schlecht«, hat deine Mutter dann zurückgeschnappt. »Außerdem ist sie schlank. Sieh nur.«

Du saßt zwischen ihnen auf dem Sofa, während sie sich zankten, und hast dir Schokoladenbrownies in den Mund geschoben oder die Buttercreme von frisch gebackenen Muffins geleckt und dabei das Gefühl der Creme auf deinem verschmierten Kinn genossen.

»Das genau meine ich«, sagte er. »Sieh selber, Jessie. Es ist eklig.« Doch anstatt dich zu schlagen, hat er dich auf dein Zimmer geschickt, und trotz der Enttäuschung spürtest du auf einmal eine seltsame Hitze – ein süßes, sich langsam ausbreitendes Gefühl, das du erst viel später verstanden hast.

Es ist nicht überraschend, dass dir diese Gedanken durch den Kopf schießen, während du nun rücklings auf dem Tisch liegst und dein Mann mit der klebrigen Glasur über deine

Spalte streicht. Irgendjemand stöhnt, und es dauert einen Moment, bis du bemerkst, dass du es selbst bist. Er öffnet deine Schenkel und sagt dir, dass du wundervoll aussiehst.

Die Glasur läuft in dich hinein, gefolgt von seiner Zunge. Er tippt sie in dich und hat schnell den Punkt gefunden, leckt dich und verteilt die kühle Glasur so, dass sie kitzelt und sich mit deiner Nässe vermischt. Du bäumst dich auf, trommelst mit den Fäusten und rufst seinen Namen.

Du bist im Paradies, rollst den Kopf und siehst – für einen kurzen Augenblick – die Mitbewohnerin deiner Schwester. Sie lehnt im Türrahmen: Zöpfe. Ausgestellter Rock. Gerade einundzwanzig. Sie streicht mit einem Finger über ihre Lippen, und ihre Augen glänzen dunkel wie nie und sind verhangen. Ihr Mund ist, wie dir auffällt, wundervoll üppig. Während ihr Blick über deinen Körper schweift, fährt sie sich unter den Rock, und als du dich bewegst und seufzt, beginnt sie, sich selbst zu berühren.

Die Finger deines Mannes fahren über deinen frisch glasierten Körper, und deine Haut prickelt, als seine Fingerspitzen über deine feuchten Brüste reiben. Plötzlich wird dir bewusst, wie du auf deine Zuschauerin wirken musst, die gekrümmt ihm Rahmen lehnt, mit dem Kopf gegen das Holz schlägt, den Rock bis über die Schenkel gerafft, während ihre Finger darunter schnell arbeiten. Und so sagst du zu deinem Mann: »Komm, nimm mich. Jetzt.«

Er hebt den Blick und sieht dich an. Sein Ausdruck sagt dir, dass du unanständig bist.

»Ich bin eine Schlampe«, flüsterst du.

Ganz in der Nähe stöhnt das Mädchen.

Wenig später liegst du bäuchlings über dem Tisch, die Füße auf dem Boden, die Hände auf der Tischplatte, während deine

Säfte und die Glasur über dein Fleisch laufen. Hinter dir steht wartend dein Mann mit dem Küchenspatel, aufgerichtet und bereit, dir eine Lektion zu erteilen. Der Geruch ist animalisch, mit einem Hauch von Zucker. Das Mädchen in der Tür keucht nun immer wieder leise. Du bist ganz ruhig, wartest auf die Bestrafung durch deinen Mann. Die Lider des Mädchens flattern. Sie beugt sich vor, die Hand beschäftigt.

»Nun denn«, sagt dein Mann, »wir haben Publikum.« Er holt mit dem Spatel aus, der vor Glasur glänzt, und gibt dir einen harten Klaps auf den Po. Das klatschende Geräusch ist perfekt.

Du schreist kurz auf. Er gibt dir noch einen Schlag mit dem Spatel, und noch einen und noch einen, sodass dein Körper heftig durchgeschüttelt wird und sich der Tisch über das Linoleum schiebt. Du reckst deine untere Körperhälfte von den Fußspitzen bis zur Brust, während er dich weiter schlägt, und oh, welch ein Vergnügen! Die trocknende Glasur unter dem feuchten, klatschenden Spatel lässt dein Fleisch brennen. »Nimm mich«, bettelst du. Du verzehrst dich nach seinem Schwanz, doch er schlägt dich weiter, den Spatel fest in der Hand.

Als er das Holz endlich fallen lässt, rutscht dieses über den Boden direkt vor die Füße des Mädchens. Sie sieht dich an, mit deinem vorgestreckten Po, das Kinn klebrig von Zucker. Dein Mann beugt sich über den klebrigen Tisch, dringt dann mit einem kraftvollen Stoß in dich ein und füllt dich komplett aus. Dein Mund öffnet sich, und du weinst und lachst gleichzeitig. Seine Hand liegt auf deinem unteren Rücken, und während die trocknende Glasur an deinen Nippeln piekt, stößt er in dich, seine Hüften gegen deinen Hintern. Sein Schwanz, der sich in dich treibt, ist glitschig von dem Zuckerguss, und du kannst immer noch nicht glauben, wie perfekt ihr ineinanderpasst. Er stöhnt und gräbt seine Finger in deine Schenkel, und er fickt dich mit einer solchen Kraft, dass sich der Tisch langsam durch den Raum bewegt. Du bewegst dich mit deinem Mann, während er nun noch härter stößt und seine Hand in deinem Haar vergräbt. Er zieht deinen Kopf zu sich nach hinten, sodass du ihn sehen kannst, wunderschön, er beißt sich auf die Lippe, mit wildem Blick, während er sich in dich treibt, wieder und wieder, und deine Erregung wächst ins Unermessliche. Das Mädchen atmet nun immer schneller und lauter. Sie öffnet die Knie, stellt sich auf die Zehenspitzen, in ihren Augen steht etwas, was beinahe wie Schmerz aussieht, und dann fühlst du es, wie es wie eine lodernde Flamme herankommt, und du öffnest dich so weit du kannst für ihn und schreist, dass er weitermachen soll, und dann kommst du – es ist wie ein Donnerschlag, der durch deinen Körper fährt. Die Welt verschwimmt vor deinen Augen, und du wirst in eine andere Sphäre katapultiert. Er stößt dich so hart, stöhnt so laut, bewegt sich so perfekt, dass das Gefühl anhält, während ihr beide laut aufschreit, und der ganze verdammte Raum um euch herum zu verschwinden scheint.

Du fällst in dich zusammen.

Er beginnt zu lachen und lässt sich gegen deinen Rücken fallen. Dann flüstert er dir ins Ohr: »Ich glaube, das gibt Ärger.«

Denn dort, hinter dem erregten Mädchen, ist Rose zu sehen, deine Mitbewohnerin, die Hände auf den Hüften und einen spöttischen Zug um die Lippen. Sie sieht zu ihrer Schwester, zu deinem Mann und dann zu dir, wobei sie mit der Zunge schnalzt. »Ich ... ich weiß nicht, was ich sagen soll«, bricht es aus ihr heraus. »Das ist wirklich ... abscheulich.«

Du zuckst nur mit den Schultern.

Dein Mann macht eine ausladende Armbewegung und sagt: »Hey, herzlichen Glückwunsch zum Geburtstag, Rose«, und du schlägst ihm wieder aufs Handgelenk.

Später wirst du dich daran erinnern, dass es Monate gedauert hat, bis Rose dir verziehen hat und sie davon zu überzeugen, dass es einfach so passiert ist – aber du konntest sie nie dazu bringen, selbst mitzumachen.

Schade eigentlich. Es hätte ihr bestimmt gefallen.

Wie auch immer, zurück zu der Stelle, wo er sich unter dem langen Eichentisch befindet, während deine Gäste sich darum bemühen, dir ein Glas Wasser zu bringen und, Himmel und Grundgütiger, du deine Säfte fließen lässt ... und im gleichen Augenblick seinen Namen rufst.

Alle sind schockiert. Er stößt sich den Kopf.

Die Frau beugt sich herunter und hebt das Tischtuch an.

»Hallo, Nachbarin, wie geht's?«, hörst du ihn sagen.

Du kannst nicht anders und lachst laut auf.

Später, als ihr im Bett liegt, fragst du deinen Mann, ob es falsch ist, was ihr da tut und ob ihr nicht warten solltet, bis ihr in Ruhe Sex haben könnt.

Dein Mann streicht dir daraufhin das Haar zurück, und Verlangen liegt in seinem Blick. »Wir sind nun mal schlimm«, sagt er. »Finde dich damit ab. Wir wollen immer den Zuckerguss zuerst.«

Alles, was sie wirklich will

Andrea Dale

Wenn du schwanger bist, machst du dir über alles Mögliche Sorgen: Wird das Baby mehr Zehen haben als normal? Werde ich verrückt nach sauren Gurken oder Schokoladeneis sein – oder beides gleichzeitig? Was, wenn wir ihm den falschen Namen geben und es uns für immer hasst? Und wo zum Teufel kommen diese *Brüste* her?

Die Antworten auf diese Art von Fragen kann man in jedem üblichen Ratgeber für werdende Eltern finden, in Büchern, die in einer beschwichtigenden Sprache geschrieben sind, um deine Ängste zu beruhigen.

Solche Bücher beschäftigen sich allerdings nicht mit anderen zentralen Fragen, die da wären: Ab welchem Schwangerschaftsmonat sollte man auf Fesselspiele verzichten? Haben Nippelklemmen einen negativen Einfluss auf die Milchproduktion? Inwiefern werden meine geballten Hormone Einfluss auf meine Fähigkeit haben, mich unterzuordnen?

Ich mache mich darüber lustig und nehme es auf die leichte Schulter, wie ich es immer tue, wenn mir etwas Angst macht. »Verdrängung«, sagt mein Mann Dan, wenn er mich dabei ertappt. Ich sollte mich meinen Ängsten stellen, findet er. Dann denkt er sich irgendeine Art von hinterhältiger Bestrafung aus – manchmal nur Schläge auf den Hintern, manchmal auch viel, viel mehr –, um mich zu lehren, nicht mehr zu verdrängen.

Natürlich funktioniert das nie. Zum einen, weil jeder seinen eigenen Weg hat, um mit Ängsten umzugehen. Zum anderen, weil ich es *mag*, gefesselt und ausgepeitscht und gequält zu werden. Wenn es nicht so wäre, hätten wir wohl keine Beziehung, in der im Schlafzimmer immer er das Sagen hat.

Wie auch immer. Als wir erfahren haben, dass ich schwanger bin, hat das alles verändert.

Versteht mich nicht falsch: Das Baby hat absolute Priorität. Ich werde keine Dummheiten machen. Aber Sex hört nicht auf, nur weil man schwanger ist, und auch verrückter, abgefahrener Sex braucht das nicht.

Obwohl ich Dan nicht damit zu kommen brauche. Ich schätze seine Fürsorglichkeit, aber in diesem Punkt treibt er mich wirklich in den Wahnsinn.

Die Hormone jagen durch mich hindurch wie ein tropischer Wirbelsturm, und Dan versteht das. Doch auch wenn ich darüber scherze, um ihm Lust zu machen, geht er nicht darauf ein, jedenfalls nicht so wie früher.

Ich möchte geschlagen werden, bis mir schwindelig ist vor Schmerz und Verlangen, und nicht sanft gespankt, nachdem ich vorsichtig auf extraweiche Kissen gebettet wurde. Ich möchte dazu gezwungen werden, diesen furchtbaren Ball-Knebel im Mund zu tragen, der mich sabbern lässt und immer leicht nach Gummi schmeckt, egal wie oft wir ihn waschen. Ich möchte ernsthaft gefesselt und so gereizt werden, dass ich wieder und wieder komme, bis ich völlig erschöpft und wund bin und kaum noch atmen kann.

Verstehen Sie, was ich meine? Wenn Dan mir zuhört und dann sagt, ich solle auf das Baby aufpassen, und ich ihm entgegne: »Was willst du sonst tun? Mich schlagen?« Was macht er dann?

Nicht. Sehr. Viel.

Ich nehme an, dass ich mich nicht beklagen sollte. Auch ohne Hardcore-Bondage und besondere Schmerzspiele, sind wir nicht völlig verweichlicht. Dan ist außerdem ein Meister des Kopfkinos, und manchmal können Drohungen und Vorschläge und Geschichten von unglaublich verdorbenen Szenarien sehr wirkungsvoll sein, besonders wenn sie mit dem Verbinden der Augen und einem herausgezögerten Höhepunkt kombiniert werden. (Selbstverständlich dauert das Herauszögern nicht allzu lange, damit mein Blutdruck nicht durch die Decke schießt.)

Wir waren gerade bei einem dieser Spiele, als Dan mir befahl, eine weitere Person zum Spielen für uns mit nach Hause zu bringen.

Sex mit mehreren Partnern war nichts Neues für uns. Wir hatten ein kleines, aber fröhliches Netzwerk von Freunden, mit dem es bei seltenen Gelegenheiten zu Überschneidungen kam. Und wir hatten bereits eine Reihe von Nummern in öffentlichen Treffs hinter uns, in denen unsere Vorlieben bedient wurden. Ich mag den Geschmack einer Frau, das Gefühl ihres Mundes auf mir, die Geräusche, die sie macht, wenn sie kommt – und die Geräusche, die ich mache, wenn sie mich kommen lässt.

Schwindelig vor Erregung stimmte ich zu. (Natürlich tat ich das. Ich stritt mich nie mit Dan, außer es war so ernst, dass ich mein Safeword herausschrie.)

Es ist eine Tatsache, dass die meisten von uns solchen Sachen zustimmen, wenn sie erregt sind, und ganz besonders, wenn man eine Sub ist und gerade in anderen Sphären schwebt.

Die Realität schlug erst zu, nachdem ich wieder auf der Erde gelandet war und eine warme Dusche und ein Nickerchen gehabt hatte.

Ich war im vierten Monat, und obwohl ich noch nicht watschelte, fühlte ich mich fett … aufgebläht … meiner Taille beraubt. Blassblaue Venen krochen meine Beine hinauf, und mein Teint war der Albtraum jedes Teenagers.

Ja sicher, die Übelkeit hatte endlich aufgehört (Halleluja!), aber sie war durch die verdauungsbedingten Freuden des Sodbrennens und der Blähungen ersetzt worden.

Und meine Nippel, meine wunderbar sensiblen Nippel, die es liebten, gezwirbelt und gekniffen zu werden und dass man hart an ihnen zog? Zu Beginn törnte es mich an, dass sie plötzlich so empfindlich waren. Inzwischen … nun ja, ich hatte nicht gewusst, dass es einen Nippelschmerz jenseits des Vergnügens gibt. (Nicht jeder Schmerz ist erregend. Quetsche ich mir die Finger in der Autotür, lässt mich das keineswegs kommen.) Verdammt.

Nehmen Sie all die Hormone dazu und das geringe Selbstbewusstsein. Hallo, ich war eine einzige bebende Masse aus Unsicherheit.

Ich wollte nicht, dass mich irgendwer so sah. (Und schon gar nicht nackt und in Aktion. Wenn ich mich angezogen im Supermarkt bewegte, war das in Ordnung. An guten Tagen. Vielleicht.) Dennoch ließ ich mich auf Dans Befehl ein, schließlich gab es da ja noch diese dummen Hormone …

Es endete damit, dass ich Lauren auf einen Kaffee einlud und ihr ein Angebot machte. Sie hatte sich kürzlich von ihrem Mann getrennt, und ich dachte, sie könnte eine Aufmunterung gebrauchen. Ja, das habe ich tatsächlich gedacht. Dahinter musste mein neuer Mutterinstinkt stecken.

Lauren, hübsch und kurvig, mit einer perfekten Haut und langem schwarzen Haar war erfreut und begeistert.

Ich fühlte mich erleichtert (ich hatte erfolgreich getan, wozu Dan mich aufgefordert hatte), aber auch irgendwie nervös, und das auf eine Art wie … nun, wie noch nie. Wir hatten schon einmal vor Jahren mit Lauren und ihrem Mann gespielt, aber noch nie mit ihr allein. Doch das sollte keinen so großen Unterschied machen.

Meine Hormone sagten mir allerdings etwas anderes.

Es war dumm, das wusste ich, und doch war ich ein wenig neidisch, als ich Fruchtschorle trank, während Dan und Lauren an ihrem Wein nippten (jeder nur ein Glas, denn Alkohol und abgedrehter Sex passen *nicht* gut zusammen), als wir die wichtigsten Dinge besprachen wie Grenzen und Safewords. Ich fühlte mich wie ein Kind, das am Erwachsenentisch sitzt.

Gleichzeitig, und das war das Verrückte, war ich unglaublich geil. Ich *wollte* spielen, und ich hegte die Hoffnung, dass Dan dann etwa lockerer sein würde und mir gab, was ich mir wirklich wünschte. Hinzu kam, dass es schon eine ganze Weile her war, dass ich mit einer anderen Frau zusammen gewesen war, was meine Erregung noch steigerte …

Wir hatten unser Spielzimmer noch nicht in ein Kinderzimmer umfunktioniert, da die Wiege während der ersten Monate in unserem Schlafzimmer stehen sollte. Es hatte etwas seltsam Beruhigendes und Entspannendes, den Raum zu betreten. Ich hatte das Gefühl, mich für die nächsten Stunden um überhaupt nichts kümmern zu müssen. Dan würde die Zügel in der Hand halten, Ansagen machen und Entscheidungen treffen. In dieser Beziehung vertraue ich ihm völlig. Und genau deshalb funktioniert unsere Beziehung so gut.

Dan machte es sich in einem Sessel bequem und forderte

uns auf, uns gegenseitig auszuziehen – langsam. Ich versuchte, meine Gefühle in Sachen mangelndes Selbstbewusstsein zu ignorieren, wobei mir Laurens gemurmeltes Kompliment über mein neues, üppiges Dekolleté half. Dan warnte sie, wie ungewöhnlich empfindlich meine Brüste wären, als er uns dazu ermunterte, miteinander zu spielen. Uns Frauen war bewusst, dass es hier um eine Vorstellung ihm zur Freude ging; ohne Erlaubnis zu kommen, das war dabei nicht vorgesehen.

Mit Händen und Mund strich Lauren über meine Nippel, ließ ihre Zunge hier entlangstreichen und ihren Daumen dort, wie der Kuss eines Schmetterlings. Meine Bauchmuskeln zogen sich zusammen, während ich mit den Händen durch ihr seidiges Haar fuhr und ihr dabei zusah, auch wenn ich dem Impuls widerstehen musste, meine flatternden Augenlider zu schließen.

Meine Spalte war bereits nass. Ich konnte unsere gemeinsame Erregung riechen, den süßen, würzigen Duft gegenseitigen Verlangens. Ich wollte sie schmecken, doch nur wenn Dan damit einverstanden war.

Für den Moment beschränkte ich mich auf meine Hände: Ich glitt mit den Fingern in ihre Spalte und führte sie dann an meine Lippen. Lauren beugte sich zu mir herüber, und gemeinsam küssten und leckten wir ihre Säfte von meiner Hand.

Wir berührten unsere Scham und rieben sie dann aneinander, meine ordentlich gestutzt, ihre gewachst.

Nun wollte Dan unsere Aufmerksamkeit, und auf seinen Befehl hin gaben wir sie ihm, entkleideten, küssten und leckten ihn. Er mochte es ganz besonders, wenn wir uns in unmittelbarer Nähe seines anschwellenden Schwanzes küssten, und ich mochte es ganz besonders, wenn er mir dabei mit den

Fingern durchs Haar fuhr, sich ein paar Strähnen griff und mich mit ihnen leitete.

Als Dan uns befahl aufzuhören, griff er sich meinen bevorzugten Flogger, den teuren aus Känguruleder mit Knoten an den Riemen. Meine Pussy zuckte, und mein Herz verzehrte sich, aber vielleicht war es auch andersherum. Endlich!

Doch er forderte mich nicht auf, mich vorzubeugen. Stattdessen befahl er Lauren, ihm ihren hübschen kleinen Hintern entgegenzustrecken.

Ging schon in Ordnung: zuerst der Besuch. Wie es sich für gute Gastgeber gehört.

Als er mir den Flogger reichte, starrte ich diesen an, als hätte ich ihn nie zuvor gesehen. Wie ein außerirdisches Objekt. Ich hätte beinahe gekichert, als ich mir den dummen, verwirrten Ausdruck auf meinem Gesicht vorstellte. Was genau sollte ich mit diesem Ding anstellen?

Dan verriet es mir. »Na los, Süße«, sagte er. »Hab Spaß damit. Bring sie für mich in Stimmung.«

Wir hatten bereits früher versucht, die Rollen zu tauschen, sodass mir die Idee nicht völlig fremd war, doch um ehrlich zu sein, war das nicht wirklich mein Ding. Doch Dan hatte es mir befohlen, und so fügte ich mich.

Ich hielt mich ziemlich zurück, da ich nicht mit dieser Seite des Spiels vertraut war und nicht wusste, wie hart meine Schläge waren. Dennoch, Lauren gefiel es. Sie schnurrte vor Lust und schwenkte ihren Hintern, der sich langsam rötete. Ihre Beine waren gespreizt (Dan hatte sie mit dem Griff der Peitsche geöffnet, bevor er diese an mich weitergereicht hatte), und ihre Möse glänzte. Ich wusste, dass sie ihre Schenkel zusammenpressen wollte, um noch mehr Lust zu empfinden. Ich konnte es ihr nicht verdenken.

Ich hatte das gleiche Bedürfnis. Ich wollte mit dem Flogger geschlagen werden und ein böses Mädchen sein und mich fest an etwas reiben und dass Dan dann innehielt und mich um meine Bestrafung betteln ließ.

Ich war eifersüchtig wie noch nie zuvor in einem solchen Spiel. Oh, ich war schon *neidisch* gewesen in der Art von »Ich will haben, was sie hat«. Aber da bestand immer die Möglichkeit, dass ich bekommen würde, was sie jetzt hatte, und sogar noch mehr.

Doch selbst als Dan mir die Peitsche wieder abnahm, wusste ich, dass er sie nicht für mich gebrauchen würden. Als er Lauren schlug und sie in köstlichem Schmerz aufheulte, war ich traurig, dass Dan eine andere Frau beherrschte, weil er mich nicht beherrschen wollte.

Ich konnte ihm nicht geben, was er brauchte.

Als er aufhörte, Lauren zwischen die Beine zu schlagen, und ihr sagte: »Oh, gutes Mädchen«, und das in einem Ton, in dem er sonst immer mit mir sprach, stammte der bohrende Schmerz in meinem Magen nicht nur von dem Säurebad darin.

Ich brach zusammen und weinte, und zwischen meinen Schluchzern rief ich mein Safeword.

Nachdem wir das Spielzimmer verlassen hatten, beruhigte ich mich langsam. Dumme Hormone. Das war jedenfalls die Entschuldigung, die ich vorbrachte. Lauren war süß und verständnisvoll, und so sehr ich sie auch dafür hassen wollte, konnte ich es nicht. Sie küsste mich, bevor sie uns verließ, sagte mir, dass ich wundervoll und sexy wäre und sie gerne irgendwann noch einmal mit mir spielen würde.

Ich stand nicht so sehr neben mir, dass ich nicht einen angenehmen Kitzel des Verlangens bei diesen Worten verspürte.

Auch Dan war verständnisvoll, nicht dass ich irgendetwas anderes erwartet hätte. »Ich dachte, wenn du nicht so hart geschlagen werden kannst, würdest du es vielleicht mögen, sie zu schlagen«, sagte er.

Schon klar. Er hatte die ganze Sache nur für *mich* so arrangiert. Nimm das, Miss Unsicherheit!

Wir sprachen darüber, und er gab zu, dass er vielleicht zu sanft mit mir gewesen war, wobei er offenbar tatsächlich Angst hatte, es andernfalls zu übertreiben.

Er ließ mir ein Schaumbad mit Lavendel und Eukalyptus ein, in dem ich mich entspannen sollte, während er sich einen neuen Plan ausdachte. Etwas, was ich definitiv mögen würde, sagte er mit dieser köstlich drohenden Dom-Stimme.

Er sagte mir auch, dass ich fantasieren und masturbieren könnte, falls ich das wollte, aber nicht bis zum Höhepunkt.

Oh, er kennt mich wirklich gut.

Ich hatte nicht die geringste Ahnung, welche abgründigen Gedanken er hatte, und das erregte mich noch mehr.

Als ich das Badezimmer verließ, fesselte er meine Handgelenke an die unteren Bettpfosten.

Er schlug mich mit dem Flogger, oh Halleluja, ja. Vielleicht nicht so hart, wie ich es mir wünschte, aber in Kombination mit seinen Worten – er war wirklich ein Meister der Gedankenspiele – brachte er meine Säfte zum Fließen.

»Du hast bei Lauren einen guten Job gemacht, aber du warst zu sanft mit ihr. Irgendwann werde ich ihr sagen, dass sie dich mit dem Flogger bearbeiten soll, und du kannst mir glauben, dass sie es dir dann heimzahlen wird, dass du zu nett warst.«

Er fuhr fort damit, mir zu erzählen, wie er ihr zeigen würde, wie sie mich auszupeitschen hätte, und wahrscheinlich würden dann noch Schläge mit dem Paddle auf die besonders wunden Stellen folgen.

Ich stellte mir vor, wie sich das anfühlen würde, und das erregte mich immer mehr.

Dann das *Pièce de Résistance*: Als er damit herausrückte, schreckte ich davor zurück. Verdammter Dan.

Analspiele waren das Einzige, wozu er mich jemals hatte überreden müssen. Ich weiß nicht warum, doch ich hasste sie mit einer Leidenschaft, die es noch aufregender machte, wenn wir es auf diese Weise taten. Ein Analorgasmus lässt mich durch die Decke schießen wie kein anderer, weil ich hilflos bin und Dan nicht stoppen kann, wenn er meinen Hintern mit diesem leuchtend blauen Teufel von einem Plug fickt.

»Gott sei Dank habe ich noch keine Hämorrhoiden.« Ups! Die Worte waren mir über die Lippen gekommen, ohne dass ich es verhindern konnte.

Er zog den Ball-Knebel hervor, den ich so sehr vermisst hatte, und ich schmolz dahin.

Dann spürte ich seinen heißen Atem in meinem Nacken, während er mir nicht nur sagte, was für ein braves Mädchen ich sei, sondern auch was für ein schlimmes, verdorbenes Mädchen. Dann führte er den eingeölten Plug in mich ein, und ich vergaß, dass ich aufgebläht und müde und unsicher war.

Wenn ich in der Lage gewesen wäre zu sprechen, hätte ich meine Begeisterung wahrscheinlich irgendwie in Worte gefasst.

Stattdessen hob ich einfach ab.

Körperkunst

Lily Harlem

»Ich komme.«

»Nein, reißen Sie sich zusammen.«

»Ich kann nicht.«

»Nur noch ein paar Sekunden.«

»Verdammt, das ist zu lang.«

»Versuchen Sie's, sonst müssen wir noch mal ganz von vorn anfangen.« Ich sah hoch in Theo Drivers Gesicht, das über der speziell angefertigten Arbeitsbank hing. Buschige schwarze Brauen über zusammengekniffenen Augen, die Zähne in die Unterlippe gegraben. »Es ist fast geschafft«, machte ich ihm Mut. »Denken Sie an was anderes – an Ihre Oma, wie sie irgendwas strickt.«

Ein Muskel zuckte in seiner Wange, und seine Finger wurden weiß, als sie sich nur Zentimeter von meinem Gesicht entfernt in das weiße Polster gruben.

Vorsichtig berührte ich die Modelliermasse auf Algenbasis, die ich um seinen erigierten Schwanz gepackt hatte, der durch ein Loch in der Bank ragte. Der Eimer, in dem beides steckte, durfte sich nicht bewegen, um einen perfekten Abdruck seines Penis zu erhalten, und auch wenn es ein angenehmer Nebeneffekt meines ungewöhnlichen Jobs war, seine Lust zu beobachten, wusste ich aus Erfahrung, dass ein Samenerguss ganze Reihe von sehr intimen, anwenderfreundlichen Produkten, die ich anbiete.«

Er trat einen Schritt zurück und schnaubte verächtlich. »Nicht mein Ding. Ich bevorzuge heißes Fleisch, das sich unter mir windet.« Er griff nach seiner Brieftasche und sah mit einem Mal sehr geschäftsmäßig aus. »Wie viel schulde ich Ihnen?«

»Für dieses Mal nichts.« Ich ging hinüber zu einer langen, stählernen Theke und stellte dort den Eimer mit seinem wertvollen Inhalt ab. »Sie können bezahlen, wenn Sie das fertige Produkt abholen.«

»Wann wird das sein?«

»In etwa einer Woche. Ist das okay?«

»Ja, sie bricht in zehn Tagen auf, da sollte eine Woche in Ordnung sein.«

Er öffnete die Tür und verließ das Studio. Mein Blick fiel unwillkürlich auf seinen perfekten, in Denim gehüllten Hintern. Ich rieb mir die staubigen Hände und stellte mir vor, wie es sich anfühlen würde, ihn zu berühren: warm und weich, doch gleichzeitig würde ich seine kraftvollen Muskeln spüren, die unter der Haut arbeiteten. Ich meinte wirklich, was ich über Emma und ihr Glück gesagt hatte. Theo Driver war ein Teufelskerl, und hätte er mir gehört, wäre ich auf keinen Fall zu einem sechsmonatigen Trip nach Australien aufgebrochen. Um nichts in der Welt.

Zwei Wochen später hielt ich Theo Drivers Schwanz in meiner Hand, während der Novemberregen auf die Dachfenster in meinem Studio fiel. Theo war nicht zurückgekommen, um seinen Körperabdruck abzuholen, sodass ich vermutete, dass

Emma zur Besinnung gekommen war und ein solches Prachtexemplar nicht alleinlassen wollten.

Wenig begeistert dachte ich an den einsamen Abend, der in meinem kleinen Apartment in der Kings Road vor mir lag. Ich sollte wirklich dazu übergehen, die Kunden schon bezahlen zu lassen, wenn sie Modell saßen. Auf diese Weise könnte ich mir vielleicht eine größere Wohnung leisten oder sogar Urlaub machen und etwas Sonne tanken.

Ich seufzte und ließ den Schwanz von meiner einen Hand in die andere wandern. Ich war zufrieden mit dem fertigen Produkt. Ich hatte recht viel Zeit auf die perfekte tiefrosa Färbung verwendet und darauf, Schatten neben die vorstehenden, sich windenden Venen entlang des Schafts zu legen und die zwei kleinen Sommersprossen am breiten, samtigen Kopf hinzuzufügen, gleich rechts neben der Öffnung. Der Schwanz war beschnitten, und das mochte ich. Er sah hübsch und sauber aus, und mit der neuen Glasur fühlte er sich so glatt wie Glas an, wenn ich der Länge nach mit den Fingern an ihm hinauf- und wieder hinunterfuhr.

Ich griff mit Daumen und Zeigefinger um die Wurzel, dorthin, wo der Hoden begann. Meine Fingerspitzen konnten sich nicht berühren. Sein Schaft war so breit, so prall. Mein Atem ging schneller, als ich mir vorstellte, wie er in mich eindrang. Wie würde er in mich hineinpassen? Ich war klein, nur knapp einen Meter sechzig groß, und Theo Driver musste fast ein Meter neunzig sein, und mit all der urwüchsigen Kraft seines hungrigen Schwanzes, würde er mich sicherlich in Stücke zerlegen. Ich spürte einen plötzlichen Kitzel in meiner Klit. Als hätte eine Stimmgabel gegen mich geschlagen, summte und schwang es in meinem vernachlässigten Fleisch, das so empfindlich war. Theo spielte in einer ganz anderen Liga als ich, und es war ein Wunder, dass wir derselben Spezies angehörten und auf demselben Planeten lebten.

Eine heftige Windböe rüttelte an meinem Oberlicht. Ich blickte hinauf in den Londoner Nachthimmel und sah den Mond hinter einer rasenden Wolke auftauchen und im nächsten Moment wieder im Dunkeln verschwinden. Vielleicht sollte ich Theos Schwanz an diesem Abend mit nach Hause nehmen, eine Proberunde mit ihm machen, seine Qualitäten als Dildo testen und zugleich meine Fähigkeit, ihn in mich aufzunehmen. Emma würde es niemals erfahren, und Theo auch nicht. Selbst wenn er ihn morgen abholen würde, wäre der Abdruck gereinigt so gut wie neu – nur kurz abspülen und polieren und niemand würde etwas ahnen.

Ich wog ihn in meiner Hand, und mir kam ein neuer Gedanke. Würde er in meinen Mund passen? Ich wusste nicht, ob ich meinen Kiefer weit genug öffnen könnte, um diese Bestie zwischen meine Zähne zu nehmen.

Ich blickte durch die Tür in den vorderen Teil des Geschäfts. Sie war ein wenig geöffnet, und jeder, der dem Wetter trotzte und an meinem Schaufenster vorbeikam, konnte in das Studio sehen. Die Eingangstür hatte ich bereits abgeschlossen. Ich fuhr mir mit der Zunge über die Lippen, die Neugier fraß mich in gleichem Maße auf, wie ich ihn verschlingen wollte. Ich könnte es hier auf die Schnelle ausprobieren, nur um zu sehen, wie es war.

Ich hob den Schwanz vor mein Gesicht, den Spalt nach oben gerichtet. Er glänzte wie Marmor unter der starken Deckenbeleuchtung, und die Stahlregale zu meiner Linken spiegelten sich in ihm. Ich schloss die Augen, presste seinen kühlen Kopf gegen meine Oberlippe und fuhr mit der Zunge über die Furche unterhalb der Eichel. Ich versuchte, mich an Theos berauschenden Mix aus Pheromonen zu erinnern und wie sie mich eingehüllt hatten, um mir vorzustellen, wie er schmecken würde: moschusähnlich, männlich und einfach nur heiß.

Ich konnte nicht länger warten. Ich ließ den Kopf über meine Zunge gleiten. Mein Kiefer knackte sachte, als der Schwanz in meinen Mund glitt. Meine Knie wurden weich, und ich stellte mir Theo Drivers Gesicht vor und wie es aussah, während er sich bemühte, nicht zu kommen: die Augen zusammengekniffen, die Zähne in die Lippe gegraben, der Atem scharf und abgehackt. Ich ließ die Hand zu meiner Brust wandern, während ich ihn mir tief in die Kehle schob, und zwickte meine Nippel durch mein Sweatshirt, bis es schmerzte. Er berührte empfindliches Fleisch, und mein Würgereflex setzte ein. Ich stellte mir Theo Drivers Hände auf mir vor, wie sie mit meinen Brüsten spielten, wie sie sich um meinen Nacken legten, wie sie über meine armen, gedehnten Mundwinkel strichen.

Ich stöhnte, zog den Dildo aus meinem Mund und schob ihn dann wieder hinein – er war warm und mit meinem Speichel bedeckt, seine unvergängliche Härte ein Fest meiner Handwerkskunst. Meine Hand glitt zum Bund meiner Jeans, öffnete die Metallknöpfe und fand ihren Weg in mein Höschen. Ich hielt die Augen fest geschlossen, nur das Geräusch von Wind und Regen drang in meine Fantasie, in der ich mir vorstellte, dass es Theo wäre, der sich da in meinen Mund stieß.

Meine Klit stand in Flammen, war geschwollen und forderte Aufmerksamkeit, und so begannen meine Finger, schnelle, heftige Kreise zu zeichnen. Ich wusste nicht, ob ich mich aufrecht halten konnte, obwohl ich an der Theke lehnte. Meine Beine waren wie aus Gummi, und mein Rücken wollte sich unter dem rhythmischen Druck meiner eigenen Berührungen nach vorn krümmen. Ich öffnete die Augen und blickte im harten Licht des Raums auf meine Arbeitsbank. Ich musste mich hinlegen, doch dann hätte man mich durch das Schaufenster sehen können. Ich hätte den Schwanz einfach in meine Tasche werfen und nach Hause eilen sollen, wo ich nach Herzenslust herumspielen konnte. Doch der Schwanz schien sein eigenes Leben zu führen, wie er da in meinem Mund ein- und ausglitt und mich mit der Vorstellung lockte, wie köstlich es sich anfühlen würde, wenn er in meine Pussy stieß.

Ich brauchte diese Fantasie ... jetzt.

Ich machte einige wackelige Schritte zur Tür, wo ich ihr mit der flachen Hand einen Stoß versetzte und sie bis auf einen Spalt schloss. Dann wankte ich zur Bank und öffnete den Reißverschluss meiner Jeans. Ich musste sie mir ausziehen oder sie mir zumindest bis zu den Knöcheln herunterziehen, damit dieses Monster genug Platz hatte.

Durch meine Pussy pulsierte das Blut, und mir schwindelte bei dem Gedanken, was ich gleich tun würde. Ich ließ den Schwanz ein letztes Mal in meine Kehle gleiten, so tief, dass ich kaum noch Luft bekam. Meine Finger fanden den Weg in meine Pussy, und ich war überrascht, wie nass und geschwollen sie war. Ich ließ meine Finger in sie hineingleiten, wieder und wieder, um sie zu dehnen und auf das vorzubereiten, was bald kommen würde. Theos Schwanz war alles, woran ich denken konnte.

BANG. BANG.

Die gläserne Eingangstür des Geschäfts bebte unter der Kraft einer Faust.

BUMM. BUMM.

Ich öffnete die Augen und starrte auf die nicht ganz geschlossene Holztür zwischen mir und der Eingangstür. Oh mein Gott! Mir schoss durch den Kopf, was für ein Bild ich gerade abgeben musste: die Hose um die Knöchel, eine Hand in meiner Pussy und einen Dildo tief in meiner Kehle.

Ich nahm Theos Schwanz aus meinem Mund und ließ ihn auf die Bank fallen. Mit feuchten Fingern zog ich mir die Jeans wieder über die Hüften, kämpfte mit dem Reißverschluss und wischte mir dann mit dem Ärmel über die Lippen. Ich machte einen wackeligen Schritt nach vorn. »Machen Sie auf, ich weiß, dass Sie da sind.« Eine tiefe Stimme drang von außen herein.

Ich blieb stehen.

»Die Ladenbeleuchtung ist eingeschaltet, öffnen Sie.« BUMM. BUMM.

Eine Welle der Übelkeit schwappte durch meinen Magen, als Vorfreude mein Becken flutete. Ich strich mir das Haar zurück, setzte einen geschäftsmäßigen Gesichtsausdruck auf und trat dann in den dunklen Ladenraum.

Theo Driver stand an der Tür, die großen Handflächen gegen das nasse Glas gepresst. Seine Silhouette wurde von hinten durch das sanfte Licht der Straßenlampe angestrahlt, und um seine Füße herum tanzten Blätter im Wind. Er trug einen langen Trenchcoat, und Regen tropfte aus seinem Haar, hing ihm in den Brauen und rann von seinem Kinn.

»Körperkunst hat geschlossen!«, rief ich und ging zur Tür.

»Öffnen Sie.« Er sah mich blinzelnd an, das Kinn entschlossen vorgereckt. »Sofort.«

»Warum?« Ich stützte die Hände in die Hüften, entschlossen mich ähnlich dickköpfig zu geben wie er. Schließlich musste er davon ausgehen, dass ich mitten in einem sehr intimen Arbeitsprozess oder mit einem komplizierten Kunstwerk beschäftigt war.

»Emma ist gegangen.«

»Aber Sie haben Ihren Schwanz nicht abgeholt ... ich meine ... Ihre Körperskulptur.«

»Es gab keinen Grund dafür. Wir haben Schluss gemacht, oder besser, *ich* habe mit ihr Schluss gemacht.«

»Wirklich? Warum?«

»Können wir uns drinnen darüber unterhalten?« Seine Stimme klang nun noch tiefer, und seine Augen bohrten sich in meine. »Falls Sie es noch nicht bemerkt haben sollten: Das Wetter hier draußen ist nicht besonders gut.« Während er sprach, leuchtete seine Gestalt im gleißenden Licht eines Blitzes auf, gefolgt von einem krachenden Donner, der mich zusammenfahren ließ.

Schnell machte ich einen Schritt nach vorne. Meine Hände kämpften mit dem Schloss, und dann öffnete ich die Tür. Theo trat ein, gefolgt von hereinwehenden Blättern, die um seine Füße herum liegen blieben.

»Danke«, sagte er, als ich die Tür wieder abschloss.

Ich zuckte mit den Schultern. »Wie kann ich Ihnen helfen, Mr Driver?«

Ein schiefes Lächeln spielte um seinen einen Mundwinkel, und in einem Anflug von Panik fragte ich mich, ob er gesehen hatte, wie ich mich mit dem lasierten Schwanz im Mund und den Fingern in meiner Pussy darauf vorbereitet hatte, seine Körperkunst ganz in mich aufzunehmen. Aber nein, wie sollte er das gesehen haben? Im Studio selbst gab es nur Oberlichter, und die Tür war so gut wie geschlossen gewesen. Ich versuchte, nicht rot zu werden. Er konnte unmöglich wissen, was ich gerade gemacht hatte.

»Nun, für den Anfang hätte ich gerne meine Körperskulptur, falls sie fertig ist.«

»Ja, aber natürlich.« Ich bedeutete ihm, ins Studio zu gehen.

Er drehte sich um und ging vor mir her. Schon wieder schweifte mein Blick sofort zu seinem Hintern, ohne dass ich etwas dagegen tun konnte, und obwohl er einen langen Mantel trug, nahm mich der Gedanke an seine reizvollen Rundungen gefangen.

Als wir in den hell erleuchteten Raum traten, erinnerte sich mein lustgesteuertes Hirn plötzlich daran, wo ich den Abdruck gelassen hatte – auf der Arbeitsbank, mitten auf einer breiten Falte, die mein zuckender nackter Hintern dort hinterlassen hatte.

»Ist er das?« Seine Augen wurden groß. »Ist das meiner?«

»Äh, ja.« Die dunkelrosa Farbe des Schwanzes stand in starkem Kontrast zu den blütenweißen Laken, und er glänzte, als würde er vor Feuchtigkeit tropfen – meiner Feuchtigkeit.

»Warum liegt er dort?« Theo drehte sich zu mir um.

»Ich, äh, habe ihn gerade erst fertiggestellt. Jetzt trocknet er unter der Lampe«, improvisierte ich und zeigte auf die Hängeleuchte, die direkt über der Bank von der Decke baumelte. »Es ist gut, dass Sie ihn erst so spät abholen kommen. Ich war so beschäftigt, dass ich es nicht rechtzeitig für Emma geschafft hätte.«

Theo schnaubte, als ich ihren Namen erwähnte.

»Also, was ist zwischen Ihnen beiden passiert?« Ich wollte unbedingt das Thema wechseln.

Er zog seine Arme aus dem nassen Mantel, damit ich ihn über einen Stuhl hängen konnte. »Ich habe ihr angeboten, mit ihr nach Australien zu gehen.« Er griff nach dem Handtuch neben dem Waschbecken und rieb damit kräftig über seine kurzen, glänzend schwarzen Haare. »Ich arbeite freiberuflich als Webdesigner. Dafür brauche ich jeden Tag nur einige Stunden online zu sein, um mich um meine Kunden zu kümmern und die Sites am Laufen zu halten.«

Ich gab ihm ein Zeichen fortzufahren.

»Sie sagte Nein.« Er warf das Handtuch zur Seite. »Sie wollte allein reisen.« Er zuckte mit seinen breiten Schultern, die in einem dicken, grauen Pullover steckten. Seine Armmuskeln spielten darunter, und einige dunkle Haare zeigten sich in seinem Nacken. »Da wurde mir bewusst, dass Emma immer alles allein machen will. Für mich war nur selten Platz in ihrem Tagesablauf und ihren Plänen. Also was sollte das Ganze? Unsere Beziehung führte zu nichts, also schien es keinen Sinn zu haben, sechs Monate lang zu warten …« Er trat näher. »Vor allem nicht, wenn jemand anderes meine Aufmerksamkeit geweckt hat.«

Ein Schauer lief mir über die Wirbelsäule, als ich mich an seine früheren Kommentare erinnerte, dass er etwas zum Spielen wollte. Wollte er mehr von mir, nun da er Single war? War er tatsächlich an mir interessiert? Wir hatten uns bisher nur zweimal getroffen, einmal, um das Geschäftliche zu besprechen, und dann, als ich den Abdruck von seinem Schwanz machte und sah, wie er kam. Es waren recht ungewöhnliche Treffen gewesen, dennoch hatte ich nicht aufhören können, an ihn zu denken. Ging es ihm mit mir genauso?

Ich spürte, wie ich mich auf ihn zu bewegte. Sein feuchter Körper schien in der Hitze des Studios buchstäblich zu dampfen. Er leckte sich die Lippen, neigte den Kopf und sah auf meinen Mund wie ein Verhungernder. Würde er mich gleich küssen?

Er trat zur Seite und auf die Bank zu.

Ich atmete dringend benötigten Sauerstoff ein, da ich unwillkürlich die Luft angehalten hatte.

Er griff nach seinem Schwanz und ließ ihn von einer Hand in die andere wandern. Seine Augen wurden schmal, und er presste die Lippen zu einer schmalen Linie zusammen.

»Gefällt er Ihnen?«, fragte ich und hoffte, dass meine quiekende Stimme nicht verriet, wie sehr ich ihn mochte oder was ich noch vor wenigen Minuten mit ihm vorgehabt hatte.

Seine Brauen gingen in die Höhe, doch er sagte nichts.

»Es ist eine erstklassige Glasur. Sie sollte jahrelang halten und ist praktisch unzerbrechlich, es sei denn, Sie fahren mit einem Auto darüber oder einem Traktor oder ...«

»Er ist nass.« Sein Blick suchte meinen und hielt ihn fest. »Er ist nass und ... und auch warm.«

»Ich habe Ihnen ja gesagt, dass er noch trocknet.« Ich stemmte die Hände in die Hüften, ganz die unnahbare, unverstandene Künstlerin.

Seine dunklen Augen wanderten über meinen Körper, und meine Unnahbarkeit verflüchtigte sich, wie eine Pfütze im Hochsommer. Er schien mich mit seinem Blick zu verschlingen, als könnte er durch meine Kleidung hindurchsehen, und im nächsten Moment verzehrte ich mich vor Verlangen. Er kaute auf der Innenseite seiner Wange herum, während sein Blick an meinen Brüsten hängen blieb, und ich wusste, ohne hinsehen zu müssen, dass sich meine aufgerichteten Nippel deutlich unter meinem Pulli abzeichneten.

»Erfüllt er also seinen Zweck?«

»Wie bitte?«

»Der Abdruck, mein Schwanz, er ist zäh, er kann also einiges aushalten.«

»Ja, mit Geld-zurück-Garantie.« Ich lächelte. »Falls er doch bricht, mache ich Ihnen einen neuen.«

Er nickte bedächtig und hob den Penis vor sein Gesicht, ganz ähnlich, wie ich es getan hatte. Doch Theo schob ihn sich nicht in den Mund. Stattdessen hielt er sich den Schaft unter die Nase und roch an ihm wie an einer teuren Zigarre. »Riecht immer noch wie neu«, sagte er mit tiefer Stimme.

»Er ist neu, brandneu.«

»Ist er das?« Sein scharfer Blick ließ mir keine andere Wahl, als zu lügen. »Sind Sie sicher, dass er noch nicht in Gebrauch war?«

»Natürlich war er das nicht.« Ich runzelte die Stirn. »Was ist? Sieht er etwa nicht wie Ihrer aus, oder ist sonst etwas damit?«

»Das meine ich nicht.« Er zeigte mit dem Schwanz auf mich. »Ich weiß, dass es meiner ist, er hat ja sogar die Sommersprossen auf der Eichel – Sie haben wirklich ein gutes Auge für Details.«

»Danke.« Ich verschränkte die Arme vor der Brust. »Nun, Mr Driver, ich werde ihn für Sie einpacken, und Sie können dann an der Kasse bezahlen.« Ich ging hinüber zu dem Regal, wo ich das Verpackungsmaterial aufbewahrte.

Plötzlich war er hinter mir und drückte seine Brust gegen meinen Rücken, sein heißer Atem in meinem Nacken. »Ich will wissen, wo er gewesen ist ... was Sie mit ihm gemacht haben«, flüsterte er mit dunkler Stimme in mein Haar. »Ich fühle mich ... missbraucht. Zu wissen, dass Sie mit einem Teil von mir spielen konnten, mit ihm machen konnten, was Sie wollten.«

Ich versuchte, mich herumzudrehen und ihn anzusehen, doch er hielt mich so in seinen breiten Armen fest, dass mein Blick auf den Vorrat an Verpackungskartons fiel.

»Wo ist er gewesen?«, flüsterte er und zog mich dabei eng an seinen Körper. Erschrocken schnappte ich nach Luft. Er hatte einen Steifen, hart wie Stahl, der gegen meinen unteren Rücken drückte. »Sie riechen nach Sex, und Sie sind allein hier.«

»Nein, das tue ich nicht.«

»Sie können es nicht leugnen«, flüsterte er. »Der Geruch umgibt Sie wie ein Parfum. Frau und Lust und würziges Verlangen, es – es ist wie eine Aura, und da mein Schwanz auf der Bank lag, vermute ich, dass ihr beide Spaß miteinander hattet.«

Mein Magen spielte verrückt. Er war mir auf die Schliche gekommen. Er hatte recht, ich konnte es nicht länger abstreiten.

»Mein Schwanz riecht nicht nach Pussy, also vermute ich mal, dass er nicht hier gewesen ist.« Er presste mit der Spitze des falschen Schwanzes gegen meine Scham und übte dabei durch meine Jeans hindurch genau den richtigen Druck auf meine ohnehin schon erregte Klit aus. Ich stöhnte leise und ließ den Kopf gegen seine Schulter fallen.

»Vielleicht war er ja hier.« Er fuhr mit dem Dildo über meinen Pullover und legte ihn zwischen meine Brüste.

»Nein«, sagte ich und sah, wie die Sommersprossen mir zuzuwinken schienen.

»Dann wahrscheinlich hier.« Er drehte mich zu sich herum, nahm mein Gesicht in seine Hand und drückte mit ihr so zu beiden Seiten des Mundes, dass ich den Kiefer öffnen musste.

Ich wollte protestieren, doch als mir der erste Ton über dic Lippen kommen wollte, schob er mir den Kopf seines Schwanzes in den Mund. Meine Augenlider schlossen sich flatternd, als ich mich an seine Form und Größe erinnerte und an das Sehnen, das er in meiner Pussy hervorgerufen hatte.

»Passt perfekt«, sagte er und zog ihn wieder heraus.

Ich öffnete die Augen, hielt seinem Blick stand und schob meine Zungenspitze heraus. Ganz langsam leckte ich dann über die kleine Öffnung des Schwanzes, als würde ich Eiscreme lutschen.

Theos Blick verschleierte sich, und seine dunkle Lust traf mich bis ins Innerste.

In diesem Moment wusste ich, dass wir es miteinander treiben würden.

Ich schob mein Gesicht vor und schluckte den Schwanz von Neuem, noch tiefer dieses Mal, und sah mit Befriedigung, wie Theos Mund sich entspannte und ein lustvolles Stöhnen aus seiner Kehle drang. »Himmel noch mal, bist du gut«, sagte er, rieb seinen echten Schwanz an mir und schlug dabei wegen seiner Größe gegen meinen Magen. »Schon beim Blick in deine Augen, als ich so heftig gekommen bin, wusste ich, dass du etwas Besonderes bist.«

Er nahm den falschen Schwanz weg und drückte seine Lippen auf meinen Mund, hart und ohne Widerspruch zu dulden. Seine Zunge zwang sich zwischen meine Zähne, doch ich kämpfte mit seinen Waffen und tauchte ebenfalls in die heiße Feuchte seines Mundes, die nach schwarzem Kaffee schmeckte, während ich die Arme um seinen Hals schlang.

Seine eindrucksvollen, harten Oberarme drückten meinen Oberkörper zusammen, und meine Füße hoben sich vom Boden. »Willst du den echten?«, fragte er zwischen seinen Küssen.

»Ja«, brachte ich hervor. »Aber nicht in meinem Mund.«

»Wo dann?«

»Das weißt du doch.«

Er setzte mich ans Ende der Bank und nahm mein Gesicht in seine Hände. »Ich will, dass du es sagst.«

Meine Hände glitten hinunter, über seine festen Bauchmuskeln zu seinem Gürtel.

»Nein.« Er griff nach meinen Handgelenken. »Nicht, bevor du mir gesagt hast, wo du mich haben willst.«

»Ich will dich ...«, ich leckte mir über die Lippen und kniff meine Augen zu Schlitzen zusammen, »... in meiner Pussy.«

»Möse«, sagte er, wobei seine Stimme tief wie ein Grollen klang. »Ich will, dass du Möse sagst.«

»Okay ... Möse ... ich will deinen Schwanz in meiner Möse.« Mein Herz brannte bei der Schamlosigkeit dieser Worte. Sie vor Theo zu sagen, zu ihm, war so, als injizierte man mir Adrenalin direkt in meine Klit.

Eilig zog er mir die Jeans und das Höschen über die Hüften und streifte sie so brüsk zu meinen Knöcheln hinunter, dass er mich dabei ans Ende der Bank drängte. Er küsste mich wieder, hart und genießerisch, sog und leckte meinen Hals, biss mir durch den Pulli in die Nippel. Ich strich mit den Händen über seine Schultern und lehnte mich leicht zurück. Seine Bisse stachen, doch ich wusste, dass das, was noch kam, bei Weitem mehr schmerzen würde.

Seine Hände waren unter der Bank beschäftigt. Ich hörte das Klirren von Metall, und als Nächstes hob er meine Füße in die Höhe und schob sie in die Steigbügel, die ich zum Vulva-Modellieren benutzte, weil sie sich wunderbar dazu eigneten, die Beine der Damen hoch und trocken zu halten, während ihr Po über der Bank hing.

Theo trat zwischen meine gespreizten Beine und starrte hinunter auf meine Spalte. Wäre ich nicht so unglaublich geil gewesen, hätte ich mich bei dem Wissen, ihm so preisgegeben zu sein, unter seinem Blick gewunden. »Ich habe schutzlos vor dir gestanden«, sagte er ruhig. »War deiner Gnade ausgeliefert. Es war das Heißeste, was ich seit langer Zeit erlebt habe, und ich will, dass du es auch erlebst.« Er streckte einen Finger aus und fuhr damit durch die Locken meines leuchtend roten Schamhaars. »Ich bin froh, dass das deine natürliche Farbe ist«, sagte er und nickte zufrieden.

Meine Hüften zuckten, als er auf die Knie sank und mit der Zunge über meine sich verzehrende Klit strich. Ich stöhnte und streckte die Arme über meinen Kopf, als das Studio unter einer Reihe von Donnerschlägen erbebte.

Seine regenkalten Finger fuhren um meine Öffnung herum, erforschten sie und verteilten meine Säfte in jeden geheimen Winkel. Er begann, gierig an meiner Perle zu saugen, und ich seufzte und hob ihm meine Hüften entgegen, so weit es meine Position erlaubte.

»Nicht kommen, jetzt noch nicht«, befahl er und suchte sich leckend seinen Weg zur Innenseite meines Schenkels. »Nicht, bevor ich es sage. Ganz genau so, wie du mich kontrolliert hast.«

»Aber …«

Seine Zunge spielte mit meiner Klit, und er begann mich zu dehnen, in dem er zwei breite Finger in mich schob und dann wie eine Schere öffnete. Das Gefühl war überwältigend; ein Höhepunkt baute sich in mir auf, und ich war kurz davor zu explodieren.

Sein heißer Körper schob sich wieder über meinen, und ich stöhnte angesichts der fehlenden Aufmerksamkeiten zwischen meinen Beinen. Er küsste mich auf den Mund, und ich konnte mich auf seinen Lippen schmecken. Dann spürte ich die kühle Spitze des Dildos an meiner Öffnung, bevor dieser einen Zentimeter in mich hineinglitt.

»Nein … ich will den echten«, sagte ich, während ich mich unter ihm wand.

Der Dildo glitt noch ein Stückchen tiefer und übte nun einen festen Druck auf meinen Anus aus. Instinktiv zuckte ich vor dem schockierenden Gefühl zusammen, doch ich war nicht in der Lage, mich fortzubewegen.

»Wie wäre es hier?«, brummte er.

»Nein«, winselte ich, während mir der Kopf schwirrte angesichts seines verdorbenen, verbotenen und doch verwirrend aufregenden Vorschlags.

»Nächstes Mal.« Seine Stimme klang tief und gefährlich. »Wirst du uns beide aufnehmen.«

Mein Schließmuskel prickelte bei dem unglaublichen Gedanken daran, gleichzeitig von vorn und von hinten gefickt zu werden.

Hagel prasselte auf die Oberlichter.

»Bitte«, bettelte ich, und meine Stimme klang selbst in meinen Ohren bedürftig und verzweifelt. »Den richtigen Schwanz … in meine Möse.«

Der Dildo fiel klappernd auf den Boden. Mit einem animalischen Stöhnen öffnete Theo den Reißverschluss seiner Hose und drückte im nächsten Moment die heiße, harte Spitze seinen wundervollen Schwanzes gegen meine Pussy. Ich keuchte, war ihm nun ganz ausgeliefert, wobei ich mir keine Gedanken darüber machte, ob er sich Zeit nehmen würde oder sich sofort in meinen bebenden Körper rammen würde.

Es schien, als ob Letzteres angesagt war. Mit einem harten Stoß trieb er sich in mich hinein, bis seine Eier auf meine gespreizten Pobacken trafen. Ich schrie laut auf, als die Muskeln in meiner Muschi zuckend protestierten. Schmerz und Lust vermischten sich zu einem verwirrenden, wonnevollen Cocktail, und süße Flammen verzehrten mein Innerstes.

»*Fuck*, du bist so eng«, keuchte Theo, beugte sich vor und schob mein Sweatshirt hoch, um durch meinen zarten BH hindurch an meinen Nippeln zu saugen. Ich bog mich ihm entgegen, warf den Kopf zurück. Die Hände noch immer über meinem Kopf hielt ich mich an der Bank fest. Er spießte mich auf. Es war angsteinflößend wunderbar. Sein Schambein übernahm die Stelle, wo zuvor seine Zunge gewesen war, und rieb und schlug auf meine zarte Perle, als er sich in mich stieß und dann wieder ein wenig zurückzog. Ein Orgasmus ratterte auf mich zu mit der Kraft einer Dampflok, drückte mir die Brust zusammen und ließ meinen Magen Purzelbäume schlagen.

Theo rutschte zwischen meinen erhobenen Beinen nach oben, wobei die Arbeitsbank die ideale Höhe für ihn hatte, um aufrecht zu stehen, während er mich fickte. Ich sah, wie er den Kopf in den Nacken fallen ließ, die Sehnen dick wie Seile, als ein Blitz über uns im Oberlicht zuckte. Theo grub seine Finger in meine bloßen Hüften und stieß seinen betonharten Schwanz noch härter in mich, während er mit loderndem Blick dorthinsah, wo sein Schwanz in mir verschwand.

Ich krümmte mich vor und griff nach seinen Handgelenken. Er füllte mich nun ganz aus und war so tief in mir, dass ich fühlen konnte, wie er gegen mein Diaphragma stieß, und sich meine Atemzüge seinen harten Stößen anpassen mussten. Ich versuchte zu sprechen, konnte aber keine klaren Worte formen und brachte nur ein lang gezogenes Stöhnen der Lust hervor.

Er legte sich wieder auf mich, presste mich auf den Rücken.

»Ich komme gleich. Herr im Himmel, lass es uns diesmal gemeinsam tun.«

Er musste mich nicht bitten, denn ich stand selbst kurz davor. Indem er sich vorgebeugt hatte, konnte sich meine freigelegte Klit ungehindert an seinem verlangenden Körper reiben. Dieses Gefühl zusammen mit seinem enormen Schwanz, der in meine Pussy stieß, schickte mich geradewegs in den Himmel. Ich hörte auf, Theo zu küssen, verlor mich in Ekstase. Als ich schließlich kam, zogen sich meine Muskeln wieder und wieder fest um seinen Schwanz zusammen und trieben auch ihn in ungeahnte Höhen.

»*Fuck*, ja«, stöhnte er, bevor er sich wild in mich stieß. Dann schob er die Arme unter meine Schultern und drückte mich fest wie ein Schraubstock an seine Brust.

Ich öffnete die Augen. Ich zitterte, und mein Inneres pulsierte, während meine Beine in der ihnen zugedachten Position zuckten.

Er hob den Kopf und sah mir in die verhangenen Augen. Schweiß glänzte in seinen Brauen. »Das«, sagte er atemlos, während der Hauch eines Lächelns um seine Lippen tanzte, »verstehe ich unter Körperkunst.«

Erfüllung

Angela Caperton

»Jetzt heißt es einfach nur warten«, sagte Robert, als der Vollmond langsam aufging.

»Glaubst du, Er wird kommen, Robert?«, fragte Margaret, ihre Stimme sanfter als die Oktoberbrise, die vom Fluss herüberwehte und durch ihr langes, braunes Haar strich.

»Natürlich wird Er das. Erinnere dich, was Bruder William gesagt hat: Heute ist der Tag unserer Erlösung.«

Margaret verlagerte vorsichtig ihr Gewicht, als sie mit ihrem flachen Absatz über eine Schindel rutschte. Ihr fließendes, weißes Gewand aus Wolle, das sich am Nachmittag so angenehm angefühlt hatte, schien angesichts der nächtlichen Kälte nun unangemessen. »Ich habe gedacht, Er würde tagsüber kommen.«

»Niemand kann die Stunde kennen«, entgegnete Robert, wobei seine Stimme erst bestimmt, dann weicher klang. In der Hitze des Tages hatte er sich das weite Übergewand bis über die Hüfte hochgezogen, doch nun rollte er es wieder über seine Baumwollhose nach unten.

»Aber Bruder William hat uns den Tag genannt«, sagte sie, während sie vorsichtig die Beine unterschlug. »Der Tag ist vorüber, Robert, und hier sind wir.«

Robert drehte sich zu ihr um, der letzte Rest des rötlichen

Sonnenlichts schimmerte in seinem schwarzen, grob geschnittenen Haar. In den dunkler werdenden Schatten konnte sie seine Augen nicht erkennen, aber sie wusste, dass in ihnen ein Ausdruck tiefer Unschuld stand, der ihr Herz schmelzen ließ.

Sie hatte seine Augen den ganzen Tag über beobachtet, seit sie am frühen Morgen hoch auf das Dach gestiegen waren. Nun in der Dämmerung dachte sie wieder daran, wie sie das erste Mal das Licht in ihnen hatte leuchten sehen – beim Treffen in Dutch Coopers Feld. Die Hitze in jener Augustnacht war brutal gewesen, aber im Schein der Laterne im Jahr 1844 brachte Bruder William das Wort Gottes nach Samuel's Ferry, und jeder wurde Zeuge, dass Erleuchtung möglich war.

»Und die Auserwählten werden in den Himmel aufsteigen«, predigte der graue Riese damals, die Stimme wie dünner Donner, schnarrend und doch so stark wie sein Glaube. »Der Tag wurde mir verkündet, und jene, welche gerettet werden, werden die Wahrheit kennen, wenn sie sie hören, und jene, die sie nicht hören, sollen vernichtet werden!«

Margarets Herz raste, als er die Stimme erhob, während die Gemeinschaft der Gläubigen vor Freude aufschrie, und in einer Verkündigung, von der Margaret wusste, dass sie direkt von Gott stammte, teilte Bruder William ihnen – den Bürgern von Samuel's Ferry! – die Zeit von Gottes Ankunft mit. Margaret bekam kaum Luft. Sie hatte dafür gelebt, Ihn zu sehen! Und nun würde sie eine der Auserwählten sein, da sie Bruder Williams Worte gehört hatte! Sie war auserwählt, und nichts, aber auch gar nichts hätte ihr das Gefühl geben können, wertvoller oder gesegneter zu sein.

Robert hatte auf der Bank neben ihr gesessen. Seine Hand hatte nach ihrer gegriffen. Sie war warm und lebendig, die

Handflächen ein wenig rau, was sich aber nicht unangenehm anfühlte. Sein Daumen hatte über ihren Handrücken gestreichelt, und kleine Wellen der Lust waren durch ihren Arm bis in ihre Brust gefahren. Sie hatte auf ihre ineinander verschränkten Hände geblickt und dann in sein Gesicht und das tiefe Blau seiner Augen. Das dunkle, struppig kurze Haar stand in einem faszinierenden Kontrast zu den scharf geschnittenen Zügen seines lächelnden Gesichts. Er trug braune Hosen, und sein dünnes Gewand war sauber, abgesehen von den feuchten Flecken unter seinen Armen, doch Margaret konnte ihm diese nicht übel nehmen. Jeder Mann und jede Frau auf dem Feld hatte solche Flecken. Sie lächelte ihn selig an. In ihren Brüsten zog es, und ihre Wangen brannten, dann wandte sie sich von dem Fremden an ihrer Seite ab und wieder Bruder William zu, jedes seiner Worte eine verheißungsvolle Offenbarung.

Sie war erwählt worden. Noch nie hatte sie sich lebendiger gefühlt.

Das war nun acht Wochen her, und seitdem waren die meisten der Brüder und Schwestern, die bei der Zusammenkunft auf Dutch Coopers Feld dabei gewesen waren, wieder auf den Pfad der Sünde zurückgekehrt. Nur einige wenige hatten den Glauben an den Übergang seit der Zeit der Sommerfeuer bis in die nebeligen Tage des Herbstes hinein nicht verloren.

Das Dutzend der Standhaften hatte sich an einem Oktobermorgen am Rande der Stadt versammelt und ging in einer Prozession zum alten Hathorne-Haus auf dem Hügel mit Blick auf die Fähre.

Drei Stockwerke hoch und definitiv baufällig, war das Haus seit Generationen unbewohnt. Niemand stellte sich dem Marsch der Glaubensgemeinschaft in den Weg, obwohl sich einige Stadtbewohner zusammengefunden hatten und sich darüber lustig machten.

Feierlich hatten die Gläubigen die brüchige Leiter zum Balkon im ersten Stock erklommen und kletterten dann mithilfe eines Seils und eines Flaschenzugs von Robert und Mr Wright zum höchsten Punkt des Daches hinauf, das jedoch, wie sie schnell herausfanden, zu instabil war, um sie alle zu tragen. Im Laufe des Morgens hatten sie sich deshalb zu zweit und zu dritt auf den Giebeln im zweiten Stockwerk niedergelassen, wo sie wie große weiße Tauben auf den zerbrochenen Schindeln saßen.

Um die Mittagszeit herum waren die Spötter müde geworden und in die Stadt zurückgekehrt, und am Nachmittag begannen die Gläubigen zu murren. Allein und paarweise waren sie das Seil hinuntergestiegen, bis nur noch Robert, Margaret und die Wrights übrig waren. Dann hatte sich Mrs Wright wegen der Kinder gesorgt, und zu Beginn des roten Sonnenuntergangs hatte Robert der Familie hinuntergeholfen, und die Wrights hatten sich mit dem Versprechen verabschiedet, beim ersten Klang von Donner oder Trompeten zurückzukehren.

»Glaubst du, dass es brennen wird?«, fragte Robert sie.

»Wir werden aufgestiegen sein, bevor das Feuer kommt«, antwortete sie.

Er lächelte sie an. »Ein wenig Feuer würde sich im Moment gar nicht schlecht anfühlen.«

»Robert!«, schnappte sie, doch obwohl sie seine Blasphemie schockierte, musste sie kichern. Sie bekam geradezu einen Lachanfall, und Robert richtete sich auf. Er sah an sich herunter, auf das weiße Gewand, das er trug, und unter dem sich seine Brust hob und senkte. Seine Augen weiteten sich, und dann brach auch er in ein tiefes Lachen aus, das sich mit ihrem vermischte und am Flussufer entlanghallte. Es war die einzig mögliche Antwort auf den Irrsinn des Tages.

»Wir sind schon zwei, was, Margaret?« Langsam konnte Robert wieder Luft holen, und sie hörte die Sorge in seiner Stimme. »Wir hätten mit den anderen zusammen hinunterklettern sollen. Nun werden wir uns das Genick brechen, wenn wir es versuchen, und erfrieren, wenn wir bleiben!«

Sie rutschte näher zu ihm und legte die Hand auf seinen Arm. »Wir bleiben«, sagte sie, »und wir werden nicht erfrieren.«

Sie drückte seinen Arm fest an sich, wobei sie ihn zwischen ihre bedeckten Brüste presste, berauscht von ihrem Herzschlag an seinem starken, warmen Körperteil. Heftig atmete er gegen ihre Stirn, was sie lächelnd zuließ. Bald würde es noch kälter werden – falls die ewigen Flammen der Verdammnis nicht auf die Erde herabkommen und die Ungläubigen zu Asche verbrennen würden, einschließlich der Wrights. Dennoch konnte sie sich keinen Ort auf der Welt vorstellen, an dem sie lieber gewesen wäre als hier mit Robert, selbst wenn die Flammen auch sie verbrennen würden.

Die angenehme Stille zwischen ihnen hielt an, bis die Nacht das letzte Licht der Dämmerung verschluckt hatte. Der Mond stand klar am Himmel, und Margaret fragte sich, was wohl mit ihm geschehen würde, wenn Er kam. Wäre er immer noch da, oder würde seine gottlose Anziehungskraft und sein irrer Schein vom Himmel vertrieben werden? Sie hoffte nicht. Sie hatte den Mond immer gemocht, mochte es, wenn sein Schein auf ihre Haut fiel, wie er sie in warmen Nebel zu verwandeln schien, und manchmal, wenn sie ihn in langen Sommernächten betrachtet hatte, hatte sie seine Berührung an ihren intimsten Stellen gespürt. Sie hatte noch nie jemandem von diesem seltsamen Ziehen in ihrer Mitte erzählt oder von der warmen

Nässe zwischen ihren Beinen, doch nun wollte sie es Robert erzählen.

»So-sollten wir beten, Robert?« Er rückte ein Stückchen, legte seine Arme um sie und zog sie näher an sich, während er sich mit den Füßen so abstützte, dass sie zwischen Giebel und dem eigentlichen Dach festen Halt fanden.

»Leise, denke ich. Ich möchte nicht die Nachbarn wecken.« Wieder ertönte sein Lachen, weder zu tief noch zu lang, und sie wurden beide still, lagen sich von Angesicht zu Angesicht gegenüber. Sie waren sich nun so nahe, dass sie seine Augen erkennen konnte, in denen sich der aufsteigende Mond spiegelte.

Er lehnte sich zu ihr herüber und flüsterte mit warmen Lippen an ihrem Ohr. »Vater, der du bist ...«

Margaret schloss die Augen und wiederholte seine Worte in einem heiseren Flüstern. Sein Atem strich wie eine Feder über ihre Wange, und ihre Nasen stießen aneinander. Dann spürte sie seinen Atem auf ihren Lippen, die Gebete nun fast lautlos, da ihr der Atem stockte.

Ihr Herz schlug wild, als sich Roberts Mund auf ihren legte, fest und feucht. Das war nicht der keusche flüchtige Kuss zwischen Bruder und Schwester, sondern ein richtiger Kuss ...

Ihre Lippen öffneten sich und hießen ihn willkommen, sie schlang die Arme um ihn, als sie den köstlichen Schlag seiner Zunge spürte. Ein Gefühl, das sie schwindeln ließ, schoss durch ihren Körper, und für einen Augenblick wurde ihr bewusst, was mit einer bestimmten Form der Verdammnis gemeint war.

Sie grub ihre Finger in sein Haar, und ein lustvolles Stöhnen, ein frohlockendes »Amen«, wie sie es noch nie gehört hatte, klang ihr in den Ohren.

Seine Hände fanden ihre Brüste unter dem dünnen Auferstehungsgewand und der Stoffschicht, die sich darunter befand. Die Nässe kehrte zwischen ihre Beine zurück, zusammen mit einer drängenden Hitze, und während der Mond am Himmel glänzte, fühlte sich Margaret wie unter seinem Zauber.

Sie presste sich fest an Robert. Seine Hände liebkosten ihren Rücken und eine glitt hinunter zu ihrem Po, ungeduldig mit der hellen Wolle kämpfend. Die Hitze seiner Handfläche brannte sich durch die Leinenschicht darunter, während er ihr das Gewand erst über die Wade und dann ihren Schenkel hinauf nach oben zog. Sein Kuss war leidenschaftlich und ein ständiges Geben und Nehmen.

Seine Höllenfeuer-Hand wanderte über ihr bloßes Bein, hielt kurz an ihrem Knie inne, stieg dann weiter hinauf, schnell und entschlossen, über ihren Schenkel zu dem Ort, den noch kein Mann jemals zuvor berührt hatte, wo sie sich jedoch manchmal in den verrückten Mondnächten selbst gestreichelt hatte.

Sie hielt den Atem an. Als seine Finger die Feuchte zwischen ihren Beinen fand, schnappte sie nach Luft und biss ihn erschrocken, schmeckte das Blut auf seinen Lippen. Er schien es gar nicht zu bemerken, ihr Kuss nur für einen kurzen Moment unterbrochen, bevor sie ihn fortführten, feucht und salzig und noch wilder als zuvor.

Sein Finger öffnete ihre Spalte mit Leichtigkeit, und dann schob er sich langsam in sie hinein und wieder heraus, wobei er ihre Nässe verteilte. *Verdammnis*, dachte sie, doch sie winkelte das Bein an, um sich noch weiter für ihn zu öffnen.

Als er innehielt, ließ sie ihn nicht fort. Margaret schnappte nach seinem Kiefer, bevor sie ihre Küsse nach oben wandern ließ. Sie leckte sein Ohr, und seine Hand öffnete langsam ihre

Spalte. Er spielte mit ihrem geheimen Lustzentrum, bis sie glaubte, eine Welle spüle über sie hinweg. Sie zitterte und drängte sich an ihn, erstaunt darüber, dass sich eine Berührung so gut anfühlen und irgendein Mann wissen konnte, wie er ihr solche Ekstase verschaffte.

Der Mond stand hoch am Himmel, und Maragret schrie laut auf.

Da sah sie es, Sein Geschenk. Die vollkommene Schönheit des Himmels, der silbrige Kreis, der Kristallglanz der Sterne, der flüsternde Wind, sein kühler Atem auf ihrem nackten, feuchten Schenkel: diese Lust.

Diese Liebe.

Bebend drehte sie sich zu Robert und schmiegte sich an ihn, ihr Gewand nichts weiter als ein lästiges Hindernis. Sie schob es zur Seite, und schob die Finger unter seine Kleidung. Seine Hände spielten auf ihren Armen und Schultern, und sie konnte sein heißes Gesicht spüren, das im Schatten lag.

Der hastige Atem klang ihr wie ein neues Kirchenlied in den Ohren. Die Knöpfe seiner Hose waren groß und leicht zu öffnen, und so landeten die Unterkleider bei ihren Gewändern. Schnell öffnete er die Knöpfe seines Hemdes und zog es auseinander, sodass er seine Brust entblößte. Margaret hatte noch nie zuvor einen nackten Mann gesehen, doch Mrs Wright hatte ihr erzählt, dass das Geschlecht eines Mannes ganz ähnlich wie das eines Pferdes sei, das im Begriff stand, eine Stute zu besteigen.

Roberts Schaft war im Mondlicht bleich wie Pergament, weicher als ein Samthut und warm wie die Reste der Glut. Er wurde noch härter, als sie ihn aus der Hose befreite, obwohl er bereits zuvor sehr hart gewesen war.

Sie fühlte keine Scham, keine Sünde, nur ihr übervolles

Herz und einen kleinen See schwerer, feuchter Hitze zwischen ihren Beinen.

Mit dem Finger zeichnete sie die weiche Erhebung einer Vene nach, wobei sie ihr von dem drahtigen, gelockten Haar den Schaft hinauf folgte, bis zu der Kerbe, über der sich die gerundete Spitze erhob.

»Margaret«, stöhnte Robert, während sein Kopf nach hinten und auf die Schindeln fiel.

Sie setzte sich auf und blickte auf das pralle Fleisch in ihrer Hand. Im schimmernden Mondlicht glänzte seine Männlichkeit an der Spitze, wo ein glitzernder Tropfen die Herrlichkeit krönte. Margaret verrieb den feuchten Edelstein zwischen Daumen und Zeigefinger und brachte ihn dann an ihre Lippen. Sie fuhr mit der Zunge über ihren Finger, als würde sie in der Küche kosten wollen, ob es sich um Salz oder Zucker handelte. Der würzige Geschmack überraschte sie, und sie keuchte kurz auf. Dann beugte sie den Kopf, nahm die feuchte, mondbeschienene Pflaume zwischen ihre Lippen und drückte ihre Zungenspitze dagegen.

Roberts Kopf schlug noch einmal gegen das Dach, und das laute Geräusch ließ Margaret in ihrem Forscherdrang innehalten.

»Robert, ist alles in Ordnung mit dir?«

Er zog sich hoch, saß nun neben ihr und blickte für einen Moment starr nach vorn. Anmutig griff er dann nach dem Saum ihres Hemdes und zog es ihr über den Kopf, sodass sie nun entblößt neben ihm lag. Die kühle Nachtluft war nicht mehr zu spüren, als Robert sie fest in seine Arme zog. Vorsichtig rollte er sich ein wenig über sie und bedeckte sie mit seinen nackten Beinen und seiner Brust. Sein Kuss war lang und tief, als würde er mit der Zunge ihre Seele liebkosen wollen. Sie umarmte ihn, wobei sich ihre Hände unter seinem Hemd trafen und ihre Finger fasziniert seine Haut und die harten Muskeln ertasteten. Sie erwiderte seinen Kuss mit gleicher Leidenschaft und wusste, dass ihr Weg nur ein Ziel haben konnte.

Den Himmel.

Er senkt den Kopf und nahm eine ihrer Brustspitzen zwischen die Lippen. Ein Seufzer stieg ihr aus der Kehle, doch sie presste die Lippen fest zusammen, damit er ihr nicht entweichen konnte. Sanft hielt sie Roberts Kopf in ihren Händen, während seine Zunge kleine Kreise auf ihr pralles Fleisch malte.

Sein harter Schwanz presste sich in seiner ganzen Länge an ihren Schenkel. Seine Hände fuhren über ihren Körper, streichelten, entdeckten, erforschten, lockten. Ihre Haut schien sich unter seinen Berührungen aufzulösen. Sie fühlte jedes Reiben, jedes Zwicken, jeden Kuss in ihrem Blut. Als seine Finger zu ihrer feuchten Spalte zurückkehrten, bog sie ihm ihre Hüften entgegen, inständig, flehentlich. Zwei Finger schlüpften mit Leichtigkeit in ihren Kelch, der nass von ihrem Wein war. So wunderbare Finger, so wissend. Er fand die Perle, prüfte ihre Härte, das empfindliche Fleisch, das das Tor zum Paradies war. Er streichelte und lockte, bis Margaret schon wieder das versprochene Land des blendenden Lichts sah, doch dann hielt Robert inne.

Sie wimmerte – eine verhungernde Seele, der das Brot vorenthalten wurde – und klammerte sich an ihn, als könnte nur er sie vor dem Ertrinken bewahren.

Sein warmer Atem fuhr über ihr Ohr. »Margaret, ich liebe dich.« Dann schob er sich ganz über sie, Beine und Hüften zwischen ihr. Sein feuchter, harter Schwanz löste sich mit einem satten Geräusch von ihrem Schenkel. Für einen Moment stieg Panik in ihr auf. Wollte er sie verlassen?

Dann fuhr die samtige Spitze seines Schafts ihre Spalte entlang, huldigte dem Eingang, bevor er mit festem, gleichmäßigen Druck gegen die Öffnung presste.

Funkelnde Blitze der Lust schossen durch sie hindurch, als seine Schwanzspitze in sie eindrang.

In sie hinein.

Sie schlang die Beine um ihn, öffnete sich und hieß seinen Körper willkommen, während er für einen Moment reglos blieb. Margaret wusste, dass da noch mehr Platz war. Sie erinnerte sich an seine Finger und an ihre eigenen, und sie wollte ihn ganz in sich spüren.

Robert atmete heiser und stoßartig. Sie nahm sein Gesicht in ihre Hände und zog ihn zu sich. Ihre Lippen trafen sich und ließen sie miteinander verschmelzen, eine Brücke zwischen ihren Seelen. Und indem ihr Kuss fordernder wurde, gab sie Robert das Zeichen, seinen langen, prallen Schwanz wie Seide tief in sie gleiten zu lassen, tiefer, als es ihre Finger jemals gewesen waren.

Ein scharfer Schmerz schoss durch sie hindurch, doch der Schmerz verlor sich bald mit Roberts Bewegungen, die erst langsam und vorsichtig waren, um ihr nicht wehzutun, dann immer schneller wurden und tiefer gingen.

Sie dachte an Lobeshymnen, an den Klang des Klaviers, das sie in der Kirche gehört hatte. Stark, wahrhaftig, mit Basstönen, die den Takt des Liedes vorgaben. Roberts Hüften pressten sich gegen sie, während er seinen Schwanz in sie schob. Sie fühlte jeden Stoß, fühlte, wie er ihr Innerstes ausfüllte und dann das fast schmerzliche Gefühl, wenn sich sein Fleisch wieder aus ihr zurückzog. Sie küsste ihn, ließ ihren Dank und ihre Lobpreisung auf seine Haut treffen, wo immer ihr Mund es wollte – Schultern, Hals, Lippen, Wangen. Sein Atem ging nun wie der eines rasenden Hengstes, während er in sie stieß, kraftvoll und lebendig, und sein Verlangen nach ihr steigerte sich noch mit jedem Anspannen seines Hinterns, mit jedem Reiben seiner Hüften.

Mit jedem Stoß, jeder zärtlichen Berührung schienen sich die Grenzen von Margarets Körper mehr aufzulösen. Ein Gefühl stieg in ihr auf, ähnlich dem des früheren Zaubers, aber noch intensiver, noch göttlicher.

Er hob sich ein wenig von ihr, ohne die Verbindung ganz zu unterbrechen, sein Schwanz fest in ihrem Körper wie ein Stock im Boden. Vorsichtig kniete er sich hin, die Zehen am Rande des Dachs. Er griff nach ihren Hüften und zog sie noch enger an seine heran, dann trieb er sich wieder in sie hinein, fand ihre Mitte mit einer Präzision, mit der ein Schmied eine Kante traf. Sie schnappte erschrocken nach Luft und keuchte auf, als seine Finger ihre Perle fanden und mit ihr spielten, während er in sie glitt und wieder aus ihr heraus.

Sie schloss die Augen, als ihr Geist und ihre Seele im Einklang mit den Empfindungen ihres Körpers schwangen. Jeder samtig-harte Stoß brachte sie der Transzendenz ein Stück näher.

Ihre Muskeln spannten sich um seinen Schwanz, und Roberts Atem ging in ein tiefes, raues Stöhnen über. Er stieß hart, und eine Welle köstlichen Schmerzes ließ sie aufschreien. Er blieb so, komplett in ihr, prall und schwer.

»Jesus, Margaret«, flüsterte Robert, bevor er sich ein Stück zurückzog und dann noch einmal in sie hineinglitt, der Rhythmus drängend, getrieben, als könnte er sterben, bevor er zu einem Ende kam. Und die ganze Zeit über spielte sein Daumen mit ihrer geschwollenen Perle, und Margaret ertrank in ihren Empfindungen – fühlte sich rasend und wild –, bis sein beständiges Pumpen ihren Blick in Gold verwandelte und der Mond über ihr zu nichts weiter als einem blassen Cousin jener Ekstase wurde, die ihren Körper explodieren ließ.

Sie schrie auf, sang ihre Freude in Roberts Gesicht und zu den Sternen hinauf. Überwältigende Lust umhüllte sie, versengte sie, ließ sie zu Asche verbrennen in den beständigen Wellen eines Flammenmeers.

Er stieß noch zweimal in sie, sein Atem so stockend, dass sich Margaret schon um seine Gesundheit sorgte, als sein Gewicht sie gegen das Dach drückte und sie überlief; warm und träge floss sein Erguss aus ihr heraus und über ihren Po, wo sich die Flüssigkeit schnell abkühlte.

Sie öffnete die Augen und blickte zum Mond hinauf, lächelnd und überrascht, wie wunderschön sie sich fühlte.

Wie göttlich.

Sie schliefen nicht, sondern liebten sich noch zwei weitere Male, bevor es dämmerte.

Als das rote Morgenlicht die Schatten um das Hathorne-Haus vertrieb, setzten sie sich auf und beobachteten den goldenen Schimmer, der die ganze Welt zu umgeben schien.

Sie waren nackt wie Adam und Eva, als ein neuer Tag anbrach, und Margaret spürte ein seltsames Zögern in ihrem Herzen, als sie sich ihr Hemd wieder überstreifte und das Auferstehungsgewand zusammenlegte. Sie würde es nie wieder tragen.

Robert schlüpfte in seine Hose, und sie seufzte, als sein wundervoller Schwanz, das Symbol seiner Herrschaft, unter dem rauen Baumwollstoff verschwand.

Ihre Blicke trafen sich, und sie sah in seinen Augen all das, was auch sie in ihrem Herzen fühlte. Nicht die geringste Enttäuschung, kein Bedauern.

Nur Erfüllung.

Der Gürtel

Rachel Kramer Bussel

Auf den ersten Blick fällt einem der Gürtel gar nicht auf. Er befindet sich irgendwo zwischen seinem Shirt und seiner Hose, versteckt, eng geschnürt, zwei Dingen dienend. Man ahnt nicht, dass er dort ist, es sei denn, der Mann macht sich die Mühe, ihn dir zu zeigen. Und das tut er häufig, wenn er in der Öffentlichkeit seine Hand darauf legt, wie eine Erinnerung und einen Hinweis darauf, was im Privaten passieren wird. Du hast keine Ahnung, wie vielen anderen Mädchen er ihn sonst noch zeigt, doch der Grund, warum du immer wieder zu ihm zurückkehrst, ist der, dass dir die anderen Mädchen egal sind, wenn du bei ihm bist. Es könnten Hunderte sein, sogar Tausende, so lange er dich nur so ansieht, wie er es macht, wenn er den Gürtel öffnet, aus den Schlaufen zieht und sich das weiche, abgetragene braune Leder langsam um die Hand wickelt. Dann kannst du glauben, dass er ihn nur für dich trägt.

Es ist nicht der erste Gürtel, mit dem du geschlagen wirst. Da gab es diesen Jungen im College, der wollte, dass du dich für ihn nach vorn beugst, den Rock um deine Knöchel. Der Junge schwang den Gürtel kraftvoll, bevor er seinen riesigen Schwanz in deinen unvorbereiteten Hintern versenkte. Alles schnell und unvorbereitet, ohne jegliche Finesse.

Dein jetziger Liebhaber ist das Gegenteil, oder vielmehr vereint er Spontaneität und Finesse auf eine schwindelig machende Weise. Das Ganze hat Substanz. Er hält den Gürtel, als würde er in seine Hand gehören, als wäre er eine Verlängerung seines Körpers. Er sagt dir, dass er jeden Tag an dich denkt, wenn er ihn durch die Schlaufen seiner Hose zieht oder die kühle Metallschnalle berührt. Allein, in welchem Raum auch immer – doch niemals in einem der Schlafzimmer –, reagiert dein Körper, ohne dass du etwas dagegen tun kannst, wenn du siehst, wie er nach der Schnalle greift. Dabei hat dich deine Erfahrung gelehrt, dass das alles Mögliche bedeuten kann: Er will seinen Schwanz entblößen, damit du an ihm saugst. Er wird dir die Arme auf dem Rücken fesseln. Er wird dir das Haar grob nach hinten ziehen und dir ins Gesicht schlagen, bis du weinst. Er wird dich schlagen, bis deine Haut von außen nach innen glüht. All das ist möglich, und all das verschafft dir Lust, doch du hoffst, dass es Letzteres sein wird.

Der Gürtel spricht in einer Weise, wie es selbst euch beiden, die ihr aus dem Schreiben einen Beruf gemacht habt, nicht immer gelingt. Der Gürtel ist kein »Spielzeug« und kein »Vorspiel«, sondern ein eigener Bereich eures Sexlebens, einer, der jederzeit zum Tragen kommen kann. Zum Beispiel verborgen, aber machtvoll, während du gerade in einer Bar entspannt an einem Drink nippst. Deine Finger kribbeln dann, weil du ihn berühren willst, denn nur so kann dein Liebhaber sie schlagen, damit du sie zurückziehst. Du weißt nie, ob er eine Rolle spielen wird, wie er ihn benutzen und wie viel von dem Gürtel und sich selbst er dir geben will.

Du versuchst, nicht gierig zu sein, aber du hoffst, dass es so oder ähnlich sein wird: Du bist wund von seinem Schwanz in dir, davon, wie er dich nach unten gedrückt und dir die Hand in den Nacken gepresst hat. Wund auf eine positive Weise, sodass du den Gürtel fast nicht vermisst – fast. Du hast nie viel Zeit, kannst nie über Nacht bleiben, musst dir die Stunden für diese Affäre woanders zusammenstehlen, und so lernst du zu nehmen, was du kriegen kannst. Du fragst dich, wann er gehen muss, wann der Zauber der Lust wieder dem wirklichen Leben weichen wird, wenn er nach dem Gürtel auf dem Boden greift. »Dreh dich um«, fordert er dich auf, und du rollst dich auf den Bauch, damit er deine blasse Rückseite vor sich hat.

Dein Gesicht ist von ihm abgewandt, versunken im weichen Kissen, dein frisch gewaschenes Haar ist zerzaust. Die Spitze des Gürtels befindet sich an deinen frisch rasierten Pussylippen, als du die Worte hörst: »Spreiz die Beine.« Du machst es, weil du es immer machst, und weil es darum in eurer Beziehung geht: Er befiehlt, du gehorchst, und euch beiden gefällt es so. Deine Arme legen sich unwillkürlich um das Kopfkissen, und deine langen Nägel bohren sich in den Baumwollstoff und die Federn, während zu wartest.

Der Gürtel fährt durch die Luft, und du erschauerst, als du einen Luftzug spürst, der nur Einbildung oder aber sehr, sehr real sein kann. Das nächste Geräusch, das du hörst, ist das des Gürtels auf deinen Hinterbacken, beiden. Es dauert einen Moment, bis der Hieb in deinem Bewusstsein ankommt und du fast schon automatisch sagst: »Danke.«

Es gibt niemals ein »Gern geschehen« als Erwiderung, jedenfalls kein ausgesprochenes. Es ist im nächsten, stechenden Schlag enthalten, allein dadurch, dass du für würdig befunden wurdest. Er spricht nicht, ist beinahe feierlich, während du darauf wartest, dass es vorüber ist, mit Furcht und Freude gleichermaßen.

Doch diese Art von Schlägen ist es nicht, die dich kommen lässt. Nein, die behält er sich vor, wenn er dich zum Weinen bringt. Du drehst dich wieder um und öffnest die Augen für einen Moment, um zu sehen, wie er über dir aufragt. Du wunderst dich, dass ihr euch einander so nahe fühlt, obwohl er dich noch nicht einmal berührt. Der Gürtel kann zaubern. Du beginnst zu zittern, als du begreifst, was jetzt passieren wird und dass der Gürtel deine Lippen nicht nur küssen will, und so ziehst du sie zusammen, als er sich nähert.

Dann beginnt der Gürtel mit seiner eigentlichen Arbeit und küsst deine intimen Lippen härter als bei einem Hart-gegen-die-Wand-gestoßen-werden-Kuss, der blaue Flecken hinterlässt. Der Kuss ist eine Einleitung, ein Aufwärmen. Du weißt, was kommt, und obwohl du es willst, presst du unwillkürlich die Beine zusammen, bis er dich anblafft, dass du sie wieder öffnen sollst. Du schließt die Augen, weil du weißt, dass du es dir nicht ansehen kannst. Deine Hände sind über deinem Kopf ineinander verschlungen. Du konzentrierst dich darauf, dass deine Beine geöffnet sind, alles von dir entblößt ist. Als der Gürtel dich dort trifft, genau dort, schreist du nicht wirklich auf. Es ist mehr ein ersticktes, verzerrtes Schluchzen. Deine Hand legt sich automatisch schützend auf die schmerzende Stelle. Endlich hörst du, wie dein Liebhaber »Braves Mädchen« sagt.

Du willst dich nach vorn krümmen, dich zu einem Ball zusammenrollen, aber es ist dir nicht erlaubt, oder vielmehr ist es so, dass dein Wunsch standzuhalten größer ist als der, zu verhindern, was noch kommen wird. Du bist nicht stundenlang hierhergefahren, um dann vor dem Schmerz zurückzuschrecken. Doch fast vergisst du das, als dich der nächste Schlag trifft. Du fragst dich, wie die zarte Haut zwischen deinen Beinen dieser Kraft standhalten kann, und dann hörst du auf, dich darüber zu wundern, als der Gürtel nach oben zu deinen Brüsten und deinen runden Nippeln eilt, zu denen diese Schläge so wenig zu passen scheinen. Du reißt die Schultern zurück und bäumst dich auf, obwohl du dich am liebsten zusammenkauern würdest. Widerstrebend erinnerst du dich daran, wie du ihm gesagt hast, du hättest gerne Spuren dort, die du bei einem Blick in dein Dekolleté preisgeben könntest, wenn du dich mit voller Absicht im Zug vorbeugst.

Du willst diese Spuren immer noch, also atmest du tief durch die Nase ein und knetest deine Hände noch fester, um die Sache durchzustehen. Du beißt dir auf die Lippen, als der süße Schmerz des Gürtels deine Brust brennen lässt. Du hast dich schon fast an den Rhythmus gewöhnt, deine Nippel nach jedem Hieb stur aufgerichtet.

Dann ist er wieder unten, zurück an der Stelle, die sich nicht länger wie deine Möse anfühlt, nicht, nachdem sie wieder und wieder in Flammen gesetzt wurde. Die Schläge folgen nun nicht so schnell aufeinander wie bei deinen Brüsten, doch sie kommen sicher und verlässlich. Jeder Schlag trifft genau dort, wo er es will. Endlich kommen die Tränen, und du schluchzt, dass es deinen ganzen Körper schüttelt, während du all deine Kraft zusammennimmst, um auch die letzten Schläge zu ertragen. Man könnte meinen, dass der Schmerz abnimmt und sich deine Pussy irgendwie daran gewöhnt, doch so ist es nicht. Du spürst jede noch so kleine Kraftanstrengung, die in einem Schlag liegt, jeden Biss des Leders auf der Innenseite deiner Oberschenkel, auf deiner Nässe. Du stellst dir vor, wie sich der Gürtel um deine Kehle legt, die Schnalle kalt auf deiner Haut, während du tief in die blauen Augen des Mannes starrst, doch das war ein anderes Mal und an einem anderen

Ort. Der nächste Schlag trifft dich so hart, dass dein Liebhaber dich festhalten muss, damit du liegen bleibst.

Ist es der Gürtel, der dich kommen lässt? Das Leder, der Hieb, der Schmerz, der Schock? Ist es die Kraft, die dahintersteckt? Ist es das Geräusch, das der Mann von sich gibt, während er es tut, seine heftigen Atemzüge, die nichts im Vergleich zu deinen Schluchzern sind und dennoch Musik in deinen Ohren – ist es das, was dich schließlich über die Klippe fallen lässt? Ist es, wie er dich nach unten drückt und dir Schmerz verspricht, der dann kommt oder auch nicht kommt?

Vielleicht ist es das alles zusammen, all diese Kräfte gemeinsam, die deinen Orgasmus zu etwas Unerwartetem machen, bei dem sich dein Körper mit dem Gürtel zu verbinden scheint, ihm etwas von deiner Lebenskraft gibt, nur damit er sie dir mit jedem Schlag zurückgibt. Du weißt, dass das logisch und rational gesehen unmöglich ist. Dennoch hoffst du, dass der Gürtel einige deiner Tränen aufgesogen hat und sie nun bis zum nächsten Mal aufbewahrt, genau wie den Schmerz, nach dem du dich so sehr sehnst und auch wieder nicht.

Oh, es ist nicht etwa so, dass du tatsächlich die Zeit dazu hast, all das zu denken oder überhaupt irgendetwas zu denken. Der Gürtel erinnert dich daran, Schlag um Schlag, dass du offen bleiben musst, bereit, gewappnet für die Momente, von denen du nicht weißt, wie du sie aushalten sollst, wie du auch nur Luft holen sollst, geschweige denn irgendein Kunststück vollführen könntest, das den Schmerz in etwas anderes verwandelt. Inzwischen sind selbst die leichten Berührungen, die Schläge mit der rauen Gürtelspitze gegen deine Schenkelinnenseiten, der Tanz des würzigen Leders auf deinen Pobacken genug, um dich erschauern zu lassen, ganz so, wie wenn er die Hand hebt, um dich zu schlagen, und dann gerade noch rechtzeitig vor seinem Ziel innehält. Der Effekt ist der gleiche.

Du atmest tief durch die Nase, bevor dich der Gürtel wieder mit aller Wucht zwischen die Beine trifft und dich noch feuchter werden lässt, obwohl du dir das eigentlich gar nicht vorstellen kannst. Schmerz, Vergnügen, Gehorsam, Stolz, Liebe, Hass und Angst strömen in Wellen durch deinen Körper, bis du kaum noch weißt, wer du eigentlich bist. Die Grenzen zur Wirklichkeit sind längst verschwommen.

Und dann ist es, beinahe zu schnell, vorbei. Der Gürtel liegt schlaff auf dem Bett, und du darfst endlich die Beine zusammenpressen und die Spuren auf deiner Brust bewundern, die du verbergen und wie ein Geheimnis hüten wirst. Du wischst dir die Tränen von den Wangen, bist peinlich berührt und doch im Stillen zufrieden. Was danach passiert, spielt kaum noch eine Rolle, denn was bleibt, sind nicht der Gürtel oder der Schmerz oder die Spuren, als vielmehr die Schönheit, durch alles davon in etwas Neues verwandelt worden zu sein, was wie die Wunden auf und unter der Haut blüht. Gemeinsam mit ihm an einen so fernen Ort zu reisen, zu etwas so Magischem, das niemand sonst jemals besuchen wird, wo jeder Schlag mit dem Gürtel euch in eurem sinnlichen Kokon miteinander verbindet, euch durch seine Hitze miteinander verschweißt, sodass diese Bindung noch lange anhält, wenn die äußeren Spuren längst verschwunden sind.

Du hoffst, dass es so sein wird, doch du weißt nie, was du tatsächlich bekommen wirst. Eigentlich willst du es gar nicht anders.

Fast ein Star

Heidi Champa

Mein Kleid war heiß, genau wie meine Schuhe. Als ich über den roten Teppich schritt, blitzten die Kameras. Jeder wollte wissen, was für ein Kleid ich trug und ob ich glaubte, eine Chance auf den Preis zu haben. Ich versuchte, den Augenblick zu genießen, doch er ging viel zu schnell vorüber. Bevor ich wusste, wie mir geschah, saß ich auf einem samtgepolsterten Stuhl und wartete darauf, dass mein Name von einem der Gewinner des letzten Jahres aufgerufen wurde. Plötzlich schien alles wie in Zeitlupe abzulaufen, alles, was sich im Raum bewegte, schien zu einem Halt zu kommen. Das Einzige, was ich hören konnte, war das Knacken des Mikrofons, bevor mir mein Name von den Wänden entgegenhallte. Ich hatte es geschafft. Ich hatte tatsächlich gewonnen. Ich spürte kaum meine Füße, als ich nach vorne schritt und wie auf einer Wolke über die Seitentreppe auf die ausladende, goldene Bühne trat. Die Statuette fest in meinen Händen drehte ich mich mit dem Gesicht zu meinem bewundernden Publikum.

Im Blitzlichtgewitter fiel es mir schwer, die Menge zu sehen, dennoch konnte ich in dem geschäftigen Treiben die Gesichter meiner Schauspielkollegen ausmachen, die mir ihren Respekt bezeugten. Der Preis fühlte sich in meinen Händen schwer und warm an. Die Tränen, die in meinen Augenwinkeln kitzelten, kullerten mir erst zaghaft, dann immer heftiger über die Wangen. Ich ließ den Moment noch auf mich wirken, als ich spürte, wie mir ein Finger über die Pussylippen fuhr. Ich sah über meine Schulter auf Russel Crowe und die Lady mit den Auszeichnungen. Beide waren zu weit entfernt, um mich berühren zu können – schade eigentlich, denn wir drei hätten mit Sicherheit viel Spaß zusammen gehabt. Nein, diese Hand schien aus dem Nichts zu kommen und fühlte sich dennoch real an.

Einen Augenblick später wurde mir bewusst, dass sie real war. Meine Auszeichnung war eine Täuschung. Der Traum, der mich umgeben hatte, verzog sich, und ich kehrte langsam in die Wirklichkeit zurück. Mein Kopf war schwer und schläfrig. Dann spürte ich einen Mund auf meinem Hals, der die Grenzen zwischen Fantasie und Realität wieder verschwimmen ließ. Die weichen Lippen, die von meinem Ohr zu meinem Schlüsselbein wanderten, machten es mir schwer, meine Dankesrede zu beenden. Der Veranstaltungsraum schrumpfte, das Licht strahlte weniger. Ein leichter Biss in mein weiches Fleisch ließ mich zusammenfahren, doch ich sprach weiter.

Eine leichte Berührung meiner Klit mit der Fingerspitze ließ die Menge aufkeuchen, während ich versuchte, mit der Aufzählung der Leute fortzufahren, denen ich dankte. Wenig später war die Menge verschwunden. Ich versuchte, die Augen zu öffnen, doch ich konnte nicht. Finger spreizten meine Pussylippen, während mein Kopf sich immer noch fragte, was da eigentlich geschah. Kamen die Bilder aus meinen Kopf oder aus meinem Bett? Während ein Finger in meine feuchte Spalte glitt, sagte ich meinem Körper, dass er sich bewegen sollte. Nichts passierte. Ich fühlte mich schwer, wie unter Wasser. Gedanken gingen mir durch den Kopf wie in Zeitlupe. Mein Körper folgte meinen Anweisungen nicht. Das Einzige, was mich erreichte, war das Gefühl, wie immer wieder ein Finger in meine Pussy tauchte. Ein weiterer Finger glitt in mich hinein und füllte mich aus. Ganz langsam begann mein Hirn zu begreifen, was passierte. Noch immer gehorchte mein Körper mir nicht, ließ mich hilflos zurück angesichts der schlüpfrigen Eindringlinge.

Hitze und Lust rollten durch mich hindurch und wuschen über mich hinweg wie ein warmer Schauer. Wieder versuchte ich, mich zu bewegen. Versuchte, mich in der realen Welt zurechtzufinden. Ich war gefangen zwischen Wachen und Schlafen, unfähig, mich einer Seite davon weiter zu nähern. Meine Pussy zog sich sehnsüchtig zusammen und verschloss sich allem anderen als diesem Gefühl. Ich wusste, dass ich eine verlorene Schlacht kämpfte, und ließ es schließlich geschehen.

Meine Nippel richteten sich auf und wurden hart; Schmerz folgte auf das süße Verlangen. Eine andere Hand legte sich auf mein Tanktop. Dann fühlte sich die Berührung heiß an, feucht, doch meine Augen weigerten sich trotz meiner Anstrengungen, sich zu öffnen und meinen Folterer preiszugeben. Die Hitze wanderte weiter, während mein anderer Nippel allein und vernachlässigt blieb. In diesem Augenblick roch ich den süßen Duft seines Shampoos. Das saugende Geräusch seines Mundes auf meinem Nippel drang in mein vernebeltes Unterbewusstsein. Ich spürte, wie ich mich der Realität näherte, als mein Körper langsam erwachte. Ich wollte in dieser Zwischenwelt bleiben, wo ich nur fühlen und nicht denken konnte. Doch die Nässe, die meine Schenkel hinablief, und sein hartnäckiger Mund machten das schwierig. Erst wachte mein Körper auf, dann folgte mein Geist langsam.

Sein Daumen rieb über meine Klit, seine Zunge zog sich von meinen Nippeln zurück. Meine Brustspitzen waren hart und lechzten danach, fest gedrückt zu werden. Ich fühlte, wie sich mein Mund öffnete, doch meine Augen blieben stur. Mein Körper lag schlaff da, die schützende Decke darüber war verschwunden. Für einen Moment oder zwei war da ein verschwommenes, warmes Gefühl in meinem ganzen Körper, ohne dass ich wusste, woher es kam oder wohin es ging – bis ich einen heißen Schwall an meiner Pussy spürte. Es war genau wie das Gefühl kurz zuvor an meinen Nippeln. Ich wusste, dass es seine Zunge auf meiner Möse sein musste. Er spielte mit dem gleichen schnellen Rhythmus auf meiner Klit, seine Finger wieder in mir drin, wo sie sich sanft vor- und zurückschoben.

Ich ließ die Augen geschlossen und versuchte vergeblich, die letzten Momente in der Traumwelt festzuhalten. Mein Körper schien nun von allein auf die Berührungen zu reagieren, schob die Hüften in Richtung seines Mundes, verlangte nach seiner Zunge. Meine Schenkel spreizten sich weiter und öffneten mich für ihn.

Drei Finger stießen in mich hinein und brachten mich Stück für Stück in die wirkliche Welt zurück. Zum ersten Mal ließ ich es zu, dass mir ein Stöhnen über die Lippen kam. Ich hörte ihn keuchen, während er mich streichelte. Es hörte sich an wie aus weiter Ferne, doch ich spürte, wie sein Atem über meine Haut strich. Noch immer hielt ich die Augen geschlossen, sah ihn nicht an. Er verließ meine Klit, und ich seufzte enttäuscht, bis ich spürte, wie seine Zunge einen feuchten Pfad hin zu meinem angespannten Hintern malte. Ich fühlte, wie seine Zungenspitze vorsichtig immer wieder um mein Po-Loch kreiste, bis ich fast schmerzhaft versucht war, die Augen zu öffnen.

Ich tat es nicht. Ich wusste, dass er versuchte, mich zu wecken, doch ich wollte noch ein wenig länger in diesem wunderbaren Nebel zwischen Traum und Wirklichkeit bleiben. Alles andere als entmutigt kehrte er zu meiner prallen Klit zurück, um sie zu lecken, wobei er mit einem feuchten Finger weiter meinen Anus reizte. Ich war so entspannt, dass er ohne große Anstrengung in mich hineingleiten konnte. Ich hielt noch immer die Augen geschlossen und versuchte, das Gefühl zwischen Schlaf und Ekstase zu genießen, das zäh wie Honig war. Während sich sein Finger in meinem Hintern bewegte, sog er fest an meiner Klit. Wieder seufzte er tief, während ich mich seiner Zunge entgegenbog. Erst schneller, dann langsamer, in einem ungleichmäßigen Rhythmus, brachte er mich dazu, mich in den warmen Flanelllaken aufzubäumen. Meine Augen blieben fest geschlossen. Ich wusste, dass ich ihm nichts vormachte, oder mir selbst, doch ich wollte die letzten zarten und sanften Momente hinauszögern, bevor ich mich dem nahenden Orgasmus mit seinen scharfen Ecken und Kanten hingab.

Dann plötzlich schien alles stillzustehen. Sein Mund war verschwunden, und seine Finger ließen mich leer und sehnend zurück. Verzweifelt war ich versucht, die Augen zu öffnen, um zu sehen, was er machte. Ich tat es nicht. Ich kniff sie fest zusammen und wartete heftig atmend auf dem Bett. Dann schob er sich über mich, wobei er sich mit seinem gesamten Körper gegen mich presste. Unwillkürlich schlang ich meine Beine um seinen Rücken. Ich fühlte seinen Mund auf meinem, seine Zunge salzig von meinem Geschmack. Sein Schwanz glitt über meine nasse Möse und meine Klit, als er sich über mir in Position brachte. Ich schob ihm meine Hüften entgegen, doch er stieß nicht in mich hinein.

»Komm schon, mach die Augen auf. Es ist Zeit aufzuwachen.«

Sein Atem an meinem Ohr war heiß, doch nicht so heiß wie seine Zunge, die über mein Ohrläppchen fuhr. Er hielt das weiche Fleisch zwischen seinen Zähnen fest und zog daran, um mich endlich dazu zu bringen, ihn anzusehen. Ich seufzte wohlig und ließ meine Augen geschlossen. Ich wollte nur noch einige Augenblicke länger so bleiben. Ich war einfach nicht bereit dazu aufzuwachen. Er drückte seine Zähne in meinen Hals, sog dann heftig an meiner Haut. Ich grub die Hände in seine starken Schultermuskeln, meine Nippel rieben hart gegen seine Brust.

»Ich werde dich nicht ficken, solange du nicht die Augen öffnest.«

Er stöhnte mir sein Ultimatum in den Mund, bevor er ihn mir mit einem leidenschaftlichen Kuss verschloss. Ich machte eine letzte Anstrengung, um seinen Schwanz in mir aufzunehmen, doch ohne Erfolg. Mein Lover ließ mir keine Wahl, als die verschwommene Zwischenwelt zu verlassen und in die Wirklichkeit zurückzukehren. Mit flatternden Lidern öffnete ich die Augen und sah zum ersten Mal seine unglaublich blauen Augen über mir.

»Guten Morgen.«

Die Worte kamen ihm über die Lippen, während er in mich eindrang. Meine Muskeln zogen sich um seinen Schwanz zusammen, denn meine Pussy hatte sich verzweifelt nach ihm gesehnt, nachdem seine Finger sie verlassen hatten. Endlich war ich wach, endlich konnte ich ihn sehen. Sein Mund war fest um meinen Nippel geschlossen, und plötzlich war das Gefühl viel intensiver als noch wenige Momente zuvor. Sein Schwanz bewegte sich in mir in dem gleichen gemächlichen Tempo, in dem sein Mund an meinem festen Fleisch zog.

»Du hast einen wirklich guten Traum unterbrochen.«

Er sah zu mir hoch, und ich konnte das Lachen in seinen Augen erkennen. Er drückte mir die Arme über den Kopf, stieß härter zu und rieb sich an meiner Klit, bevor er sich fast zur Gänze aus mir zurückzog. Dann stieß er sich wieder bis zur Wurzel in mich hinein, ohne den Blick von mir zu nehmen.

»Es tut mir so leid. Wie gedankenlos von mir.«

Er legte die Hände auf meine und drückte mich noch fester aufs Bett. Ich konnte mich kaum unter ihm bewegen, er hatte die Kontrolle über alles. Ich musste unbedingt kommen, hatte das Gefühl, schon seit einer Ewigkeit auf der Klippe zu stehen. Doch er hielt mich, wo ich war, und ließ mich nicht näher an das herankommen, was ich wollte und brauchte.

»Worum ging es in diesem Traum? Um mich?«

Er stieß seinen Schwanz tiefer in mich hinein und gab meine Hände frei, um meine Beine anzuheben und weiter zu spreizen. Ich hing an seinen Armen, während er mich immer härter fickte.

»Zuerst nicht, aber dann hast du sozusagen das Steuer übernommen.«

Er konnte nicht anders und musste lachen, während er mit seiner Hand über mein zitterndes Bein rieb. Ich wusste nicht, wie viel länger ich seine langsamen, tiefen Stöße noch ertragen konnte. Ich musst wirklich dringend kommen.

»Das hört sich ganz nach mir an.«

Er küsste mich leidenschaftlich. Dann rollte er sich auf den Rücken, wobei er in mir blieb und ich schließlich breitbeinig auf ihm saß. Ich ruckte ein Stück nach hinten und spürte dabei jeden Zentimeter von ihm in mir und wie er mich komplett ausfüllte. Ich ritt ihn, meine Beine noch immer schwer und müde vom Schlafen. Langsam fuhr er über die Haut auf meinem Bauch, vermied es aber, mich dort zu berühren, wo ich es mir ersehnte. Meine harten Nippel schmerzten, während mein Orgasmus unerreichbar blieb. Das Sehnen in meiner Klit wich langsam einem lodernden Verlangen. Verzweifelt wartete ich darauf, dass er meine geschwollene Perle berührte.

Als hätte er meine Gedanken gelesen, rieb er mit dem Daumen über meine Klit; endlich konnte sich mein zurückgehaltener Orgasmus Bahn brechen. Er musste mich festhalten, als ich schließlich kam. Ich zitterte und wand mich auf ihm und wurde mit jeder Welle, die durch meinen Körper rollte, aller Kraft beraubt. Alles begann auseinanderzubrechen, mein Geist zerstob in kleinste Teilchen, während sich mein Körper immer mehr zusammenkrampfte. Meine Pussy begann zu beben, die Lust war beinahe schmerzhaft und schoss mir durch den ganzen Körper. Ich hatte das Gefühl, vor Glück zu zerspringen, während sein Schwanz mir jedes letzte bisschen Gefühl aus dem Körper zog. Ich konnte weder denken noch atmen. Alles, was ich konnte, war kommen. Ich konnte kaum glauben, dass das Ganze real war. Es fühlte sich besser an als jeder Traum, den ich jemals gehabt hatte.

Als ich auf seiner Brust zusammenbrach, fühlte ich ihn noch härter in mich stoßen, während er selbst zum Höhepunkt kam. Hilflos und erschöpft lag ich da, als er sich in mir ergoss, und war zu müde, um irgendetwas anderes zu tun, als es geschehen zu lassen. Kurz darauf lag auch er schlapp und befriedigt neben mir. Schließlich rollte er mich von seinem verschwitzen Körper herunter. Er strich mir das verstrubbelte Haar aus dem Gesicht und küsste meinen verschlafenen Mund.

»Tut's dir leid, dass ich dich geweckt habe?«

Sein jungenhaftes Grinsen gab mir die Kraft, mich an ihn zu schmiegen und uns mit den zerwühlten Laken zuzudecken.

»Kein bisschen.«

Die Zügel in der Hand

Vanessa Vaughn

Die Jungs verstehen es einfach nicht. Nicht wirklich.

Ich weiß genau, dass Jon es nicht so liebt wie ich.

Wenn ich mich breitbeinig hinaufschwinge und langsam in den Sattel sinke, fühle ich einen vertrauten, aufregenden Kitzel tief in mir. Ich spüre den enormen Körper zwischen meinen Schenkeln und wie sich die große Brust mit jedem Atemzug ausdehnt und wieder zusammenzieht. Der Geruch von frischem, unbehandelten Leder streichelt meine Sinne – genauso wie der Duft von leicht würzigem Schweiß. Es ist ein rauer, urwüchsiger Geruch, der sich mit dem des Erdreichs vermischt.

Es ist unmöglich für mich geworden, die Düfte des Platzes von der kribbeligen Vorfreude in mir zu unterscheiden. Sie sind miteinander verbunden. Inzwischen reichen der Anblick und die Geräusche, um ganz andere Dinge in mir auszulösen. Schon der Anblick eines staubigen schwarzen Samthelms oder von Fingern in dünnen Lederhandschuhen reicht aus, um meinen Atem zu beschleunigen. Beim kleinsten Blick auf die muskulösen Schultern eines Mannes oder seinen Waschbrettbauch fühle ich mich an den gebogenen Hals eines Vollblüters oder die kraftvolle Wölbung einer Pferdebrust erinnert.

Heute hängt ein leichter Alkoholgeruch in der Luft – zweifellos stammt er von dem Metallreiniger, den ich für Teile des Zaumzeugs benutzt habe. Meine Sporen klirren leicht, als ich meine Zehen in den Steigbügel schiebe.

Für einen kurzen Moment stelle ich mir vor, wie diese Metallringe über Jons Schenkel baumeln und leicht gegen seine Haut schlagen, als ich die Fußspitzen hindurchschiebe und sie etwas mit meinem Gewicht belaste. Aber natürlich passiert das nicht in Wirklichkeit. So etwas würde Jon nie zulassen. Meine Beine liegen nun eng um den echten Hengst. Meine Unterschenkel sind vom schwarzen Leder der weichen, maßgeschneiderten Reitstiefel umhüllt, die mir bis zu den Knien reichen und glänzen. Ich drücke die Fersen nach unten.

Während ich meine Schenkel leicht zusammenpresse, spüre ich, wie sich mein Körper aufrichtet. Der Rumpf ist angespannt und das Becken leicht nach vorn gekippt. Ich achte darauf, dass mein unterer Rücken gerade ist. Ich spüre, wie mein Klit perfekt gegen die Wölbung des Sattels drückt, das kraftvolle, große Tier zwischen meinen Beinen, als ich das Gewicht verlagere.

Allein der Akt, etwas, irgendetwas, in der Öffentlichkeit zu besteigen wie jetzt gerade, gibt mir einen Kick. Und ich habe ein fast schon exhibitionistisches Vergnügen daran, mit meinem fetischähnlichen Zubehör ganz offen herumhantieren zu können – Zaumzeug, Peitschen, Stricke, Lederstiefel.

Manchmal frage ich mich, ob irgendwer spürt, wie ich mich fühle, wenn ich auf dem Reitplatz bin. Fällt ihnen ein ungewöhnlicher Eifer auf, wenn ich mein Pferd aus dem Stall führe, es dann zum Halt bringe und schnell aufsteige? Sehen sie meine Wangen, die nur ein wenig mehr gerötet sind als die der anderen Mädchen, wenn ich reite?

An jedem x-beliebigen Tag sehe ich hier gewöhnlich ein oder zwei Männer. Sie genießen das Ambiente, da bin ich mir sicher – schließlich herrscht an diesem Ort kein Mangel an hübschen Frauen. Aber, frage ich mich, sieht sich einer von ihnen mein Pferd genauer an, wie es sich unter mir anspannt, während ich reite? Wünscht sich einer von ihnen heimlich, mit ihm zu tauschen?

Nicht weit von mir entfernt stampft eine Stute mit dem Vorderhuf in den weichen Boden des Reitplatzes und lässt den Schweif fliegen. Ich drücke meinem Pferde die Absätze in die Seite und schnalze mit der Zunge. Ich fühle, wie sich der Koloss unter mir in Bewegung setzt. Ich korrigiere meinen Griff, meine Unterarme befinden sich jetzt in einer perfekten Linie mit den Zügeln, und lasse das Tier in ein gemütliches Schritttempo fallen.

Jon beginnt niemals so langsam, damit ich mich auf die Dinge einstellen kann, wie ich es tun würde, hätte ich die Zügel in der Hand. Doch hier auf dem Reitplatz bin ich es, die das Sagen hat. Ich spüre den langsamen, wiegenden Gang des Tiers unter mir, dessen Glieder langsam warm werden, und ich freue mich daran. Ich freue mich, weil ich weiß, dass das Tier die Erwartung genauso genießt, wie ich es tue. Mein Pferd weiß, dass ein harter Ritt vor ihm liegt, doch es weiß auch, dass es am Ende von seiner Herrin in den Stall zurückgebracht wird, erschöpft, aber zufrieden. Warum begreift Jon nicht, wie wundervoll sich das anfühlen könnte?

Frustriert presse ich meine Absätze erneut in die Seiten des Tieres. Ich spüre seine angespannten Muskeln und wie er plötzlich hellwach ist, als er sein Schritttempo erhöht und in einen Trab wechselt. Für einen Moment ist die Bewegung unruhig. Ich spüre den rauen Druck an den sensibelsten Stellen zwischen meinen Beinen, als ich mich mehrere Male ein Stück weit aus dem Sattel hebe und dann wieder auf ihn zurückkehre. Ich spüre, wie mein Körper warm wird, wie das Blut pulsiert und meine Gedanken sich auf eine Sache allein richten: Sex.

Es bereitet mir beinahe körperlichen Schmerz. Doch gleichzeitig liebe ich das Gefühl. Genau jetzt will ich gefickt werden. Will *ich* ficken. Ich fühle mich wie ein Schulmädchen, dem gerade der Rock hochgeschoben und der Hintern versohlt wird. Ich fühle, wie mein Gesicht sich rötet wegen der intimen Schläge, die ich erdulde.

In Wirklichkeit ist das jedoch nichts, was ich über mich ergehen lasse. Es ist etwas, was ich für mich einfordere. Ich habe die volle Kontrolle über die Geschwindigkeit des Pferdes und den Sattelkontakt. Beides kann ich jederzeit drosseln. Vielleicht fühlt es sich gerade deshalb so gut an, den Dingen einfach ihren Lauf zu lassen.

Dennoch möchte ich nicht, dass zu offensichtlich ist, was ich empfinde. Und so hebe ich mich mit jedem Schritt, den das Pferd macht, aus dem Sattel und sinke dann wieder nach unten. Leider ist das Gefühl so viel weniger intensiv. Plötzlich fühle ich mich nackt ohne die stoßende Bewegung. Was ich nun empfinde, ist anders. Es ist nicht so überwältigend, dafür aber irgendwie präziser.

Jedes Mal, wenn ich in den Sattel zurückkehre, berühre ich ihn leicht und drückte meine Klit sanft gegen das weiche Leder. Dennoch habe ich alles unter Kontrolle.

Ich ziehe den Kopf meines Rosses höher und strecke meinen Körper. Ich spüre seine Gebissstange und kann sehen, wie es leicht die Ohren dreht und gespannt auf meinen nächsten Befehl wartet.

Jeder sanfte, rhythmische Schlag gegen den Sattel macht mich unglaublich an. Es fühlt sich fast wie ein Leder-Paddle oder ein breiter Dildo an, der über meine Spalte reibt, wo sie besonders rosa und empfindlich ist.

Mein Pferd ist ungeduldig. Ich kann es spüren. Das Tier kann es kaum erwarten anzugaloppieren, seine Grenzen auszutesten, sich selbst anzutreiben, doch es gelingt mir, es zurückzuhalten. Es erscheint mir unglaublich, dass ich es überhaupt von irgendetwas abhalten kann, was es tun möchte. Und doch tue ich es. Hier bin ich die Herrin, und es ist nur das Werkzeug, ein Mittel zum Zweck, während ich endlich einmal diejenige bin, um die es geht.

Dennoch ist es Zeit, und wir wissen es beide. Ich presse meine Unterschenkel in die warmen Seiten des Hengstes, verharre so. Wieder denke ich an Jon und wie gut er sich stattdessen anfühlen würde. Doch würde Jon auf mich hören? Würde er auf den sanften Druck meiner Beine reagieren? Würde das Zaumzeug ihn dazu ermutigen, den Blick geradeaus zu richten und nicht zurück zu mir, um mich herauszufordern? Nein, ich glaube nicht, dass es so wäre. Doch es ist ja auch kaum zu glauben, dass ein großes Tier wie dieses hier dafür gemacht sein könnte, meinen sanften Anweisungen zu folgen. Wenn ein edles, tausend Pfund schweres Pferd so trainiert werden kann, warum dann nicht auch ein williger Mann wie Jon?

Wir fallen in einen leichten Galopp, ein gestreckter Galopp wäre auf dem begrenzten Raum nicht möglich, selbst wenn der Platz größer wäre, als er es ist. Ich kann nun nicht mehr im Sattel sitzen, nicht bei der Geschwindigkeit. Ich fühle jeden Muskel des Tiers, wie es arbeitet, jeden Hufschlag, der mich vorwärts trägt. Statt mich in die Höhe zu stemmen, drücke ich nun mein Gewicht nach unten, gegen den Sattel und den Pferderücken. Ich höre, wie mir der Puls in den Ohren schlägt, immer schneller und lauter. Ich kenne das von anderen Gelegenheiten, nachts, wenn Jon hinter mir ist und ich knie, wenn ich seine großen Hände auf meiner Taille spüre und seinen Schwanz, wie er in mich stößt.

Und nun reite ich mein Ross mit dem gleichen Eifer. Ich liebe es, geritten, benutzt, genommen zu werden. Wenn ich Sex will, dann will ich es grob. Doch manchmal will ich auch selbst die Zügel in die Hand nehmen. Ich will die Kontrolle darüber haben, was ich fühle und wann. Ich will meine eigenen Forderungen aufstellen.

Ich stelle mir vor, wie Jon den Sattel trägt und nicht das Pferd. Meine Peitsche landet mit einem scharfen Krachen auf seinem Rücken, und er zuckt zusammen und schnappt erschrocken nach Luft. Ich stelle mir vor, wie die Gebissstange ihm das Maul nach hinten zieht, und der Sattelgurt umschließt, von meinen erfahrenen Händen festgezogen, eng und unbequem seine Taille.

Dann verändert sich die Szene, plötzlich und unbeabsichtigt, wie es Fantasien häufig tun. Noch immer bin ich die Reiterin, doch nun liegt Jon auf dem Rücken. Ich kann seinen gewaltigen Schwanz wie ein dickes Seil aufgerichtet unter mir spüren. Er zittert, während ich ihn erneut schlage – diesmal mit der Handfläche und nicht mit der Peitsche. Er schließt die Augen, und ich senke mich langsam auf ihn herab. Ich atme langsam und fühle, wie ich weit werde.

Meine Pussy pocht, als ich sie in den Sattel drücke. Ich verschärfe den Galopp, treibe das Pferd aggressiv mit meinen Hüften voran. Ich fühle den Schweißfilm auf meiner Braue, der Samthelm drückt eng gegen meine Stirn.

Das Verlangen zwischen meinen Beinen pulsiert nun

immer schneller, und ich fühle, dass ich an der Klippe stehe. Ich presse meine Schenkel gegen das kämpfende Pferd und drücke meine Reithose fest in das Leder, und endlich spüre ich es, spüre diese Ur-Empfindung, um die ich gerungen habe.

Dennoch spült die Lust nicht über mich hinweg. Dieses Mal entkommt sie mir, wie ein Tier, das aus einem Käfig gelassen wird. Mein Körper wartet angespannt, erwartungsvoll, wie ein tänzelndes Rennpferd in der Startbox. Dafür fühlt es sich einen Moment später so an, als sei das Gatter geöffnet worden, Adrenalin pumpt durch meinen Körper und treibt mich an. Das grollende Beben zwischen meinen Beinen ist wie das Donnern von Hufen. Ich werde von ihm mitgerissen, kann nichts anderes mehr hören.

Und dann denke ich an Jon, und meine Finger schließen sich ganz fest um die Zügel, damit ich sie nicht fallen lasse.

Das erste Treffen mit dem Dom

Noelle Keely

Ein heißer Sommertag in Boston war einer schwülen Sommernacht gewichen, als Serena und Jack das Barking Crab verließen. Sie redeten immer noch, als sie sich auf den Weg über Fort Point Channel zur South Station machten, wo Serena die Linie T erwischen musste, um nach Hause nach Dorchester zu kommen.

Dann kam der unvermeidliche Augenblick, als sie auf der Straße standen und einander ansahen und dabei herauszufinden versuchten, was als Nächstes passieren würde.

Was sie beide wollten, war offensichtlich.

Serena konnte es über der Mischung aus Salz und Abgasen riechen, die hier in der Nähe des Hafens in der Luft lag. Sie konnte es schmecken, so wie sie immer noch Jacks Finger schmeckte. Sie spürte es in ihrem Blut und ihren Knochen ebenso wie in ihren aufgerichteten, empfindlichen Nippeln und ihrer feuchten, pulsierenden Pussy.

Lust und Verlangen. Hunger.

All die dunklen Kreaturen, die in ihrem Kopf lebten, machten sich lautstark bemerkbar, um endlich freigelassen zu werden und zu spielen: die gebrochene Jungfrau, die Hure, die Tempeltänzerin, die Gefangene des Piraten, das französische Zimmermädchen, die Gefangene der Inquisition.

Und die Sklavin, immer auch die Sklavin.

Doch sie wagte nicht, etwas zu sagen.

Obwohl das seltsam war. In der Vergangenheit hatte sie nie darauf gewartet, dass der Mann den ersten Schritt tat, wenn sie jemanden so sehr wollte, wie sie nun Jack wollte. Oh nein, sie hätte ihre alles andere als ehrbaren Absichten klargemacht. Doch Jack hatte diese kühne Seite in ihr eingefroren, obwohl er den Rest von ihr zum Schmelzen brachte. Sein fester Blick aus hellen Augen und seine kühle Stimme und das Wissen, was er war, und das Gefühl, dass er gar nicht gut darauf reagieren würde, wenn sie Druck machte, hielten sie zurück.

Und so biss sich Serena auf die Lippe und wartete.

Für vielleicht dreißig Sekunden, die sich aber eher wie dreißig Minuten anfühlten.

Zur Hölle mit dem Anstand, entschied sie dann. Falls sie die Grenzen überschritt, würde er es sie wissen lassen. Und mit ein bisschen Glück würde die Art, wie er das tat, Spaß machen.

Sie reckte sich, schlang Jack die Arme um den Hals und küsste ihn. Es schien ihm nichts auszumachen, so wie er sie näher an sich heranzog und ihren Kuss erwiderte und ihre Zungen miteinander tanzten.

Doch nur zu schnell schob er sie wieder von sich und sah sie streng an. »Geduld, schöne Frau«, sagte er und schüttelte den Kopf. »Ich ziehe es vor, das Tempo selbst vorzugeben.«

Für einen Augenblick dachte sie, dass sie ihn verärgert haben könnte. Er schien mit einem Mal unnahbar und irgendwie noch größer: größer, breiter, bedrohlicher, beinahe Furcht einflößend.

Allerdings war es eine Form von Furcht einflößend, die direkt in ihren Schoß zielte und ihre Klit zum Pochen brachte.

Dann vergrub er eine Hand in ihren dicken Locken und zog ihr den Kopf in den Nacken. »Glücklicherweise«, flüsterte er, »bist du mir nur um zwei Minuten zuvorgekommen.«

Er küsste sie.

Was für simple Worte; sie würde es ihrer Mutter erzählen können, wenn sie das nächste Mal miteinander sprachen. »Und dann küsste mich Jack.« Und ihre Mutter würde irgendetwas entgegnen wie: »Ach, wie süß!«

Dieser verschlingende, besitzergreifende Mund war jedoch alles andere als süß, genau wie der kraftvolle Griff in ihr Haar, wobei Jacks andere Hand fest auf ihrem Hintern lag und ihr Becken gegen seinen Körper drückte. Süß hatte nichts zu tun mit dem Flammenmeer, das in ihrem Körper tobte und ihren Willen zu verzehren schien. Sie wollte nichts, als Jack zu berühren, Jack gefallen, sich von Jack verwöhnen zu lassen. Und süß hatte auch nichts mit dem harten Schwanz zu tun, der gegen sie drückte, als ob er durch ihre Kleider hindurch in sie eindringen könnte, genau hier, an der Ecke Atlantic Avenue und South Station.

Falls das möglich gewesen wäre, hätte sie ihn gelassen.

Wie es aussah, würde sie alles von ihm nehmen, was sie kriegen konnte, hier auf der Straße. Solange es ihm nichts ausmachte.

Sie presste sich an ihn und bewegte sich dabei so, dass sich ihre Klit durch den dünnen Stoff von Kleid und Höschen an ihm rieb. Dann unterbrach sie den Kuss gerade lang genug, um zu fragen: »Ist das in Ordnung?«

»Oh, ja«, flüsterte er, sein Atem heiß an ihrem Ohr. »Du bist ein braves Mädchen. Versuch, ob du kommen kannst, indem du dich an mir reibst. Wenn du es schaffst, werde ich dich belohnen.«

Oh mein Gott. Wenn sie vorher schon geil gewesen war, dann war sie es jetzt noch hundert Mal mehr, und das nur weil sie ihn diese Worte sagen hörte.

Es war noch so früh, dass die Straßen voll waren. Fußgänger gingen um sie herum wie um eine Insel in einem Meer von Passanten, manche mit einem gönnerhaften Lächeln, manche ohne. Ein kleiner Teil ihres Gehirns, der noch immer mit der alltäglichen Welt in Kontakt stand, sagte ihr, dass sie zur Besinnung kommen und sich angesichts eines so unerhörten Verhaltens in der Öffentlichkeit schämen sollte.

Serena befahl diesem kleinen Teil ihres Gehirns, zum Teufel noch mal die Klappe zu halten. Serena rieb sich an Jack und stieß mit ihrem Becken schamlos gegen die Beule in seiner Hose, während sie sich küssten.

Jede Bewegung sandte kleine Blitze der Lust durch sie hindurch, die sich mit jenen trafen, die von ihren Lippen in den Rest ihres Körpers schossen. Es war genug, um sich fantastisch zu fühlen, aber nicht genug, damit sie kam. Sie veränderte ihre Position, nahm seinen Schenkel zwischen die Beine – was ungefähr so subtil war, wie wenn ihr ein Ziegelstein auf den Kopf gefallen wäre, aber vielleicht würden die starrenden Passanten dann selbst einen extraheißen Abend haben –, doch Jack legte beide Hände auf ihre Hüften, schob sie zurück.

»Oh, nein. So leicht mache ich es dir nicht.« Er grinste. »Außerdem mag ich es, wie du mitten auf der Straße deine Pussy an meinem Schwanz reibst.« Er knabberte an ihrem Hals, dann kehrten seine Lippen zu ihrem Ohr zurück. »In dem Bus, der gerade vorbeigekommen ist, hat jeder sehen können, was du hier treibst. Alle Fußgänger, alle Autofahrer ... sie alle schauen dich an und denken sich, was für eine heiße kleine Schlampe du bist.«

»Und dass wir beide betrunken sind, weil sich Erwachsene einfach nicht so benehmen, wenn sie nüchtern sind.«

Seine Stimme trieb sie weiter an. Noch immer hielt er ihre Hüften fest und brachte sie dazu, sich auf bestimmte Weise an ihm zu reiben, die ihm offenbar gefiel, die sie aber in den Wahnsinn trieb. »Sie werden es nie erfahren«, sagte er, die Stimme schwer von Verlangen, »Dass du es tust, weil ich es dir gesagt habe. Aber du weißt es, nicht wahr?«

Jedes Wort war wie ein Zungenschlag auf ihre Klit. Ihr Körper begann, unkontrolliert zu zittern, und sie presste ihr Gesicht gegen seine Brust, um nicht zu schreien.

»Du wirst jetzt gleich hier für mich kommen.« Es war keine Frage.

Das Zittern wurde zu einem heftigen Schütteln. Ihre Pussy zuckte, und sie wünschte sich, Jack wäre in ihr drin. Die Straße um sie herum schien sich aufzulösen, und sie verlor sich ganz in ihren Empfindungen.

Und ohne es zu wollen, schrie Serena nun, eng an Jacks breite Brust geschmiegt.

Er legte die Arme um sie, besitzergreifend und doch viel zärtlicher als zuvor, und drückte sie eng an sich, wobei er Nase und Mund in ihrem Haar vergrub. »Braves Mädchen«, sagte er. »Das ist mein braves Mädchen.« Stolz und Verlangen in seiner Stimme tanzten über Serenas Haut, und ihre tropfende Pussy zuckte leicht nach.

Er hielt sie fest, bis sie aufhörte zu zittern, in diesem zärtlichen Moment wie in dem unanständigen zuvor.

Danach stellte sich eigentlich nur noch die Frage, zu wem nach Hause sie gehen würden, und die Antwort darauf war einfach. Serena hatte eine Mitbewohnerin, Jack lebte allein. Und so machten sie sich auf den Weg zu Jacks Auto.

In einer ruhigen Seitenstraße im Bankenviertel hielt Jack inne. »Zieh deinen Slip aus«, befahl er ihr unvermittelt.

»Was ...?« Serena hoffte nur, dass sie nicht ebenso verdattert aussah, wie sie sich anhörte.

»Ich wette, er ist völlig durchnässt. Stimmt doch, oder?«

Sie nickte schweigend. Das war ihr Höschen schon, seit er sie mit dem Tintenfisch gefüttert hatte, doch das konnte sie ihm in diesem Moment unmöglich sagen.

»Es ist heute Abend schon schwül genug ohne einen feuchten Slip. Also runter damit.«

Sie blickte sich um. Die Straße war verwaist bis auf eine Gruppe von Männern, die vor einem Restaurant an der Ecke standen und rauchten. Offensichtlich waren sie in ein hitziges Gespräch vertieft, und es war unwahrscheinlich, dass sie ihre Aufmerksamkeit auf etwas richten würden, das am anderen Ende des Blocks geschah. Dennoch schien es ihr ein wenig zu öffentlich. Kein Höschen zu tragen war nicht das Problem. Niemand würde ihr das unter ihrem Sommerkleid ansehen können, sofern sie nicht stolperte oder einen Unfall hatte, der so spektakulär war, dass fehlende Unterwäsche ihr kleinstes Problem wäre. Doch wie sollte sie es möglichst elegant ausziehen?

Sie zögerte. Ein Teil in ihr schrie danach, Jack zu gehorchen und herauszufinden, zu welchen weiteren Abenteuern sie das führen würde, der andere Teil war zu peinlich berührt, um sich in Bewegung zu setzen.

»Gibt's ein Problem?«, fragte Jack in einem Tonfall, den sie nicht deuten konnte.

Serena nickte, dann schüttelte sie den Kopf. Warum war das so schwer? Sie war schon früher unter einem Rock aus einem nassen Bikinihöschen geschlüpft, und das hier war nichts anderes.

»Wir haben bisher noch nicht über Grenzen gesprochen oder irgendwelche Regeln aufgestellt. Du kannst Nein sagen. Falls du es tust, will ich nur wissen, warum. Ob es dir grundsätzlich zu weit geht, oder ob es nur etwas ist, zu dem du heute Abend noch nicht bereit bist.«

Zu wissen, dass sie Nein sagen konnte, machte es irgendwie leichter, Ja zu sagen und sich ihr Höschen abzustreifen, während sie sich an ihn lehnte, um das Gleichgewicht zu halten.

Als sie sich dann nach vorne beugte, um den Slip von ihren Knöcheln zu lösen, konnte sie spüren, wie ihre Säfte die Innenseite ihrer Schenkel benetzten.

Bevor sie den Slip in ihre Tasche stecken konnte, umarmte Jack sie und hielt ihre Arme an den Seiten fest.

Das Höschen hing schlaff in ihrer Hand – und die Hand war Richtung Straße ausgestreckt, sodass jeder sie sehen konnte.

Trotz des überwältigenden Drangs, das kleine Stück Stoff in ihrer Faust zu verbergen, bewegte sie sich nicht. Ein Teil ihres Gehirns, von dem sie nicht gewusst hatte, dass es unter diesen Umständen überhaupt funktionierte, erkannte den Test und sah die richtige, erwünschte – wünschenswerte – Antwort wie in Neonschrift vor ihrem inneren Auge aufleuchten.

Jack machte es Spaß, sie aus der Reserve zu locken. Er mochte es, sie auf die Probe zu stellen. Jack wollte wissen, was sie wollte, wo ihre Grenzen waren, doch sie hatten bisher noch keine Gelegenheit gehabt, darüber zu reden. Und indem er sie wissen ließ, dass sie Nein sagen konnte, zwang er sie, darüber nachzudenken, ob ihr Drang, sich hinzukauern und sterben zu wollen, nicht nur ein dummer Reflex war.

Und das war er in der Tat.

All dies ging ihr in einer Millisekunde durch den Kopf.

Dann küsste Jack sie, und alles Anstrengungen, einen klaren Gedanken zu fassen, waren vergebens.

Plötzlich waren Gelächter und Schritte zu hören.

Sie öffnete die Augen und blickte so gut es ging an Jack vorbei.

Eine kleine Gruppe älterer Frauen näherte sich. Sie alle trugen Kappen mit der Aufschrift eines beliebten Touristenpubs und kicherten, als hätten sie sich den Abend über durch das gesamte Alkoholangebot der Bar getrunken. Grauhaarig und robust aussehend trugen sie Sachen, die sich mehr an Bequemlichkeit als an modischen Gesichtspunkten orientierten und sie an ihre Mom erinnerten.

Panik stieg in ihr auf.

Und verschwand dann wieder. Es war komisch, doch in Jacks Armen fühlte sie sich sicher, Dinge zu tun, von denen sie zuvor nur fantasiert hatte. Nicht, dass sie speziell davon geträumt hätte, einem Haufen mütterlicher Fremder zu zeigen, was für ein Luder sie war, doch »erzwungener« Exhibitionismus gehörte definitiv zu ihren Top-Ten-Masturbations-Fantasien.

»Du denkst schon wieder zu viel«, flüsterte Jack, bevor er sie weiter küsste.

Als die beschwipsten Touristinnen an ihnen vorübergingen, hörte sie einen schockierten – oder vielleicht auch amüsierten – Ausruf: »Nun, so was bekommt man nicht jeden Tag zu sehen!«, gefolgt von noch mehr Gelächter.

Serena zitterte und zuckte, so sehr erregte sie die Situation und die Vorstellung, dabei entdeckt zu werden, wie sie fast schon wieder kam, ohne berührt zu werden.

»Zeit, dich nach Hause zu bringen, meine Süße«, flüsterte ihr Jack ins Ohr. Und diese wenigen Worte und sein besitzergreifender Ton waren alles, was sie brauchte, um erneut abzuheben und auf den Straßen des Bankenviertels zum zweiten Mal an diesem Abend zu kommen.

Das Tier in mir

Neve Black

Ich stand auf Zehenspitzen und angelte nach dem Schuhkarton mit der Aufschrift: *Achtung, Tier.* Wellen der Erregung spülten durch meinen Körper. Vorsichtig hob ich die Schuhe aus exotischem rotem Lackleder mit Ozelotprint aus der Schachtel. Vorne waren sie offen, und außerdem hatten sie spitze, zwölf Zentimeter hohe Absätze sowie sexy Knöchelriemchen. Zärtlich strich ich über das Leder, bevor ich sie mir über die nackten Füße streifte. Wann immer ich diese Schuhe trug, fühlte ich mich unbesiegbar und unglaublich sexy. Das Tier in mir erwachte zum Leben.

Draußen musste es an die vierzig Grad heiß sein. Es war windig, und die Luft war drückend schwer vor Feuchtigkeit. Ich stand im Flur und schlüpfte aus meiner feuchten, roten Baumwollbluse, meinem kakifarbenen Rock, dem beigen Höschen und dem BH. Dann stand ich nackt da, trug nichts als meine Schuhe und kühlte meinen verschwitzten Köper unter der Klimaanlage, bevor ich die wenigen Schritte bis ins Badezimmer ging. Ich mochte das Gefühl, als meine Nippel hart wurden, weil die kühle Luft über sie strich. Und ich liebte das klackernde Geräusch der Schuhe auf dem cremefarbenen Marmorfußboden. Die Badezimmerablage und die große Dusche waren ebenfalls in cremefarbenem Marmor gehalten. Eine makellose weiße Badewanne mit Löwenfüßen und glänzenden Armaturen stand neben der Dusche. Ein schokoladenfarbenes Schränkchen stand neben dem Waschbecken, dahinter war die Toilette. An den Wänden hing eine Tapete mit Paisleymuster in zartem Lavendel und gebrochenem Weiß. Es sah so wunderschön aus wie immer, und ich holte tief Luft. Langsam ließ ich den Kopf von einer Seite zur anderen rollen und seufzte lang und genüsslich. Es fühlte sich wundervoll an, wieder da zu sein.

In der Badezimmerwand gab es ein Loch. Das Loch war auf Augenhöhe zwischen Dusche und Toilette und maß etwa einen knappen Zentimeter im Durchmesser und war circa sieben Zentimeter tief. Es fiel gar nicht auf, wenn man nicht wusste, dass es dort war, und das, obwohl es ganz durch die dünne Wand hindurchging.

Nur mit meinen Schuhen bekleidet stand ich vor dem Spiegel über dem Waschbecken. Ich zog mir das elastische Haarband aus den gewellten goldbraunen, schulterlangen Haaren und betrachtete mein Spiegelbild: Die Krähenfüße rund um meine großen blauen Augen fielen in diesem Licht weniger auf. Ich trat einen Schritt näher, um besser sehen zu können. Die vertikalen Linien rechts und links neben meinem üppigen Mund schienen nun weniger tief zu sein als noch am Morgen, und was, wie ich früher am Tag geglaubt hatte, zu einem kirschgroßen Pickel an meinem Kinn werden würde, verschwamm nun zu einem rötlichen Fleck. Einfach alles schien in Zimmer Nummer 252 besser auszusehen und sich besser anzufühlen als sonst.

Ich fuhr mir mit den Fingern durch mein verschwitztes Haar und löste zerzauste Strähnen und Knoten, die vom heißen Wind draußen stammten. Ich ließ meine Hände seitlich über meine zierliche Gestalt gleiten, berührte meine kleinen, strammen Brüste, glitt hinunter zu meinem flachen Bauch und kämmte dann sanft mit meinen kurzen, unlackierten Nägeln durch die weichen Locken meiner Scham.

Dann hörte ich eine Stimme durch die Wand hindurch aus dem Badezimmer nebenan. Vielleicht telefonierte dort jemand, aber vielleicht unterhielt er sich auch mit jemandem. Ich konnte es nicht sagen.

Eifrig griff ich nach der Pinzette, die auf der Badablage lag. Ich näherte mich dem Loch in der Wand. Mit den Fingerspitzen tastete ich nach dem kleinen Ausschnitt in der Tapete. In die Öffnung darunter war ein langes, zylinderförmiges Stück Bauschaum eingelassen.

Wie ein Chirurg bei einer Operation schob ich die Pinzette vorsichtig unter den Rand des Schaumstücks. Es war zerkratzt und voller kleiner Löcher von den vorherigen Begegnungen mit der Pinzette. Ich zog den harten Bauschaum ungefähr zwei Zentimeter weit zu mir hin, bis ich ihn leicht mit Daumen und Zeigefinger herausziehen konnte und das Loch damit freilegte.

Das Loch in der Wand war viel mehr als nur ein Guckloch zwischen zwei Badezimmern. Es war das Tor zum Tier in mir. In der Welt, in der ich lebte, waren Tiere nicht erlaubt, es sei denn, sie waren an der Leine und abgerichtet. In Zimmer 252 hatten Tiere die Erlaubnis, frei herumzustreunen.

Ich trat näher an die Wand und schloss ein Auge, während ich mein anderes gegen das Loch drückte und in den Raum nebenan lugte. Ich sah Bekanntes und Neues. Ich spürte, wie meine Pussy nass wurde. Ich spürte, wie meine Klit pochte, und sich das Tier in mir reckte und gähnte, als es aus seinem Schlummer erwachte.

Mein Blick suchte das Badezimmer ab, das eine spiegelverkehrte Ausgabe meines eigenen war. Wegen der Größe und Tiefe des Lochs konnte ich das Badezimmer nicht komplett sehen, sondern immer nur einen kleinen Teil davon.

Zuerst entdeckte mein Auge einen schwarzen Kulturbeutel aus Leder, der auf der Ablage stand. Mein Blick glitt weiter und blieb an einem Haufen Kleidung hängen, der neben der Badewanne auf dem Boden lag. Dann sah ich einen Schatten, der Richtung Badezimmertür verschwand.

Mein Auge suchte den Raum von links nach rechts ab, erst oben, dann unten, und zuerst konnte ich niemanden sehen. Doch dann sah ich die nackten Füße und Unterschenkel eines Mannes, der in der Badezimmertür stand. Seine Füße bewegten sich auf mich zu, und ich musste den Blick etwas verändern, um ihnen folgen zu können.

Er blieb stehen, und meine Augen blieben an seinem schlaffen Schwanz hängen, der aus dickem, wildem, leuchtend rotem Schamhaar ragte. Der Mann stand ganz still, blickte auf die Wand direkt vor der Dusche, und ich konnte hören, wie sein Atem tiefer wurde. Er starrte auf das Loch – auf mich –, doch ich wusste, dass er mich nicht sehen konnte. Ich blieb seinem Blick verborgen. Ich stand hinter dem Holz, der Trockenwand, den Zimmermannsnägeln und der Farbe, die mich verdeckten. Dennoch wusste ich, dass er wusste, dass das innere Tier in der Nähe war.

Ich hörte, wie er die Dusche anstellte, die alten Rohre quietschten und das Wasser aus dem Duschkopf schoss und unten in der Duschwanne ablief.

Ich hörte, wie das Wasser über die Wände der Duschkabine strömte, und ich sah seine Hand, wie sie langsam rauf und runter über seinen Schwanz strich. Seltsamerweise ließ er die

Kabinentür offen. Mein Blick folgte ihm, als er sich vor die Tür hockte. Er spreizte die Beine und sah mich an.

Während ich ihn mit einem Auge beobachtete, lief mehr und mehr Wasser aus dem Duschkopf. Es platschte und spritzte durch die geöffnete Kabinentür nach draußen und sammelte sich auf dem Boden um ihn herum. Das Wasser spritzte auf eine Seite seiner breiten Schultern, auf seine ausladende, behaarte Brust und seinen vorstehenden Bauch.

»Es gefällt dir zuzusehen«, sagte er, während er sich über seinen Schwanz rieb. Es war keine Frage, sondern eine Feststellung.

Das Wasser traf auf seinen rechten Handrücken, während er ihn schneller über seinen Schaft bewegte. Dann löste er seinen Kung-Fu-Griff und strich mit den Fingerspitzen über die Eichel, die nass von seinem Liebestropfen und dem Duschwasser war. Wieder bewegte er seine Hand vor und zurück über seinen Schwanz, der nun halb aufgerichtet war, drückte und massierte ihn.

»Was hast du an?«, fragte er. Er bekam keine Antwort.

»Berührst du dich, während du mir zuschaust, wie ich meinen Schwanz reibe?«, wollte er als Nächstes wissen.

Meine Klit begann zu pulsieren, und meine Pussylippen fühlten sich unersättlich an: voll und saftig. Mein Blick ging nach oben, weg von seinem Schwanz, bis ich seine schmalen geschwungenen Lippen sah, eine große gekrümmte Adlernase und einen vollen Schopf roter Locken. Seine kleinen schwarzen Augen waren auf das Loch gerichtet, auf mich, und er stöhnte und grunzte, während er masturbierte und darauf wartete, dass ich seine Fragen beantwortete.

Die Klimaanlage lief auf höchster Stufe, doch meine Haut war heiß und fiebrig. Ich fühlte mich benommen und spürte, wie mir Schweißtropfen über den Nacken liefen, meine Wirbelsäule hinunter, bis sie in meiner Po-Ritze zum Halten kamen. Ich stand da und sah ihn an. Sah, wie sein Schwanz immer härter wurde, und hörte, wie sein Atem schneller ging. Ich ließ die rechte Hand zwischen meine Beine gleiten. Dann rieb ich mit den Fingern vor und zurück über meine geschwollene Klit. »Ooooh, das ist der Punkt, genau da«, flüsterte ich, während ich zusah, wie er zu zittern und zu stöhnen begann, während seine Hand sich weiter schnell vor und zurück bewegte.

»Was ...?«, begann er, mir eine weitere Frage zu stellen.

»Ja. Himmel. Ja. Ich liebe es zuzusehen, das macht mich unglaublich an. Ich muss mich dann einfach selbst anfassen. Ich fass meine schlüpfrige, nasse Pussy an. Sie ist geschwollen und pocht.« Das Tier in mir sprach endlich, unterbrach ihn und schickte die Worte durch die Wand zu ihm.

»Ooooooh, Himmel«, sagte er und stöhnte.

Ich drückte meine Finger tief in meine Pussy hinein, zog sie wieder heraus, nur um sie dann wie wild wieder hineinzustoßen, wobei ich Druck auf meinen G-Punkt ausübte. Mein Auge war auf ihn gerichtet, während meine Finger mir Lust verschafften, und ich spürte, wie meine Knie weich wurden.

»Was hast du an?«, fragte er mich ein zweites Mal, als er seinen Schwanz noch schneller rieb.

»Ich bin nackt ... abgesehen von meinen sexy, Animalprint-Schuhen mit ihren roten Zwölf-Zentimeter-Absätzen«, antwortete ich schließlich, wobei ich langsam zur Wand hin sprach. Meine Stimme klang tief und kehlig, was zu dem Tier in mir passte, das die Schuhe wachgerufen hatten.

Er warf den Kopf in den Nacken, öffnete den Mund und fragte in seinem rauen Bariton: »Sind sie ... sind sie ... vorne ... offen ... oder ... geschlossen?«

»Offen … man sieht meine lackierten, leuchtend roten Zehennägel herausblitzen«, antwortete ich.

Er stöhnte laut auf. Sein Schwanz war nun ganz hart, und ich wusste, dass er kurz davor stand zu kommen. Ihm zuzuschauen und ihn zu hören hatte mich so angemacht, dass ich selbst fast so weit war. Meine Pussy tropfte und war geweitet, und ich stieß noch immer mit meinen zwei Fingern in sie hinein, wobei ich kreisende Bewegungen mit der Handfläche über meine Klit machte.

»Oh, ich will dich ficken. Ich will hören, wie diese vorne offenen Schuhe über den Boden kratzen, während ich dir die Beine spreize, mich über dich beuge und dich richtig hart mit meinem Schwanz ficke.« Seine Stimme war laut, und er atmete immer schneller, während er sich dem Höhepunkt näherte. Seine Augen waren geschlossen, und das Wasser rann ihm über das Gesicht, vermischt mit den Schweißperlen, die sich in seinen Brauen sammelten.

Ich stellte mir vor, sein harter Schwanz hätte meine Finger ersetzt und würde mich nun ficken – rein und raus und rein und raus. »Ja, Himmel, ja, ich will, dass du mich hart mit deinem Schwanz nimmst.« Beide Stimmen, meine und die des Tiers in mir, riefen durch die Wand und klangen über das wilde Hämmern in meiner Brust, das prasselnde Duschwasser und das Geräusch seiner Hand auf seinem Schwanz – *twack, twack, twack* – hinweg.

Meine Klit trommelte nun förmlich gegen meine Hand, und ich war unmittelbar davor zu kommen.

»Ich komme gleich. Ich komme gleich mitten auf deinem Schwanz.« Ich sprach laut und warf den Kopf zurück, wobei ich mein Auge von dem Loch nahm, während man Körper sich zuckte und wand.

»Ooooh. Ich komme. Ich komme! Ich komme mitten auf deine offenen Tierpumps ... und deine rot lackierten Zehen ... und ...«, schrie er mir laut zu- Ich hörte ihn keuchen und stöhnen.

Für einen Moment stand ich einfach nur da und schnappte nach Luft, bevor ich das Stück Bauschaum zurück in die Wand schob und das Loch wieder mit der Tapete verdeckte. Dann stieg ich unter die Dusche und wusch mir den Schweiß und meine klebrigen Säfte ab. Als ich das Wasser wieder ausdrehte, konnte ich hören, wie mein Handy im Zimmer nebenan klingelte. Ich fragte mich, ob das mein Mann war, der anrief, um zu erfahren, was es zum Abendessen geben würde. Oder es war der Babysitter, weil etwas mit den Kindern war. Mein Alltagsleben begann, den gestohlenen Moment der Lust zu verdrängen und wieder das Steuer zu übernehmen.

Ich trocknete mich ab und schlüpfte zurück in die Kleider, die ich im Flur zurückgelassen hatten. Ich ging hinunter in die Lobby, um auszuchecken. Ich sah, wie ein Mann in sein Handy sprach, während er an einer der Säulen in der Lobby lehnte. Er trug einen braunen Anzug, und als ich um die Ecke ging, konnte ich sein rotes Haar sehen. Er war es, meine animalische Liaison dieses Nachmittags. Ich sah zu ihm hinüber, doch er schenkte mir keine Aufmerksamkeit. Er bemerkte nicht einmal meine Schuhe, denn auch ihn umgab wieder sein normales Leben.

Ich legte den Schlüssel auf den Empfangstresen, und der Mitarbeiter lächelte mich an und fragte: »War alles in Ordnung, Mrs Smith?«

»Ja. Es war wunderbar. Vielen Dank«, antwortete ich lächelnd.

»Großartig. Möchten Sie Zimmer 252 dann auch für den nächsten Monat buchen?«, fragte mich der Rezeptionist.

»Ja, bitte«, sagte ich noch immer lächelnd, schob mir meine Tasche über die Schulter und ging quer durch die Lobby des Hotels. Auf dem Weg nach draußen klackerten meine Absätze über den Marmorfußboden, und ich kehrte zurück in mein nicht-tierisches Leben, das direkt hinter der Tür des Hotels auf mich wartete.

Das London-O

Justine Elyot

Für Lloyd war es schnell eine Frage der Ehre geworden, dass er mir mehr, größere und bessere Orgasmen verschaffte als jeder meiner vorherigen Liebhaber. Und ich gebe zu, dass ich am Anfang unserer Beziehung mit dieser winzigen Unsicherheit von ihm gespielt habe.

»Orlando hatte einen so tollen Namen«, zog ich ihn auf, während wir in irgendeinem Café frische Miesmuscheln genossen. »Ein O an jedem Ende.« Ich fuhr mit der Zunge über den zarten Bissen mit seiner weichen Füllung. »Er hatte diese Gabe.«

»An jedem Ende?« Lloyds scheinbar lässiger Tonfall konnte mich nicht täuschen. Er wusste, dass ich ihn herausfordern wollte. »Du meinst, er hat dir einen Orgasmus in den Zehen verschafft? Und einen oben auf deinem Kopf?«

»Der Ort des Geschehens ist nicht wichtig.« Ich grinste und schob die schlüpfrige Molluske in meinem Mund hin und her, bevor ich sie hinunterschluckte.

»*Au contraire*, Miss Martin, der Ort spielt eine ganz entscheidende Rolle, oder etwa nicht?«

Lloyd nippte an seinem Rotwein. Er verengte die Augen zu Schlitzen und ließ keineswegs locker.

»Nun, ohne zu sehr in anatomische Details zu gehen ...«

»Oh, nein. Ich spreche nicht über die Beschaffenheit des Körpers. Ich kenne die Sophie-Landschaft gut genug, und es ist mir egal, wer sie schon von mir entdeckt hat. Ich weiß, wo ich meine Flagge zu setzen habe, wenn ich ihre Erde in den Grundfesten erschüttern will. Ich spreche von Orten.«

»Orten? Orgasmus-Orten?«

»Ja. Was war der ungewöhnlichste Ort, an dem du jemals gekommen bist?«

»Oh ... nun ja. Im Schwimmbad. In einem unterirdischen Parkhaus. Auf einem Hotelbalkon.« Ich runzelte angestrengt die Stirn, während ich mich zu erinnern versuchte.

»Lahmer Kram. Blümchensex auf die Spitze getrieben. Du enttäuschst mich.«

»Lloyd! Wo soll ich es denn sonst treiben? Auf einer Bühne?«

»Das würde dem Ganzen Würze geben.« Er grinste frech und genießerisch zugleich, und unter der karierten Tischdecke presste er sein Knie gegen meins. »Ich bin mir sicher, du würdest ein Publikum finden, das das zu schätzen weiß.«

»Und was war dein unerhörtester Ort, um den richtigen Knopf zu drücken? Wenn du dich schon als Fachmann auf diesem Gebiet betrachtest.«

»Da gab es einen Krocket-Rasen. Ein Ruderboot. Einen Flugzeughangar. Das war alles noch im College.«

»So, und was soll mir das sagen? Waren diese Orgasmen besser?«

»Nein, sie waren nicht besser«, gab er zu, »doch sie hatten eine ganz eigene Qualität. Hast du nicht das gleiche Gefühl, was deine Erfahrungen außerhalb des Schlafzimmers angeht?«

»Vielleicht schon. Ja.«

»Aber niemand hat dich jemals dazu überreden wollen, die Sache weiterzuverfolgen?«

»Nein, ich muss zugeben, dass meine Exliebhaber meistens ihre Privatsphäre schätzten. Du etwa nicht?«

»Es gibt für alles eine Zeit und einen Ort.«

Ich schnaubte.

»Das scheint mir das Gegenteil von dem, was du vorschlägst. Damit sagst du doch, dass jede Zeit und jeder Ort die richtigen für Sex sind.«

»Nicht notwendigerweise für Sex. Nur für einen Orgasmus. Um zu kommen. Oh, ich liebe es. Zu kommen. So ein unschuldiges Wort, so ein verschämter kleiner Euphemismus.«

»Okay, jetzt verstehe ich gar nichts mehr.«

»Das wirst du schon noch. Iss zu Ende. Ich werde nach der Rechnung fragen. Ich muss dir zeigen, was ich damit meine, und ich glaube, dass Taten mehr sagen als Worte.«

Ich tunkte den letzten Rest der köstlichen Soße mit einem Stück Baguette auf und schob meinen Teller beiseite.

»Ich komme schon«, sagte ich.

Draußen hatte es zu regnen begonnen. Lloyd griff nach meiner Hand und zog mich mit sich durch die regennassen Straßen, durch eine Phalanx von Regenschirmen, hinunter nach Soho, wo die Straßen immer schmaler wurden und wir irgendwann zur letzten Bastion der zwielichtigen Vergangenheit des Distrikts kamen. Auf der Brewer Street blitzte rotes und blaues Neonlicht in den Hauseingängen. Der Regen verlieh der Szene einen eigentümlichen und wehmütigen Glanz. Lloyd und ich waren hier Stammkunden, und ich bin mir sicher, dass sich einige Besitzer in der Reihe der Sexshops schon fragen, ob wir unsere komplette Wohnung mit ihren Beständen eingerichtet haben. Früher habe ich mir solche Sachen online bestellt, doch Lloyd hat mich von den Vorzügen des »Einkaufserlebnisses« und des »Ambientes« überzeugt – und am wichtigsten natürlich, von der köstlichen, nadelspitzen Scham, die man verspürt, wenn man den Kauf über die Theke hinweg abwickelt. Ich hasste und liebte es gleichermaßen, und inzwischen war ich auf den Geschmack gekommen. Durch einen regenbogenfarbenen Vorhang traten wir in einen grell ausgeleuchteten Außenposten von Sodom und Gomorrha, wobei die Plastikstreifen kühl über unsere nassen Gesichter strichen.

»'n Abend«, wurden wir beiläufig von dem gewaltigen Rocker begrüßt, der über dieses Reich der extravaganten Sünde herrschte. Lloyd tippte sich an den Kopf, und der Mann widmete sich wieder seinem *Standard*, ohne uns etwas zu fragen.

»Wonach suchen wir?«, fragte ich Lloyd flüsternd, als er mich an den grellen DVD-Hüllen und knorrigen Latex-Phalli vorbeiführte, und dann an der Spanking- und Bondage-Abteilung, wo wir schon viele schöne Stunden mit Herumstöbern verbracht hatten.

»Schlüpfer«, murmelte er und ging durch einen Türbogen in einen kleinen quadratischen Raum, den kopflose Mannequins in PVC-Bustiers bevölkerten. Dann sah er mich mit einem anzüglichen Grinsen an. »Nuttenschlüpfer.«

»Was hat Unterwäsche damit zu tun?«, fragte ich, und konnte tatsächlich keinen Zusammenhang zwischen einem knackigen Höhepunkt und diesem Nylonkrempel entdecken.

»Hmmm«, war alles, was ich von Lloyd als Antwort bekam, der nun ganz in die Kleiderstangen und Regale mit billiger Nuttenkleidung vertieft war.

»Mit offenem Schritt?«, fragte ich und fingerte dabei an

einem Set aus Peephole-BH und einem offenen Höschen herum.

»Eher das Gegenteil. Nein, nein, nicht das ... wo zum Teufel sind sie? Ich habe sie hier doch schon gesehen, ich bin mir sicher, dass ... aha!«

Triumphierend drehte er sich zu mir um und fuchtelte mit einer klaren Plastiktüte herum, die ein gewöhnliches schwarzes Spitzenhöschen zu enthalten schien. Doch das war nicht alles. Daneben befand sich eine Fernbedienung ... ferngesteuerte Höschen? *Oh!*

»Ich glaube, davon habe ich schon gehört«, sagte ich zurückhaltend und streckte eine Hand aus, um sie näher zu untersuchen. Er reichte mir den Beutel, und meine Vermutung bestätigte sich. Im Schritt befestigt befanden sich an strategisch wichtigen Punkten ein Klitorisstimulator und ein Vibrator. »Ist das dein Ernst?«

»Hast du Angst?«, neckte er mich, nahm den Beutel wieder an sich und schüttelte ihn vor meinem Gesicht, wobei er wie ein Gespenst »Woo, woo!« machte. »Schlüpfer-Attacke!«

»Ganz schön teuer«, bemerkte ich.

»Ich glaube, das wird es wert sein«, erwiderte er mit rauer Stimme. Er hatte einen glasigen Blick wie immer, wenn er an extreme oder ungewöhnliche Praktiken dachte. »Oh, wie viel Spaß ich mit dir in diesem Ding haben werde ...«

»Also das hast du gemeint, als du über ungewöhnliche Orte für Orgasmen gesprochen hast. Theoretisch könnte ich überall einen haben ... wenn ich das hier trage.«

»Ja, einfach überall. Wenn ich auf den Knopf drücke ... oh, welche Macht! Das könnte mir zu Kopf steigen.«

»Ich glaube eher, es ist dir schon woandershin gekrochen«, bemerkte ich mit einem Blick auf die Beule in seiner Hose.

Wie immer war es meine Aufgabe, die Ware über den Tresen zu reichen, während sich Lloyd um den Teil mit der Kreditkarte kümmerte. Wie immer wurde ich rot, hoffte, dass der Verkäufer keine Bemerkung machen und mir nicht in die Augen sehen würde. Ein vielsagender Blick blieb mir nicht erspart, doch der Kommentar war an Lloyd gerichtet.

»Umtausch ausgeschlossen, tut mir leid«, sagte er. »Genau wie bei allen anderen Vibratoren. Aber ich bin sicher, Sie werden sehr zufrieden sein.«

Ich musterte angelegentlich einige Massageöle und weigerte mich, den Blick zu heben und mir das zweifellos breite Grinsen und Zwinkern anzusehen.

»Selbst schon mal einen getestet?«, fragte Lloyd. *Oh, komm schon, lass uns gehen.*

»Oh ja, kann ich nur empfehlen. Sehr leise, kein lästiges Brummen. Deshalb kann man das Höschen wirklich ... überall tragen.«

»Danke, ich wird's mir merken.«

Der Verkäufer hatte recht. Die Vibrator-Einheit war fast nicht zu hören, wie ich auf dem Heimweg in der U-Bahn feststellte, nachdem Lloyd mich überredet hatte, vorher in einer öffentlichen Toilette noch meine Unterwäsche zu wechseln. Auf meiner langsamen Fahrt mit der Rolltreppe in die U-Bahn hinunter, vorbei an Trinkern und Menschen, die ausgingen, und solchen, denen man die langen Bürostunden ansah, war ich mir des Unterschieds nur allzu bewusst. Das Material war angenehm und lag eng an, sodass der Vibrator darin gut befestigt war und das kühle geriffelte Latex des Klit-Stimulators an exakt der richtigen Stelle drückte und rieb.

»Wie fühlt sich das an?«, flüsterte Lloyd, der neben mir stand, besitzergreifend die Hand auf meinen Hintern gelegt hatte und mir über den Rock rieb, als ob er so die Antwort erhalten würde.

»Oh, sehr, sehr unanständig«, antwortete ich. »Böse und lasterhaft. Ich hoffe, dass ich auf dem Weg nach Haus keinen Unfall habe. Ich möchte wirklich nicht mit diesem Ding in der Notaufnahme landen.«

»Füllt er dich aus? Bist du feucht? Reibt es tatsächlich über deine Klit?«

»Ja, ja und ja. Halt den Mund, um Gottes willen!«

»Oh, nein. Ich will, dass du dir immer bewusst bist, dass du es trägst. Du sollst keine Chance haben, es zu vergessen. Und ich will, dass du weißt, dass ich es weiß. Gott, das macht mich so an. Ich hoffe wirklich, dass die Bahn heute keine Verspätung hat.« Wir verließen die Rolltreppe, und ich versuchte angestrengt, ganz normal zu gehen, ungeachtet des köstlichen Drucks auf meiner Klit und dem großen, falschen Schwanz in meiner Pussy.

»Das gibt dir einen fantastischen Hüftschwung«, sagte Lloyd bewundernd und ließ mich vorangehen, um meinen wiegenden Po zu betrachten. »Es ist so offensichtlich, dass deine Pussy gefüllt ist. Aber vermutlich liegt das nur daran, dass ich es weiß. Niemand sonst würde es erraten.«

Ich war überzeugt davon, dass jeder es wusste, während wir auf den Bahnsteig eilten. Jeder Passant, von den grinsenden Teenagern, die ihre Energy-Drinks schlürften, bis hin zu dem älteren Mann im Anzug, der den *Telegraph* las – sie alle wussten ganz genau, dass ich Spezialunterwäsche trug, dass mein Schritt feucht war und meine Pussy sich um einen Plastikschwanz schmiegte, weil ich eine schmutzige Schlampe war, die es liebte zu kommen und einfach nicht genug Orgasmen haben konnte.

Lloyd hielt die Hand in seiner Jackentasche und machte sich einen Spaß aus der Vorstellung, den Vibrator jederzeit aktivieren zu können, sodass mir nichts anderes übrig bleiben würde, als meine Schenkel zusammenzupressen und meinen Beckenboden anzuspannen. Als der Zug endlich donnernd einfuhr, hatte er den magischen Knopf jedoch immer noch nicht gedrückt.

Der Zug war etwa zu drei Vierteln besetzt, und wir konnten keine Sitze nebeneinander finden. Ich setzte mich in die Mitte einer Reihe, während er sich einen Platz neben der Tür, am gegenüberliegenden Ende des Großraumabteils suchte. Als ich so dasaß, mit einer stark parfümierten Dame zu meiner einen Seite und einem schwulen Punk auf der anderen, war ich mir plötzlich sicher, dass die Leute mir irgendwie unter den Rock sehen konnten, obwohl dieser knielang war. Ich beschloss, die Beine damenhaft zu überschlagen, doch damit drückte ich das genoppte Gummi noch fester in meine schwimmende Klit, und meine Pussy fühlte sich noch voller an. Ich rutschte auf dem Sitz hin und her, unsicher, ob ich meine Beine wieder öffnen sollte, und genau in diesem Moment legte Lloyd den Schalter um.

Ich musste einen Schrei unterdrücken angesichts des überwältigenden Gefühls in meiner Pussy. Erst war es nur ein langsames Beben, dann wurde es zu einem schnellen, fast unerträglichen Hämmern. Ich fühlte mich schmerzlich schamlos und wusste, dass mein Höhepunkt nicht lange auf sich warten lassen würde. Ich lehnte mich zurück, streckte meinen Rücken und tat mein Bestes, um nicht zu keuchen oder zu stöhnen. Meine Pussylippen kribbelten, und meine Nippel waren hart und empfindlich und drückten gegen die Spitze meines BHs, dessen Muster sich bestimmt schon auf meiner Haut abzeichnete. Lloyds anstößiges, erfreutes Lächeln ließ mich noch heißer werden. Er hatte sich eine Ausgabe des *Evening Standard* über den Schoß gelegt, um seine Erregung zu verbergen. Meine unteren Regionen schienen sich völlig unkontrolliert zu winden und zu zucken. Der Vibrator lief nun auf höchster Stufe, meine Klit war geschwollen und den kleinen Gummi-Stimulatoren ausgeliefert. Meine Wangen waren heißer als Feuer, und ich hampelte so sehr herum, dass mein Sitznachbar die gängige U-Bahn-Etikette, sich gegenseitig völlig zu ignorieren, außer Acht ließ und mir einen Seitenblick zuwarf. Und dann kam ich, während ich die Hand in den Schoß presste, mit dem Hintern über den Sitz rieb und mir auf die Lippe biss. Verzweifelt versuchte ich, ruhig zu atmen, als meine süßen Säfte aus mir herausflossen.

Und wir waren erst in der Goodge Street. Es hatte weniger als fünf Minuten gedauert, um mich in der Öffentlichkeit und auf den muffigen Bezügen des Londoner Transportwesens kommen zu lassen.

Der schwule Punk und die parfümierte Lady rutschten rechts und links von mir ab und gaben sich keine Mühe zu verbergen, dass sie auf Distanz zu mir gehen wollten. Ich konnte es ihnen nicht übel nehmen. Ich war mir sicher, dass der schwere Geruch meiner Lust in der Luft hing, und den Zibetduft der Frau und das Patchouli des schwulen Punks überlagerte. Den Rest der Fahrt verbrachte ich damit, Lloyd mit Blicken zu durchbohren und mich zu fragen, ob er mich mit seiner Perversion angesteckt hatte.

Als wir endlich Highgate erreichten, war klar, dass wir es niemals von der Haltestelle bis zu unserer Wohnung schaffen würden, ohne dass Lloyds Schwanz ein Loch durch seine Hose bohrte. Wir rannten, behindert durch die Erektion und ein vibrierendes Höschen, so schnell wir konnten zu den Bäumen hin, die praktischerweise direkt neben dem Eingang zur U-Bahn an der Archway Road standen. Lloyd drückte mich kurz entschlossen gegen einen Baum, sodass meine Brüste über das raue Holz rieben, und zog mir den Rock bis zur Taille hoch und das Höschen ein Stück nach unten. Nackt ragte mein Hintern in die frische Nachtluft. Nur wenige Meter von uns entfernt hasteten Pendler über den Gehweg, und der Nachtverkehr brauste vorüber. Von der nahe gelegenen Straßenlampe drang gerade genügend mattes gelbes Licht zu uns herüber, dass wir sehen konnten, wo wir waren und was wir taten. Lloyd zog mir das Höschen nicht ganz herunter und ließ den Vibrator da, wo er war.

»Ich will deinen Arsch«, murmelte er und bereitete ihn mit seinem Daumen vor, den er in den Säften meiner übervollen Klit gebadet hatte. »Du kannst das Ding anbehalten. Ich stelle es jetzt an.« Einmal mehr, zu meiner großen Freude, begann sich das steife Gerät in meiner Pussy zu bewegen und zu brummen. Nur der Klit-Stimulator war nicht mehr ganz an seinem Platz, damit Lloyd besseren Zugang hatte. Als ich entspannt genug war, um zwei von Lloyds Fingern in mein kleines, enges Loch aufzunehmen, entschied er, dass er sich nicht länger zurückhalten konnte. Schnell öffnete er seine Hose und schob mir seine feuchte Schwanzspitze zwischen die gespreizten Pobacken.

Die Vibrationen wurden stärker und erfüllten mich, während er seine Eichel in meinen Hintereingang schob. Wir stöhnten im Konzert – ich wegen des wunderbaren Gefühls, so gefüllt zu sein, er wegen der lang erwarteten Erleichterung. Je tiefer er hineinglitt, desto weiter und bereit, mich ganz zu öffnen, fühlte ich mich, bis da nichts mehr war als die Erfüllung unserer primitiven Lust. Ich war eine Pussy und ein Arschloch, voll und ordentlich rangenommen, ganz wie es sein sollte.

»Sieh dich an«, keuchte Lloyd, als er ganz in mir war und seine Eier leicht gegen meine Backen schwangen. »Kriegst den Arsch an einem Baum gefickt, mit einer vollen Pussy. Ich wette, Orlando hat es dir nie so gemacht.«

»N-nein«, gab ich zu, wobei meine Stimme nur noch ein zitterndes Krächzen war. »Oh. Nein.«

»Also, wer ist nun der Orgasmus-Meister, hm?« Vorsichtig zog er seinen Schaft ein Stück zurück, ganz langsam, wobei er auf seinem Weg jedes meiner Nervenenden zum Zucken brachte. »Wer lässt dich am heftigsten kommen?«

»Du tust das«, versicherte ich ihm, streckte meinen Hintern nach hinten, um ihn einzuladen und es so dringlich zu machen, wie ich konnte.

Er war nun halb in mir drin, und ich hätte es nicht ertragen, wenn er sich ganz aus mir zurückgezogen hätte. Ich versuchte, meine Muskeln fest um ihn herum anzuspannen, doch das war schwierig und es brannte.

»Wer hat die heißesten, verrücktesten Ideen für dich, Sophie? Wer weiß genau, was für ein schmutziges, verdorbenes Mädchen du bist?«

»Oh, du ... du.« Er trieb sich wieder in mich, und ich keuchte vor Wonne auf.

»Ja, ich. Niemand sonst. Kein verfickter *Orlando*. Ich bin der richtige Mann für dich.«

Er begann, hart zu stoßen, und presste mein Becken dabei in die trockene Baumrinde. Seine Schwanzspitze drückte das runde Ende des Vibrators mit jedem Stoß in meine ungehörigsten Tiefen. Ich stellte mir die beiden Schwänze vor, den echten und den falschen, wie sie sich zu einem einzigen langen und unbarmherzigen Eindringling zusammentaten und dabei den Vor-und-zurück-Rhythmus in Pussy und Po-Loch bis in alle Ewigkeit aufrechterhielten. Der Baumstamm war schmal genug, dass ich meine Arme um ihn legen konnte, und so hing ich mit letzter Kraft an dem Holz, während Lloyd nach meinen Hüften griff und sich tiefer und härter in mich trieb, als ich es je für möglich gehalten hätte. Ich wusste, dass ich danach für einen Tag oder länger wund sein würde, doch ich wusste auch, dass jede Bewegung, jede Gewichtsverlagerung auf meinem Bürostuhl die Erinnerung zurückbringen und mich lächeln und strahlen lassen würde. Die Kombination aus Vibrator und Schwanz schickte mich in ein wildes Orgasmus-Chaos. Dennoch musste ich still bleiben, genau wie in der U-Bahn, um nicht hier in der Öffentlichkeit nicht aufzufallen. Lloyd hielt hinter mir inne und schickte dann ein langes, zischendes Fauchen hoch in die Baumkronen, bevor er sich wieder und wieder in meinem Hintern ergoss.

»Gott, du bist wie für mich gemacht«, keuchte er und legte den Kopf für einen Moment erschöpft auf meine Schulter, bevor er sich wieder streckte und dann seine Kleidung richtete. Ich konnte mein Äußeres nicht in Ordnung bringen, denn ich steckte immer noch in dem vibrierenden Schlüpfer, der langsam zu jucken begann und nun so feucht war, dass er bei jeder Bewegung ein eindeutiges, schmatzendes Geräusch von sich gab. Nicht zu reden von dem großen Fleck auf meiner Rückseite, der den Stoff an meiner Haut kleben ließ. Trotzdem schaffte ich es irgendwie bis in unsere Wohnung, wobei ich das Gefühl hatte, jeder Passant würde mein Geheimnis kennen und Lloyd hinter meinem Rücken wissend zuzwinkern.

Dennoch hielten wir diesen Neuzugang für unsere Spielzeugkiste für ausgesprochen wertvoll, und seit seinem denkwürdigen Debüt ist das Vibrationshöschen bereits unzählige Male zum Einsatz gekommen. Ich trug es im Britischen Museum, auf dem London Eye, im Kino am Leicester Square und beim Picknick im Hyde Park. Es ist immer genau das Richtige, um einen langweiligen Tag aufzupeppen, und allmählich kommen wir der Erfüllung von Lloyds Ambitionen, mich in jeder Touristenattraktion der Stadt lang und hart kommen zu lassen, immer näher. Unvergessen ist mir, wie ich mitten im Buckingham Palace zu schwitzen und schnauben begann und mich auf einen Samtstuhl setzen musste, den mir ein Mann vom Sicherheitspersonal zurechtrückte.

»Sie hat wohl eine ihrer Anwandlungen«, sagte Lloyd lakonisch und zwinkerte dem Mann zu, bevor er mich mit sich nach draußen zog, um es auf dem Victoria Embankment mit mir zu treiben.

Wenn es nun also zu der Frage kommt, wer mir mehr, größere und bessere Orgasmen verschafft, so ist Lloyd ganz klarer Gewinner. Er ist außerdem Gewinner in der Kategorie »freihändig«. Ich kann mir ehrlich nicht vorstellen, wie Orlando da jemals mithalten könnte.

Der Wettkampf

Charlotte Stein

Sie weiß, was er ihr zum Geburtstag schenken wird. Er macht ihr immer die besten Geschenke, aber diesmal ist es etwas ganz Besonderes. Dieses Jahr, das weiß sie, wird es ein Wettkampf sein.

Am Morgen gibt er sich ganz entspannt. So, als ob gar nichts wäre. Vielleicht wird er ihr Blumen schenken oder Pralinen oder ein Parfum, belanglose Dinge, wie sie sie von ihren früheren Freunden bekommen hat, weil sie ein Mädchen ist und Mädchen solche Dinge mögen. Richtig?

Doch Gray weiß, dass sie anders ist. Er weiß, sie mag es roh und frech, und auch, was sie nun gleich erwartet. Sie spürt, wie die Vorfreude in ihrem Nacken prickelt wie eine raue Hand, die sie oberhalb des Bauches streichelt und zwischen ihren Beinen, wo es bereits feucht und heiß wird.

Jede Minute ist es so weit, denkt sie und beißt sich auf die Lippe, statt in das Sandwich, das vor ihr liegt.

Gray isst seinen Schinken auf Vollkorn, als ob nichts wäre. Er kaut gründlich, als sei dieses Schinkensandwich die wichtigste Sache auf der Welt. Sie könnten Universitätskurse über die Kunst des Schinkensandwich-Essens anbieten!

Schau mich an, Elle, wie ich mein köstliches Frühstück verspeise. Sieh die rhythmischen Bewegungen meines Kiefers. Wie ich lang-

sam schlucke. Wie meine Zunge über die soßenbeschmierten Lippen fährt …

Sie hört auf vorzugeben, dass sie an ihrem eigenen Sandwich interessiert ist. Seines ist viel faszinierender, und wird es noch mehr, als er das Fett von seinen langen, breiten Fingern lutscht. Seine Lippen umschließen jeden einzelnen Finger bis zur Wurzel und gleiten dann langsam und geschmeidig wieder zurück. Und dann wieder den Finger hinauf. Und dann legt sich seine rosa Zunge um seine Fingerspitze, während sein Blick auf sie gerichtet ist.

Sie muss an sämtliche Pornos denken, die sie jemals gesehen hat. Genau so sieht es aus, wie er sich das Fett von den Fingern leckt: wie in all den Pornos.

Schlimmer noch, er scheint fasziniert von seinem eigenen, nassen Finger zu sein. Den Blick weiter auf sie gerichtet, lehnt er sich auf dem alten, klapprigen Küchenstuhl zurück und knöpft sich mit der anderen Hand das Hemd auf. Er lässt den Finger unter den Stoff gleiten, um die Nässe irgendwo zu verreiben, wo es sich gut anfühlt.

Aus Solidarität ziehen sich ihre eigenen Nippel schmerzhaft zusammen. Er drückt den Rücken durch. Seine Hand kreist weiter unter dem Hemdstoff. Als er die Lippen öffnet, will Elle das Gleiche mit ihren machen.

Der Kampf hat begonnen, so scheint es, und er ist schon dabei, ihn zu gewinnen. Er lässt sie fast kommen, nur indem er sich selbst berührt.

Doch schließlich weiß er, wie sehr sie das anmacht. Das verschafft ihm einen Vorteil in diesem kleinen Wer-kann-dem-anderen-die-meisten-und-größten-Orgasmen-verschaffen?-Wettstreit. Er kennt sie so unglaublich gut – und manches weiß er, ohne sie je danach gefragt zu haben, als ob er einen übernatürlichen Sex-Sinn hätte, mit dem er ihre Gelüste und Vorlieben riechen kann.

Während sie ... nun, manchmal ist es offensichtlich, was er sich wünscht oder möchte. Seine Nippel sind sehr empfindlich. Er mag Dirty Talk und wenn jemand so mit ihm spricht. Er liebt es, zu necken und geneckt zu werden.

Doch manchmal sind die Dinge nicht so offensichtlich. Manchmal muss sie das Rätsel erst lösen, wie bei einem menschlichen Zauberwürfel. So wie jetzt gerade, wenn es *scheint*, als ob er sich so verhält, um sie richtig heiß zu machen, doch es könnte auch sein, dass er es ebenso liebt, sie hilflos zu sehen wie sie es liebt, hilflos zu sein.

Während sie ihm dabei zusieht, knöpft er sein Hemd nun ganz auf und schiebt es zur Seite, sodass sie seinen muskulösen Oberkörper mit der beharrten Brust sehen kann. In gewisser Weise sind seine Gesichtszüge beinahe feminin, die volle Unterlippe, die großen, sanften Augen – doch sein Körper ist es nicht. Er ist rau und behaart und sehnig und stark zugleich, mit breiten Schultern und einem großen Schwanz.

Dennoch spielt Gray damit, wie es vermutlich Mädchen tun würden: verschmitzt und sinnlich, wie um sich einem Macho-Freund zu präsentieren. Er fährt aufreizend über seine harten Nippel und seinen bebenden Bauch, ohne die Augen von ihr zu nehmen. Und dann treibt er das Spiel voran, indem er sich die Hand in die Hose schiebt.

Etwas an diesem Anblick – ein Mann mit der Hand in seiner Jeans, als ob er verstohlen etwas Unanständiges tun würde – schickt einen Blitz direkt hinunter in ihren Schoß. Sie spürt, wie ihre Perle anschwillt und hart wird, ihr ganzes Geschlecht wird prall, bis es wohlig und hart gegen den Stoff ihres Höschens drückt. Wenn sie sich auf dem Stuhl bewegt, reibt feuchtes Fleisch gegen feuchtes Fleisch.

Doch sie bewegt sich nicht hin und her, abgesehen von dieser ersten Regung. Wenn sie es tun würde, würde sie kommen, einfach so, das weiß sie – wie ein Kind, das sich in die Hose macht.

Als sich seine Hand unterhalb des Jeansbunds rhythmisch bewegt, sich seine Augen für einen Moment flatternd schließen und er aus tiefster Kehle stöhnt, drückt sie die Fingernägel fest in ihre Schenkel.

»Lässt dich das feucht werden?«, fragt er, doch dann gibt er sich selbst die Antwort darauf. »Warum frage ich? Natürlich tut es das. Deine Wangen sind gerötet, und ich kann deine Nippel durch dein T-Shirt hindurch sehen. Fühlt es sich gut an, wie der Stoff über sie reibt?«

Sie zwingt sich, ihm nicht zu antworten. Seine Fragen sind ohnehin keine echten Fragen.

»Meine Hand fühlt sich gut an meinem Schwanz an. Ich bin so hart. Jesus. Ich wette, es würde sich super anfühlen, wenn ich ihn jetzt in deine Möse stoßen könnte. Ich denke, ich werde mir erst einen runterholen – um die Spannung ein wenig zu lösen.«

»Das ist dann ein Punkt für mich«, bricht es aus ihr heraus, obwohl es nicht die Worte sind, die sie eigentlich sagen will. In Wirklichkeit will sie sagen: *Oh, ja, bitte, Gott, fick mich, fick mich, fick meine Möse.* Stattdessen verkündet sie weiter: »Dann führe ich. Wenn du dir einen runterholst und kommst, während du mich so ansiehst, dann liege ich eins zu null in Führung.«

Er zieht die Augenbrauen in die Höhe.

»Du willst es also wissen, hm?«

»So sind die Regeln.«

»Aber ich will wirklich eine Schweinerei in meiner Jeans veranstalten«, jammert er – wobei es kein echtes Jammern ist. Seine Mundwinkel gehen nach oben, nur ein kleines bisschen.

»Dann tu es. Mach weiter und tu es, du Schweinehund. Ich wette, du hast es schon viele Male so gemacht – an der Uni vielleicht? In der Vorlesung, als du dich zu Tode gelangweilt hast über Professor Schlummerles Präsentation zum Lebenszyklus der Bienen. Vielleicht saß in der Reihe schräg vor dir ein Erstsemester mit großen Titten, und du konntest ihr in den Ausschnitt gucken …«

»Das hört sich gar nicht nach mir an … «

»… und dann hast du mit der Handwurzel über deinen Schwanz gerieben, hast ihn gegen den Reißverschluss gedrückt, bis du in deine Jeans abgespritzt hast.«

»… ich vermute, so könnte es gewesen sein, wenn dir die Vorstellung gefällt.«

Seine Hand unter dem Stoff bewegt sich nun schneller. Sie kann es sehen. Sie kann sehen, wie auch seine Wangen glühen, wie seine Hüften leicht nach vorne zucken.

»Ich wette, du hast geschwitzt und einen ganz roten Kopf bekommen, wie jetzt auch gerade. Ich wette, als du gekommen bist, hast du ein Geräusch gemacht und musstest dir die Hand vor den Mund pressen.«

Er schließt die Augen und lehnt sich kurz zurück. Seine Hüften stoßen jetzt nach vorn, in die Luft, und sie kann förmlich sehen, wie seine Hand den Schwanz fest an der Wurzel zusammendrückt.

»Ein Geräusch wie das, das ich gleich machen werde?«, fragt er.

»Nicht, wenn du deinen Orgasmus weiter herauszögerst, wie du es gerade tust, Betrüger.«

»Ah ... das ist kein Betrug. Das lässt mich nur noch schneller kommen – Mist!«

»Dann drück fester zu. Richtig fest.«

»So, wie du es manchmal tust?«

»Ja, genau so. Leg die Hand um deine Eier und zieh fest an ihnen.«

»Oh Mann ... du weißt, dass dieser ganze Unsinn mich noch schneller abheben lässt.«

»Und darüber zu reden?«

»Und darüber zu reden lässt mich auch schneller abheben – du bist hier der verdammte Betrüger.«

»Dann hör einfach auf, dich selbst zu berühren.«

Er stöhnt, laut und lang. Schnappt plötzlich nach Luft.

»Ich kann nicht. *Fuck*. Ich kann nicht – ah, du Schlampe.«

Sein ganzer Körper versteift sich und windet sich dann. Sein Mund ist geöffnet, die Augen sind fest zusammengekniffen. Seine Hüften zucken vor und zurück, als wäre da mehr als nur seine eigene Hand, und dann hört Elle, wie da plötzlich noch mehr Nässe ist. Sie hört, wie er durch seinen eigenen Erguss reibt, als er dem Orgasmus nachspürt.

Sie ist genauso überrascht wie er, als ihr bewusst wird, dass sie ihn besser kennt, als sie beide gedacht haben.

Er braucht nicht lange, um sie auf Gleichstand zu bringen. Er säubert sich selbst mit der Zunge – leckt lang und genüsslich über seine vom Erguss klebrigen Finger –, bis Elle nicht mehr anders kann, als bei diesem Anblick zu masturbieren. Es braucht nur wenige Berührungen über ihre geschwollene, feuchte Klit, und sie ruft seinen Namen. Dennoch ist das für sie nicht mehr als eine Vorspeise.

Nun will sie den Hauptgang. Genau wie er offensichtlich.

»War das gut?«, fragt er mit sanftem, schleppendem Tonfall. Obwohl seine Lider gerade noch schwer waren vor Befriedigung, kann sie nun förmlich seinen Hunger auf mehr riechen. »Noch nicht gut genug, hm? Nun, dann lehn dich über den Tisch, und ich kümmere mich darum.«

Sie schüttelt den Kopf, doch aus ihrem Mund kommen nicht die passenden Worte dazu.

»Nein? Komm schon, beug dich über den Tisch und zieh deinen Rock hoch. Heb ihn schön hoch, damit ich deine saftige Spalte sehen kann. Vielleicht kannst du auch die Hände auf deine Arschbacken legen und sie weit für mich auseinanderziehen. Was hast du gesagt?«

Sie sagt gar nichts. Ihre geschlossenen Augen sagen alles, ebenso wie sie schluckt und zittert.

»Du hast dich doch für andere Jungs auch schon geöffnet, oder? Mit den zwei Kerlen, mit denen du dir früher eine Wohnung geteilt hast? Du musst dich doch den beiden irgendwann angeboten haben. Sie kommen betrunken nach Hause, sehen dich einen schmutzigen Porno gucken. Einer ist in deinem Mund und einer in deiner Pussy gekommen ... oder vielleicht auch nicht in deinem Mund. Einer war in deinem Hintern, stimmt's?«

Dieses Mal schüttelt sie nicht den Kopf, obwohl es definitiv nicht stimmt. Eine gute Idee, aber nicht die Wahrheit – genau wie all die anderen schmutzigen Geschichten, die sie einander erzählen.

»Haben sie dich gleichzeitig gefickt? Einer in jedes Loch – was für eine Schlampe du bist. Ich werde in deinem Mund und in deiner Pussy und in deinem Arsch kommen müssen, um mit dieser schmutzigen Angelegenheit mithalten zu können. Oder was meinst du?«

Als Antwort beugt sie sich mit zitternden Beinen über den

Küchentisch. Aber er lacht nicht über sie. Sie hört nur, wie sein Stuhl umfällt und er hastig die Kleider abstreift, und dann ist er hinter ihr. Oh Gott, er ist hinter ihr, auf seinen Knien.

Sie kann ihn nicht für den Punkt hassen, den er gewinnt, als seine Zunge über ihre Spalte kreist und gleitet und sie schon wieder kommt.

Wie auch immer, die Nebel der Lust rauben ihr weder den Verstand, noch lassen sie sie das Ziel des Spiels vergessen. Sie wartet, bis er zur Ruhe kommt und sich in falscher Sicherheit wiegt – noch immer ist er in ihrer Pussy, doch ohne sich der Gefahr bewusst zu sein.

Und dann schiebt sie sich zurück, bis er zwischen ihrem Körper und der Küchenanrichte feststeckt.

Natürlich versucht er, sich zu befreien. Doch das ist schwierig, weil sie die Beine rechts und links von ihm hat und sich ihre Pussy eng um seinen Schwanz zusammenzieht. Sie weiß das, denn er stöhnt und keucht und sagt ihr, dass das unfair ist.

»Bleib stehen und nimm das«, sagt sie, was es für ihn noch schlimmer macht. Er versucht nicht einmal, gegen ihre Hüften zu drücken und sie von sich fortzuschieben – er wartet einfach nur und schreit seine Lust heraus, als sie sich gegen ihn stößt, wieder und wieder.

Sie fühlt, wie er in ihrem unteren Rücken die Hand um den Stoff ihres Rocks ballt. Einen Moment später zieht er sie daran mit einem Ruck auf seinen Schwanz.

»Das gefällt dir, was?«, fragt sie ihn, doch er kann nicht mehr sprechen, genau wie sie zuvor. »Magst du das, du schmutziges, kleines Miststück?«

Sie hört ihn als Antwort seufzen, genüsslich und bebend.

»Kommst du jetzt? Ich wette, das tust du. Komm schon, gib auf.«

Er gehorcht.

Er denkt, dass er sie geschlagen hat, das weiß sie. Sie hängt an seiner Angel. Drei zu zwei, und obwohl er sehr gut darin ist, von Neuem hart zu werden, und mehr als einmal, zweimal, manchmal sogar fünfmal weitermachen kann, so ist es doch viel einfacher für ihn, sich zurückzuhalten.

Sie verflucht sich selbst, dass sie nicht an diesen Aspekt seiner physischen Überlegenheit gedacht hat.

Und dann verdoppelt sie ihre Anstrengungen. Es gibt nichts, was Gray mehr liebt als einen entspannten Blowjob danach. Es ist die perfekte Falle, weil er glaubt, dass er längst gewonnen hat und auf einem See von Küssen und um ihn geschlungenen Gliedern dahintreibt.

Und wenn sie ihn mit süßem Saugen und Lecken an seinem erst weichen, dann schnell wieder hart werdenden Schwanz aus dem Dösen reißt, ist er zu bequem und schläfrig, um zu widerstehen. Seine Hände graben sich in ihr Haar, bevor ihm auch nur bewusst wird, was eigentlich los ist. Erst als er ganz hart ist und in sie stößt, stöhnt er frustriert auf. Sie kann es deutlich an seinem Tonfall erkennen: Ich dachte, ich hätte es geschafft. Der Sieg wäre mein.

Nun stößt er sich in ihren lockenden Mund, wobei er die Hände abwechselnd in ihr Haar oder die Bettlaken krallt. Doch er zwingt sie zu nichts, nein, nein. Zwingen ist etwas für Gewinner. Leute, die kurz davor sind zu kommen, haben nichts zu vermelden.

Stattdessen hält sie seine Hüften fest und leckt ihn mit der Zungenspitze, bis er sich windet und sie so heftig verflucht wie sie sich selbst noch einen Moment zuvor. Sie wartet, bis er angeschwollen und hart ist, bis sein Körper wie eine Stromleitung vibriert und er nur noch die Worte herausbringen kann:

»Okay, du hast gewonnen. Du hast gewonnen.«

Es ist eine Lüge, doch das ist nicht der Punkt. Es ist ganz und gar nicht der Punkt, als sie ihn schließlich schluckt und fühlt, wie er sich in einem wilden, aber beinahe trockenen Orgasmus aufbäumt.

Bei diesem Wettkampf geht es am Ende darum, wer nachgibt – nicht um den Punktestand.

Umgekehrt

Jade Melisande

Wir stehen vor dem Schaufenster von *Details*, unserem örtlichen Piercing-Studio, und sehen uns den ausgestellten Körperschmuck an.

»Bis du sicher, dass du das willst?«, fragt mich mein Freund Dylan noch einmal. Ich nicke geistesabwesend. Ich weiß, dass er nur besorgt ist, aber ich möchte mir die Sache nicht ausreden lassen. Mein Entschluss steht fest.

Ich zeige auf einen Ring mit einer Verschlussperle aus Titan. »Diesen da«, sage ich zu Joe, dem Piercer. Er hat das Originalpiercing beim ersten Mal gemacht, aber natürlich erinnert er sich nicht mehr an mich. Das Ganze ist mindestens vier Jahre her. »Es war ein etwas kleinerer Ring beim ersten Mal«, sage ich. »Es sollte kein Problem sein, die nächste Größe zu nehmen, oder?

»Ich denke nicht«, sagt er. »Wir schauen es uns mal an.«

Als ich drinnen auf dem Behandlungsstuhl sitze, die Beine gespreizt, sieht sich Joe die alte Piercingstelle in meiner Klitorisvorhaut an, zieht an ihr und stochert ein wenig in ihr herum. Es ist eine rein klinische Angelegenheit, und Joe ist ein echter Profi. Dennoch bin ich kurioserweise erregt, weil er mich so intensiv betrachtet. Eine seltsame Fantasie schießt mir durch den Kopf, in der mein Partner, der auf der anderen Seite des Raums sitzt, plötzlich hochspringt und nach meinen Armen greift, sodass Joe seine erfahrenen Finger benutzen kann, um ...

»Wie lange ist es schon draußen?«, fragt Joe und reißt mich damit aus meiner Fantasie, als es gerade richtig interessant wird.

»Oh, hm ... drei Jahre?« Ich richte die Frage an Dylan, als ob er besser wüsste als ich, wann ich mich entschlossen habe, meinen ersten Vorhautring zu entfernen. Ich habe es an dem Tag getan, als ich geschieden wurde, als eine Art *»fuck you«* an mein altes Leben und an den Mann, für den ich mir das Piercing ursprünglich hatte machen lassen.

Joe nickt. »Nun, es hat sich nicht geschlossen«, sagt er. »Ich muss nicht noch einmal piercen, sondern nur den neuen Ring anbringen.« Auf meinen überraschten Ausruf hin, zuckt er nur mit den Schultern. »Es ist ungewöhnlich, das stimmt, doch nichts, wovon man nicht schon gehört hat.« Und dann bittet er mich, tief Luft zu holen, und drückt den neuen Ring durch das alte, enge Loch.

Ich könnte schwören, dass es mehr wehtut als das Originalpiercing. Ganz bewusst atme ich ruhig und lasse den Schmerz über mich hinwegspülen. Nach einem Moment lässt der Schmerz nach und wird zu einem matten Zwicken. »Das war's«, sagt Joe.

Ich nicke, von einem süßen Hitzestrahl zum Schweigen gebracht, der durch mich hindurchfließt. Ich sehe hoch in Joes Augen. Er grinst. »Alles gepierct und bereit für allerlei Spiele«, sagt er.

»Heilungszeit?«, frage ich und winde mich unbewusst auf dem Stuhl.

Sein Grinsen wird breiter. »Alles bereit, wenn du es bist.«

Ich richte mich vorsichtig auf, doch es fühlt sich nur noch an einem kleinen Punkt unangenehm an. Beim Gehen reibt die Jeans über die sensible Stelle zwischen meinen Beinen, dennoch durchströmt mich Lust dabei.

Als Dylan und ich endlich zu Hause sind, ist mein Höschen feucht. Ich habe jeden Hubbel auf der Straße gespürt, jede Berührung des Stahls an meiner Klitoris, jedes Mal, wenn meine Jeans gegen die Titan-Verschlussperle gekommen ist. Sobald die Tür hinter Dylan ins Schloss gefallen ist, wirble ich herum, werfe mich auf ihn und reibe meine Möse an seinem Schenkel. Das Zwicken des Rings an meiner Klit ist in seiner Genauigkeit schmerzhaft und köstlich zugleich.

»Fick mich«, sage ich an Dylans Mund.

Er legt mir die Hände auf die Schultern und schiebt mich einen Schritt zurück. »Sollen wir das wirklich tun, nachdem dein Ring gerade erst angebracht wurde, Cass?«

Ich winde mich ungeduldig aus seinen Händen und drücke mich wieder an ihn.

»Ja, verflucht noch mal«, sage ich mit einem Hauch von Frustration in der Stimme. Ich kann mich nicht erinnern, wann ich das letzte Mal so erregt war. »Ich will sehen, ob es noch funktioniert.« Ich schmiege mich fest an ihn, und ein Stöhnen dringt tief aus meiner Kehle.

»Du heiße, kleine Schlampe.« Er greift in mein Haar und zieht mir den Kopf nach hinten, sodass er mir in die Augen sehen kann.

Ein breites Grinsen liegt auf meinem Gesicht. Oh ja. Ich bin eine heiße, kleine Schlampe. »Fick mich«, sage ich noch einmal.

Er greift nach meinem Handgelenk und dreht mir den Arm auf den Rücken, dann gibt er mir einen Schubs in Richtung

Flur, wobei er meinen Arm den ganzen Weg über nicht loslässt. Er stößt mich aufs Bett, sobald wir im Schlafzimmer sind, und dreht mich zu sich um. Nun liege ich mit dem Gesicht nach oben und dem fixierten Arm unter mir da. Dylan schiebt sein Knie in meine Möse, was mich aufseufzen lässt. Ich starre zu ihm hoch und atme schwer.

»Ich möchte den Ring in dir schmecken«, sagt er.

»Ja.« Ich atme heftig und stoße mit den Hüften in seine Richtung.

Genau deshalb habe ich den Ring wieder anbringen lassen.

Ich hatte noch nie einen oralen Orgasmus, bevor ich mein erstes Klitoris-Piercing hatte. Nachdem ich es wieder entfernt haben lasse, konnte ich immer noch auf diese Weise kommen – offensichtlich vergisst der Körper nicht, was er einmal gelernt hat –, doch meine Orgasmen waren danach nicht mehr so stark und auch nicht so leicht zu erreichen.

Er knöpft mir die Jeans auf und zieht sie ohne ein weiteres Wort herunter. Bevor er mir die Unterwäsche auszieht, beugt er sich hinunter und vergräbt sein Gesicht zwischen meinen Beinen, sein Mund so zart, das er kaum den feinen Stoff berührt. Er bedeckt den ganzen Hügel und meine intimen Lippen mit seinem Mund und atmet für einen kurzen Moment auf mir. Sein Atem ist warm und feucht an meiner Möse, lindert die Schmerzen des Piercings, das inzwischen ein wenig pocht. Als ich beginne, mich zu winden, drückt er meine Schenkel, wo seine großen Hände sie geöffnet halten, und sagt, ohne den Kopf zu heben: »Halt still, Cassie.«

Ich gehorche und halte inne, schließe die Augen und lege den Kopf zurück. Das Gefühl, wie sein Mund über das glatte Material gleitet, ist unglaublich sinnlich und schmerzhaft köstlich. Ich erschauere und schnappe nach Luft und spüre, wie sich die Erregung in mir aufbaut, bevor unser Spiel überhaupt richtig angefangen hat.

Dann zieht er mir die Unterwäsche aus, und ich dränge mich seinem Mund entgegen. »Bitte«, sage ich und will seine Lippen auf mir fühlen, seine Zunge, wie sie über mich fährt, denn das ist es, woran ich denke und wovon ich träume, seit ich mich entschieden habe, den Ring wieder zu tragen.

Seine erste Berührung ist zärtlich, vorsichtig, doch mein Körper zuckt dennoch erschrocken zusammen, weil der Schmerz – oder sollte ich besser das Vergnügen sagen? – so intensiv ist.

Er hält inne und sieht zu mir hoch. »Bist du sicher, dass das okay ist?«

»Ja«, keuche ich. »Ja, bitte ... einfach ... lang und glatt darüberfahren«, sage ich. »Erinnerst du dich? Wie vorher auch.«

Normalerweise gebe ich ihm keine Anweisungen, wie ich es gerne habe – er ist sehr gut darin, auf die Zeichen meines Körpers zu achten –, doch diesmal will ich unbedingt, dass er es tut, und zwar jetzt und genau auf die Weise, wie ich es möchte.

Und das tut er. Er streicht mit seiner flachen, warmen Zunge von meinen geschwollenen Pussylippen hinauf zu meiner zarten, pochenden Klit. Wieder und wieder, lang und langsam, bis ich keuche und mich an seinem Mund winde. Zwischendurch nimmt er meine Klit mit dem Ring in den Mund und saugt zart daran.

Ich reite auf den Wellen der Lust, gebe mich ihnen hin, fließe und treibe, fühle, wie der Ring gegen meine Klit rutscht und Dylans Zunge mit ihr spielt, und spüre, wie sich der

Orgasmus in mir aufbaut. Seine Finger greifen fest nach meinen Schenkeln, als er merkt, wie meine Erregung wächst.

»Ja«, sage ich, »ja, ja ...«

Und dann passiert etwas, etwas in meinem Kopf.

Plötzlich fickt er mich nicht mit seinem Mund, sondern *ich* ficke ihn mit meiner Klit. Ich beginne, mit meiner Klit gegen seinen Mund zu stoßen, *in* seinen Mund, seine Kehle hinunter, mit einer langen, ausgefahrenen schwanzähnlichen Klitoris. Ich stöhne und bäume mich ihm entgegen, schiebe meine Schwanz-Klit in seinen Mund, keuche, drehe die Arme unter meinem Körper hervor, sodass ich sie um seinen Hinterkopf legen kann und ihn noch besser ficken kann.

Ist es das, was er fühlt, wenn er meinen Hinterkopf hält und seinen Schwanz wieder und wieder in meinen Mund stößt? Dieses Verlangen, das Stoßen, dieser unbedingte Wille zu kommen und seinen Mund mit meinen Säften zu füllen, ihn mundtot zu machen, ihn jeden Tropfen schlucken zu lassen?

Es ist dieses Bild, das mich kommen lässt. Welle auf Welle spült über mich hinweg. Doch ich komme nicht wie eine Frau, ich komme wie ein Mann: stoßend und indem ich mein Ejakulat in seinen Mund spritze, ihn fülle, genauso wie er mich füllt, wenn er in meinem Mund kommt. Ist es so für ihn, dieses tiefe, fast schmerzhafte Ziehen und die bebende Befreiung, wenn er sich in mich ergießt? Ich lege meine Schenkel um ihn, drücke den Rücken durch, halte ihn fest an mich gepresst und frage mich, wie es sich für ihn anfühlt, wenn er mich mit seinem Körper nach unten drückt und sich in mich treibt, wie ich es jetzt mit ihm tue. Ich komme so heftig, dass ich mir in den Arm beißen muss, um nicht laut zu schreien und die Nachbarn über uns zu wecken. Ich komme, bis sich Dylan schließlich aus meinem Griff befreit, während ich lache und nach Luft schnappe. Ich denke an die Male, wenn ich mich von ihm losmachte, und er genauso nach Luft schnappte und ich mir den letzten Tropfen Sperma von den Lippen leckte.

Ich beuge mich über ihn und ziehe sein Gesicht zu meinem, lecke meinen salzig-süßen Geschmack von seinem Mund. Ich frage mich, ob er die Kraft und Hitze genauso gespürt hat wie ich, als ich ihm in die Kehle gespritzt habe.

Er lacht über das befriedigte Grinsen auf meinem Gesicht. »Ich nehme an, es funktioniert noch, hm?«, sagt er.

Oh, ja, denke ich. Das tut es ohne Frage.